Wulfing von Rohr

Nostradamus
Seher und Astrologe

Wulfing von Rohr

Nostradamus
Seher und Astrologe

Entschlüsselte Geheimnisse
und ungelöste Rätsel

UU 2024 (3,2)
KNAH, O, ZE

Ariston Verlag · Genf / München

Die Deutsche Bibliothek – CIP-Einheitsaufnahme

ROHR, WULFING VON:
Nostradamus: Seher und Astrologe;
entschlüsselte Geheimnisse und ungelöste Rätsel /
Wulfing von Rohr. – 2. Aufl. –
Genf; München: Ariston Verlag, 1994
ISBN 3-7205-1789-6

Gestaltung des Schutzumschlages:
Atelier Höpfner-Thoma, GraphicDesign BDG, München,
unter Verwendung eines Exlibris-Motivs von Manfred Dimde
Satz: Eurika VLG, Füssen/Marktoberdorf
Druck und Bindung: Wiener Verlag, Himberg bei Wien

Erstauflage: Februar 1994
Zweite Auflage: Mai 1994
Printed in Austria

ISBN 3-7205-1789-6

Inhalt

1. *»Dies geheimnisvolle Buch von Nostradamus'
eigner Hand ...«* 7
Einführung in das Thema.

2. *Wort und Geist* 15
Einleitende Übersicht über das Textmaterial, das
in diesem Buch vorgestellt und behandelt wird ·
Ein notwendiger kritischer und selbstkritischer
Hinweis auf die Schwierigkeiten, Nostradamus
und sein Werk zu beurteilen.

3. *Der Seher von Salon: Pestarzt, Alchimist,
Visionär, Astrologe* 27
Eine Lebensskizze · Wenn wir Nostradamus'
Prophezeiungen verstehen wollen, sollten wir
versuchen, den Menschen zu erfassen, der sie
niederschrieb.

4. *Nostradamus' eigene Worte zu seiner Zukunftsschau* 37
Kommentare zur Vorrede an César, zum Brief an
König Heinrich II. und zum »Bannspruch« gegen
die Kritiker · Die Beschreibung seiner visionären
Versenkung · Wie der Seher Visionen und Aussagen
in seinen eigenen Worten eingeordnet hat.

5. *Methoden der Entschlüsselung* 53
Probleme der korrekten Textfassung und des
Textverständnisses · Probleme der richtigen
zeitlichen Zuordnung der Verse · Ein kritischer
Blick auf Deutungsversuche verschiedener Autoren
im Vergleich.

6. *Umbruch zur Jahrtausendwende?* 77
   Verse für 1999 und zum dritten Weltkrieg –
   ein Deutungsvergleich unter wichtigen Autoren.

7. *Neue Schlüsselverse zu den Jahrhunderten?* 93
   Texte und Interpretationsmöglichkeiten für jedes
   Jahrhundert vom 16. bis zum 21. nach dem System
   von Manfred Dimde.

8. *Die wiederentdeckte Nostradamus-Astrologie* 103
   Astrologie im Mittelalter und in der Renaissance ·
   Nostradamus und die Planeten · Nostradamus und
   die Fixsterne · Wichtige Fixsterne, ihre Bedeutung
   und der praktische Umgang damit · Astrologische
   Interpretationen anderer Autoren · Das Horoskop
   des Nostradamus.

9. *Archetypen von Katastrophengesichten
   und Paradiesvisionen* 153
   Überlegungen zur individuellen und kollektiven
   Funktion von Angst vor der Zukunft beziehungsweise Hoffnung auf die Zukunft und zum
   sinnvollen Umgang mit Prophezeiungen.

10. *Wer war Nostradamus? Versuch einer Wertung* 161
    War Nostradamus ein Scharlatan oder ein begnadeter
    Seher, ein Geschäftemacher oder ein von innen
    beauftragter Visionär, ein Magier oder ein Rasputin?

11. *Was Nostradamus wirklich sagte* 171
    Das Vorwort an Sohn César und die Epistel an
    König Heinrich II. sowohl auf deutsch als auch
    im französischen Wortlaut · Die französischen
    Originaltexte der Prophezeiungen (1.–10. Centurie).

Anhang 281
   Literaturhinweise 281
   Computertext- und Entschlüsselungsprogramm 290

1

»Dies geheimnisvolle Buch
von Nostradamus' eigner Hand ...«

Wenn wir uns mit Nostradamus befassen, tauchen meist unwillkürlich Assoziationen auf von lodernden Katastrophen und schreckenerregenden Kataklysmen. Das sollte uns nicht den Blick dafür verstellen, daß der Seher Nostradamus nicht nur konkrete Ereignisse des künftigen Weltgeschehens anspricht, sondern auch eine spirituelle, überzeitliche Dimension des Menschen. Der Seher von Salon weist ab und an auf den göttlichen Ursprung der Seele hin und auf das ewige »Wort« Gottes, das die Schöpfung durchdringt.

»Le corps sans ame plu n'estre en sacrifice,
Iour de la mort mis en natiuité:
L'esprit diuin fera l'ame felice,
Voyant le verbe en son eternité.«
(Nostradamus, II. Centurie, Vers 13, französischer Originaltext nach Faksimile-Druck bei Bellecour; siehe Literaturhinweise.)

»Der Körper ohne Seele wird nicht mehr geopfert,
der Todestag wird zum Geburtstag:
Der göttliche Geist wird die Seele glücklich machen,
die das Wort in seiner Ewigkeit sieht.«

Die Botschaft des Nostradamus besteht also nicht nur aus quasi alttestamentarischen Warnungen vor Not, Unglück, Gewalt und Tod, sondern enthält auch Hinweise auf deren Ursachen und die Erinnerung an die einzige Quelle der Erfüllung des Lebens: die Öffnung der Seele für Gott!

Bevor ich mich – durchaus auch skeptisch und kritisch – mit Nostradamus und seinen Prophezeiungen auseinandersetze, sollen einige Zitate darauf aufmerksam machen, daß Nostradamus in einer immerwährenden Kette von »Propheten« zu sehen ist und daß Prophezeiungen vor allem mit geistiger Inspiration und erst in zweiter Linie mit konkreter materieller Realität zu tun haben. Das heißt eben nicht, wie manche Materialisten meinen, daß die geistige Inspiration weniger wert sei als die dreidimensionale Wirklichkeit. Geistige Inspiration ist im Gegenteil das, was der körperlichen Welt erst Leben einhaucht. Sie hat selbst dann ihren Wert, wenn, wie manche Kritiker meinen, Nostradamus nicht nur von hehren Motiven bewegt war, sondern Zukunftsschau zumindest teilweise auch als lukratives Geschäft mit einer leichtgläubigen Klientel betrachtet haben sollte. Prophetische Visionen sind nicht erst von Nostradamus verkündet worden, sondern sie sind so alt wie der Mensch selbst.

»Offenbarung Jesu Christi, die Gott ihm gegeben hat, damit er seinen Knechten zeigt, was bald geschehen muß; und er hat es durch seinen Engel, den er sandte, seinem Knecht Johannes gezeigt. Dieser hat das Wort Gottes und das Zeugnis Jesu Christi bezeugt: alles, was er geschaut hat. Selig, wer diese prophetischen Worte vorliest und wer sie hört und wer sich an das hält, was geschrieben ist; denn die Zeit ist nahe.«

So lautet die Einleitung der Johannes-Offenbarung in den Worten der »Einheitsübersetzung«.

Der erste der Sikh-Gurus, Nanak, wies wie viele andere ausdrücklich auf die Bedeutung des WORTES hin, von dem Nostradamus sagt, daß eine glückliche Seele es »in der Ewigkeit« sehe: »Der Heilige lebt in und meditiert über das Eine Wort« (zitiert aus dem *Adi Granth*).

Und auch in der islamischen Mystik ist die Bedeutung einer besonderen Kraft, schlicht als »Wort« bezeichnet, bekannt:
»Die ganze Welt hallt des Wortes wider,
Um darauf zu hören, müßt ihr eure inneren Ohren entsiegeln,
Dann werdet ihr die ewige Musik hören,
Und sie wird euch über die Schranken des Todes führen.«
(Shah Niaz, zitiert nach *Naam* oder *Wort* von Kirpal Singh.)

Das WORT, von dem Nostradamus spricht und das bei allen Mystikern aller Religionen auftaucht, ist nicht das Wort der Drucklettern, sondern die schöpferische Urkraft, die sich in ihrer ersten Manifestation aus dem ungeschaffenen Absoluten offenbart. Jene Offenbarung wird in der mystischen Literatur abwechselnd als der leuchtende Ton und das klingende Licht, als die göttliche Urschwingung, als reines Bewußtsein, als Geist oder eben als WORT bezeichnet. Je weiter sich diese Kraft von ihrer Quelle entfernt, desto mehr verkörpert sie sich in der geschaffenen Welt, in der Schöpfung, und zwar auf immer »grobstofflichere« und materiellere Weise. Im gleichen Maß verliert sie an unmittelbarer Strahlkraft. Wenn die Urkraft in den vielfältigen Formen der materiellen Wirklichkeit schließlich den relativ groben Sinnesorganen erfaßbar wird, zeigt sie sich bereits auf der »dichtesten« Ebene – jener des Körpers –, und ihr wahrer Ursprung ist damit fast nicht mehr erkennbar. Stellen Sie sich vor, daß Menschen in einer dunklen Höhle sitzen, in die das Sonnenlicht nicht direkt hereinscheint, sondern über einen schmutzigen Spiegel und aus einem ungünstigen Winkel. So ähnlich, in Wirklichkeit jedoch noch viel schwächer und ungenauer, ist die indirekte Wahrnehmung der geistigen, nicht »greifbaren« Schöpferkraft über unsere begrenzten Sinne.

Wenn sich das Unsichtbare den physischen Augen offenbart, sich also »materialisiert«, zeigt es damit nur eine winzige Facette der ganzen Wahrheit. Halten wir nun diese winzige Facette aber für die gesamte Wirklichkeit – weil sie nun so schön »greifbar« geworden ist –, dann veräußerlichen wir uns und beschränken unsere an sich unbegrenzte Bewußtheit in zeitlich vorübergehenden Formen.

Das Eine WORT und viele Menschenwörter – auf vielfältige Weise trachten Menschen nach der Wahrheit und versuchen, sie zu beschreiben. Seit der frühen Antike wissen wir von Propheten und Sehern, Sibyllen und Heiligen, die unterschiedliche Aspekte der inneren Wirklichkeit und ihrer Entfaltung in der äußerlichen Welt geahnt oder geschaut, eine verborgene Ganzheit empfunden oder erlebt haben. In ihren Visionen haben sie das Drama beziehungsweise das »Spiel« der Entfaltung des Geistes in der Materie entsprechend ihres persönlichen Zugangs zu den verschiedenen Bewußtseinsebenen beschrieben. Ein großes Buch der Weltreligion, der Koran, ist von Anfang bis Ende das Ergebnis von Offenbarungen Allahs, des All-Einen Gottes, an MOHAMMED, (s)einen Propheten. In den heiligen Schriften der Juden und der Christen tauchen zahlreiche Propheten auf, die für beide Religionen eine Rolle spielen. Es gibt wenige Religionen, die Visionären und Visionen nicht einen zentralen Platz einräumen. In unserer Zeit gewinnen zunehmend die Propheizungen von Indianern, von den Maya über die Inka zu den Hopi, an großem Interesse.

Unmittelbare Gesichte oder erfühlte Inspiration, ekstatische Entrückung oder symbolische Träume – auf mancherlei Weise öffnet sich Sehern ein Einblick in größere Zusammenhänge zwischen Mensch und Welt, Schöpfung und Schöpfer. Vieles mag dabei begrenzt bleiben auf kleine Ausschnitte, auf herbeigewünschte Projektionen, auf Astralebenen; anderes wird dunkel oder obskur bleiben, weil die endliche, begrenzte Sprache nicht beschreiben kann, was sich als unendlich und unbegrenzt darbietet.

»Ich sah einen sehr großen Glanz. Eine himmlische Stimme erscholl daraus. Sie sprach zu mir: ›Gebrechlicher Mensch, Asche von Asche, Moder von Moder, sage und schreibe, was du siehst und hörst! Doch weil du schüchtern bist zum Reden, einfältig zur Auslegung und ungelehrt, das Geschaute zu beschreiben, sage und beschreibe es nicht nach der Redeweise der Menschen, nicht nach der Erkenntnis menschlicher Erfindung noch nach dem Willen menschlicher Abfassung, sondern aus der Gabe heraus, die dir in himmlischen Gesichten zuteil wird; wie du es in den Wundern Gottes siehst und hörst.‹« Das schrieb HILDEGARD VON BINGEN in einer Vorrede zu *Scivias – Wisse die Wege*.

Natürlich besteht bei jeder Übermittlung prophetischer Gesichte die Gefahr von Unklarheiten, Mißverständnissen, unbewußten, fahrlässigen oder gar gewollten Umdeutungen, späteren Weglassungen, Ergänzungen, Verfälschungen oder Zensur bei der Drucklegung. Und wenn schon die Mystikerin Hildegard sich von der himmlischen Stimme als zu »einfältig zur Auslegung« bezeichnet hört, wie ordnen wir dann unsere Verständnisfähigkeit ein?

»Was in diesem Werke vom Himmel, von der Geisterwelt und der Hölle gesagt ist, wird für alle dunkel sein, die keine Lust haben, geistige Wahrheiten zu erkennen, hell dagegen für jeden, der das Wahre um des Wahren willen liebt ...

Alles, was im Körper lebt und aus diesem Leben wirkt und fühlt, gehört zum Geist und nicht zum Körper; daraus folgt, daß der Geist der eigentliche Mensch ist ...« So äußerte sich EMANUEL SWEDENBORG über das Verhältnis von Geist und Körper zueinander in *Die Geisterwelt* (zitiert nach *Das Große Lesebuch der Mystiker*).

GOETHE nannte den Naturphilosophen und Visionär Swedenborg den »gewürdigten Seher unserer Zeiten«, BALZAC erhob ihn gar zum »Buddha des Nordens«. Auch Swedenborg sah wie Nostradamus weltliche Ereignisse voraus, wandte sich in seinen Schriften aber noch deutlicher als Nostradamus der geistlichen Seite der Bewußtseinsentfaltung zu. Als Hilfe bei der Beschäftigung mit prophetischen Texten können wir uns der oben zitierten Aussage Swedenborgs bedienen, daß wir uns als Geist und nicht als Körper erfahren und nach der Wahrheit des Geistes streben.

ANGELUS SILESIUS hat den Zugang zu einer höheren Form des bewußten geistigen Seins im *Cherubinischen Wandersmann* beschrieben:

»Wer seine Sinne hat ins Innere gebracht,
Der hört, was man nicht red't, und siehet in der Nacht.«

Wenn die Aufmerksamkeit auf die inneren Welten gerichtet wird – so sagen uns die Propheten –, dann erfahren wir eine Wirklichkeit, die man mit den physischen Ohren und Augen nicht wahrnehmen kann. Viele solcher inneren Gesichte beschreibt Nostradamus in seinem Prophezeiungswerk, das nun seit bald 450 Jahren immer wieder nachgedruckt wird und Menschen aufrüttelt oder ängstigt, wohlig erschauern läßt oder nachdenklich stimmt.

»Flieh! auf! hinaus ins weite Land!
Und dies geheimnisvolle Buch,
Von Nostradamus' eigner Hand,
Ist dir es nicht Geleit genug?

Erkennest dann der Sterne Lauf,
Und wenn Natur dich unterweist,
Dann geht die Seelenkraft dir auf,
Wie spricht ein Geist zum anderen Geist.
Umsonst, daß trocknes Sinnen hier
Die heilgen Zeichen dir erklärt!
Ihr schwebt, ihr Geister, neben mir:
Antwortet mir, wenn ihr mich hört!
(Er schlägt das Buch [des Nostradamus] auf
und erblickt das Zeichen des Makrokosmos.)«

Ja, auch JOHANN WOLFGANG VON GOETHE ist – im *Faust I* –
tatsächlich explizit auf Nostradamus und sein Werk eingegangen!
Nostradamus' Buch, seine Centurien, so dürfen wir Goethe wohl
verstehen, vermag »Geleit« zu geben, so daß man den Lauf der
Sterne und deren symbolische Bedeutung für uns Menschen zu
erkennen imstande ist. Wenn wir uns zusätzlich von der »Natur«
unterweisen lassen, kann die Seelenkraft aufgehen, also eine Kraft,
die über Gemüt und Verstand, über das kleine Ich weit hinaus-
reicht, und dann spricht ein »Geist« – der des Nostradamus? –
zum anderen Geist, zu uns. Dann vermag Geist den Geist zu
begreifen. »Trockes Sinnen«, also rein intellektuell-kühles Ratio-
nalisieren, hilft nicht dabei, die »heilgen Zeichen« zu interpretieren, die oft verborgene Bedeutung von Symbolen, die einer höheren Bewußtseinsschau entstammen.
   Mit diesen vielleicht eher aphoristisch anmutenden Zitaten und
einleitenden Bemerkungen will ich es bei unserer ersten Annäherung an unser Thema zunächst bewenden lassen. Lenken wir
unsere Aufmerksamkeit in nüchterner Weise auf den Gegenstand
des Buches, die Prophezeiungsverse des Nostradamus. Vergessen
wir indes auch bei aller erforderlichen kritischen Wachheit und
gedanklichen Klarheit in der folgenden Auseinandersetzung mit
Texten und Deutungsalternativen nicht die möglichen geistigen
Dimensionen!

An dieser Stelle möchte ich einigen Menschen ausdrücklich dafür
danken, daß dieses Buch zustande gekommen ist: MANFRED

DIMDE, dem zur Zeit wohl bedeutendsten und originellsten deutschsprachigen Nostradamus-Forscher, für die Öffnung seines Archivs, das eine wahre Schatzkammer darstellt, sowie vor allem für die Überlassung seines einzigartigen Nostradamus-Computerprogramms, das viel Arbeit sparte und manche überhaupt erst möglich machte – auch wenn ich zu teilweise ganz anderen Ansichten über Nostradamus komme als er; EDGAR LEONI für seine einmalige, umfassende Darstellung von Quellenmaterial; JAMES RANDI für manche Anregung zur skeptisch-kritischen Überprüfung; DAVID PITT FRANCIS für seine glaubwürdige und systematische Nostradamus-Forschung; MELITTA VON GOERTZKE für die Überlassung ihrer Nostradamus-Literatur; Sant DARSHAN SINGH und Sant RAJINDER SINGH für echte geistige Führung.

Dank an AURELIA und HEINZ BUNDSCHUH, die beiden Verleger, die mit ihrem Gesamtprogramm des Ariston Verlages einen Markstein in der deutschsprachigen Buchlandschaft gesetzt haben und durch ihre Arbeit immer wieder neue Impulse für die geistige Auseinandersetzung mit »Grenzthemen« geben. Dank ebenso an FRANK AUERBACH, den Cheflektor bei Ariston, der ein wohltuendes Gespür für sprachliche Klarheit und schriftstellerischen Impetus besitzt und damit die Interessen der Leser wahrt. Last but not least: Thank you, A. A.

CENTURIES ET PROPHETIES

CENTURIE PREMIERE.

1

S T A N T aſſis, de nuict ſecret étude,
Seul ; repoſe ſur la ſelle d'airain ?
Flambe exigue , ſortant de ſolitude
Fait profererqui n'eſt àcroire en vain,

2

La verge en main miſe au milieu des branches,
De l'onde il moüille & le limbe & ie pied ,
Un peur & voix fremiſſent par les manches,
Splendeur divine , le devin prés s'aſſied.

Die beiden ersten Quatrains der ersten Centurie in der Ausgabe von 1568.

2

Wort und Geist

Dieses Buch befaßt sich mit folgenden drei Originaltexten, die als authentische Schriften aus Nostradamus' Feder gelten:

1. »Vorwort« des Nostradamus an seinen Sohn CÉSAR; etwa sechs Seiten lang; dieses Vorwort steht vor den »Centurien«. Darin widmet Nostradamus seine 1555 veröffentlichten Verse (die ersten drei Centurien und 53 Verse der vierten) seinem Sohn, gibt eine Fülle mehr oder minder obskurer Hinweise auf Ursprung und Zweck von prophetischen Gaben, weist auf die Rolle astrologischer Berechnungen hin, warnt den Sohn vor unchristlicher Magie und dergleichen und unterstreicht seine tatsächliche oder auch nur vorgebliche Treue zur einzigen und wahren, der katholischen Kirche.

2. »Epistel« an den »höchst unbesiegbaren, sehr mächtigen und sehr christlichen Heinrich, König von Frankreich, den Zweiten«; rund elf Seiten lang; dieses Huldigungsschreiben steht in den »Gesamtausgaben« der Centurien (also bei Veröffentlichung aller zehn) zwischen der VII. und der VIII. Centurie. Es enthält neben damals üblichen Beteuerungen übertriebener Ehrerbietung des Untertanen Nostradamus gegenüber König HEINRICH II. vor allem weit in die Geschichte vorauszielende Prophezeiungen im Klartext (!), einschließlich der drohenden Machtergreifung des »Antichristen«, sowie Berechnungen zur Entstehungszeit der Welt.

3. Zehn »Centurien«, also »Hundertschaften«, die im Regelfall jeweils 100 Vierzeiler enthalten; etwa 182 Seiten lang (im Faksimile-Nachdruck bei BELLECOUR). Die VII. Centurie besteht aus wesentlich weniger Versen (DIMDE nennt dafür einen verblüffend einleuchtenden Grund; siehe Seite 96); laut LEONI und Dimde gehören zur VII. Centurie 42 Vierzeiler, nach Belle-

cour 48, RANDI zufolge zwischen 40 und 48. Diese 940 bis
948 Verse enthalten prophetisch klingende Aussagen, allerdings
keineswegs in deutlicher, sondern vielmehr in äußerst unklarer
Sprache, sowohl was den Inhalt als auch was die Bilder beziehungsweise die Wortbildungen angeht. Die meisten Verse sind
im Französisch der damaligen Zeit verfaßt, mit provenzali-
schem Einschlag, mit lateinischen oder lateinisch klingenden
Einstreuungen und gelegentlichen Rückgriffen auf griechische,
kabbalistische, arabische und sogar ägyptische Worte und
Bezeichnungen. Nachfolgend mehr dazu. Im Zweifelsfall habe
ich mich übrigens an die Textversion der Centurien gehalten,
die bei BELLECOUR abgedruckt ist.

Die ersten beiden Verse der I. Centurie beschreiben Nostradamus'
Zugang zur Prophetie; der hundertste Vers der VI. Centurie enthält einen lateinisch abgefaßten »Bannspruch gegen unverständige
[beziehungsweise begriffsstutzige] Kritiker«.

Besondere Aufmerksamkeit genießen in diesem Buch alle
Bemerkungen des Nostradamus über die Astrologie, die in den
obengenannten Texten zu finden sind.

Zusätzliche fragmentarische Verse, Sechszeiler, die später als
angeblich von Nostradamus verfaßt auftauchten, »Présages« (Vor-
ahnungen), die aus manchen Jahresalmanachen des Nostradamus
entnommen und neu zusammengestellt wurden sowie weitere
vermeintliche oder auch tatsächliche Texte aus der Feder des
Nostradamus finden hier aus inhaltlichen und räumlichen Gründen keine Beachtung. Sie sind nicht Teil des von Nostradamus
noch selbst zusammengestellten und für den Druck autorisierten
Gesamtwerks der Centurien, sie enthalten teilweise Doppelungen,
und sie sind zum Großteil vermutlich sogar (Ver-)Fälschungen.
Leoni gibt in seinem Buch eine recht vollständige Übersicht über
diese Texte. Eine kurze Nostradamus-Bibliographie finden Sie im
Anhang.

Der Übersichtlichkeit halber halte ich noch einmal fest, um
welche Texte es in diesem Buch geht:

o *Vorwort* an César, in dem Nostradamus Grundlagen seines
  Prophezeiungswerks behandelt.

o *Epistel* an König Heinrich II. mit Prophezeiungen zur Weltgeschichte in unmißverständlicher und daher leicht überprüfbarer
Prosa.

o 940 bis 948 *Vierzeiler,* die in den zehn *Centurien* zusammengefaßt sind und nach eigener Auskunft des Nostradamus ein
Prophezeiungswerk beinhalten, das bis zum Jahr 3797 reicht.

Besondere Aufmerksamkeit widme ich im Rahmen dieser
Abhandlung den eigenhändig geschriebenen Hinweisen des
Nostradamus zu den Methoden seiner Zukunftsschau, seien sie
astrologisch oder magisch oder anders. Die »Nostradamus-Astrologie« bildet dabei einen Schwerpunkt. Verse, die für die Zeit von
etwa 1990 bis circa 2010 gelten könnten, werden einzeln vorgestellt und untersucht. Wir sehen uns neu entdeckte mögliche
»Jahrhundertverse« an, die sozusagen das »Motto« für ein ganzes
Jahrhundert abgeben sollen. Nicht zuletzt möchte ich den Lesern
durch Vergleiche von Entschlüsselungsmethoden und Deutungs-
ergebnissen verschiedener wichtiger Nostradamus-Autoren helfen, sich ein eigenes Bild über Nostradamus und seine heutige
Bedeutung zu machen.

Ein notwendiger kritischer und selbstkritischer Hinweis auf die Schwierigkeiten, Nostradamus und sein Werk zu beurteilen.

Bitte erschrecken Sie nicht, wenn ich Sie jetzt mit den Schwierigkeiten konfrontiere, denen jeder Nostradamus-Interpret und
-Textexeget gegenübersteht. Die folgende unvollständige Aufli-
stung dient der intellektuellen Redlichkeit, die von manchen
Nostradamus-Deutern im Überschwang der Gefühle oder aus
anderen Gründen leider etwas vernachlässigt wird.

o *Anzahl der Verse und des angeblichen*
Prophezeiungszeitraums:
Nostradamus schreibt im Vorwort an César, seine Centurien
seien »perpetuelles vaticinations, pour d'ici à l'année 3797«,

also fortlaufende beziehungsweise ewige Prophezeiungen von
»jetzt«, also 1555, bis zum Jahr 3797. Es gibt rund 940 bis 948
Vierzeiler. Die Anzahl der Verse scheint nur 940 bis 948 Jahre
abzudecken, nicht aber 2242.
Wir müssen uns fragen: Hat Nostradamus nicht genügend Zeit
mehr gefunden, weitere Verse zu verfassen? Hat er im Vorwort
spätere Leser bewußt irreführen wollen? Oder müssen Verse
mehrfach benutzt werden für unterschiedliche Jahre, nach
jeweils anderen Entschlüsselungsmethoden gelesen und in
jeweils unterschiedlicher Interpretation gedeutet werden?

○ *Zeitliche Zuordnung der Vierzeiler zu einzelnen Jahren:*
Die zeitliche Zuordnung der Verse wurde von Nostradamus
selbst absichtlich verborgen – oder existiert gar keine? Jahres-
zahlen tauchen in den Texten der Centurien selten auf, im
Gegensatz zum Vorwort an César und zu der Epistel an den
König – eine berühmte Ausnahme ist der 72. Vierzeiler der
X. Centurie, in der ausdrücklich das Jahr 1999 genannt wird.
Unterschiedliche Gründe werden für die fehlende zeitliche
Zuordnung angegeben, je nach persönlichem Verhältnis der
Autoren zu Nostradamus speziell und zu Prophezeiungen
generell.
Einige der möglichen Gründe der zeitlichen Verschleierung:
– Nostradamus wollte sich vor der katholischen Inquisition
  schützen, da manche seiner Voraussagen die vorübergehende
  Herrschaft des Satans auf Erden verheißen.
– Nostradamus wollte sich vor dem Zorn der weltlichen Herr-
  scher schützen, weil manche Prophezeiungen das Ende des
  französischen Königtums weissagten.
– Nostradamus wußte um die Problematik von Zukunftsvisionen und wollte der Gefahr aus dem Wege gehen, den freien
  Willen der Menschen zu untergraben.
– Bei den Prophezeiungen handelte es sich nicht um astrolo-
  gisch-magische »Berechnungen«, sondern um innere, »astra-
  le« Gesichte, deren zeitliche Zuordnung Nostradamus selbst
  nicht gegeben war.
– Nostradamus war ein Scharlatan und wollte nicht noch zu

Lebzeiten durch allzu viele Fehlprognosen seinen Nimbus
und sein Einkommen verlieren.

Die meisten Autoren greifen sich gern jene Verse für bestimmte
historische Daten heraus, die am besten »passen«. Das ist so,
als ob Nostradamus die fast tausend Vierzeiler in eine große
Lostrommel geworfen und sie dann zufällig nacheinander her-
ausgezogen hätte, wobei er dem ersten Vers die Nummer eins
gab, dem zweiten die Nummer zwei und so fort, bis jeweils
ein volles Hundert beisammen war. Eine in sich schlüssige
zeitliche Zuordnung hat bislang nur der Forscher MANFRED
DIMDE vorgelegt.

Halten wir fest, daß auf den ersten Blick weder die Anzahl
der Vierzeiler für den angeblich abgedeckten Zeitraum aus-
reicht, noch eine klare zeitliche Zuordnung durch den Verfasser
selbst die Verse einer eindeutigen Überprüfbarkeit zuführen
würde. Jeder ernsthafte Nostradamus-Exeget muß das Problem
des Zeitschlüssels glaubhaft lösen.

o *Unterschiedliche Text- und Druckfassungen:*
Von der Originalausgabe des ersten Teils des Prophezeiungs-
werks von 1555 ist bisher kein einziges Exemplar aufgetaucht.
Der bedeutende deutsche Nostradamus-Forscher Graf KARL
VON KLINCKOWSTRÖM, der ganz Europa auf der Suche danach
durchkreuzte, fand weder ein Originalexemplar noch irgend-
eine Spur der damals zum Druck notwendigen königlichen
Erlaubnis. Das führte einen anonymen Autor um 1930 zur
Ansicht, daß César, der Sohn des vermeintlichen Urhebers
Nostradamus, womöglich die Centurien selbst verfaßt haben
könnte, indem er sich nach dem Tode seines Vaters aus dessen
Nachlaß bediente. Ich stimme dieser Außenseiterthese ausdrücklich nicht zu und halte das Kernstück der Texte, die
Centurien, für authentisch. Eine naheliegende Erklärung für
den oben skizzierten Sachverhalt könnte übrigens darauf beruhen, daß Verfasser und Verlag bei Drucklegung mit einer kleinen Auflage erst einmal »testen« wollten, ob und wie gut ein
solches Werk verkäuflich sei. Von den späteren Teil- und
Gesamtausgaben gibt es noch Originalversionen. Inzwischen

soll auch eine indirekte Bestätigung füı eine erste Druckerlaubnis aufgetaucht sein.

Die verschiedenen Ausgaben weichen teilweise voneinander
ab – hinsichtlich des Umfangs der abgedruckten Centurien, der
Anzahl der für die VII. Centurie angegebenen Vierzeiler, in
bezug auf die Schreibweise von Worten sowie was die Zeichen-
setzung anbelangt. Das mag auf Schreibfehler, Satzfehler, Zen-
surversuche, bewußte Veränderungen der Texte oder andere
Ursachen zurückgehen.

So nahmen die Setzer des 16. Jahrhunderts aus ihrem Bleisatz-
kasten gern ein »v«, wo auch ein »u« stehen könnte; das »s«
der Renaissance ähnelte als Bleiletter einem »f«, bei dem der
obere Querstrich nur auf einer Seite zu finden war. Bei bis zu
zehn Buchstaben gehen führende Nostradamus-Experten von
einem zulässigen »Buchstabentausch« aus. Nicht der Buchstabe
gilt unbedingt, der gedruckt ist, sondern womöglich ein anderer; das allerdings nicht immer, sondern nur von Fall zu Fall.
Wir gehen im Kapitel über die verschiedenen Entschlüsselungsmethoden darauf näher ein.

Ein Beispiel: Vers 68 der IV. Centurie heißt nach der bei RANDI
zitierten Ausgabe »En l'an bien proche …«, bei BELLECOUR
im Faksimile steht jedoch »En lieu bien proche …« Geht es
also um das »nahe Jahr« oder um den »nahen Ort«? In der
dritten Zeile zitiert Randi »De Ryn & Hister …«, Bellecour
indes »Du Ryn et H ster …«

»… Saturn Caper Iupiter Mercure au bœuf / Venus aussi Cancer
Mars en Nonnay …« aus Vers 67 der X. Centurie kann, je nach
Interpunktion, heißen: »Saturn, Jupiter im Steinbock, Merkur
und Venus im Stier, sowie Mars im Krebs ›in Nonnay‹ …«
oder »Saturn im Steinbock, Jupiter und Merkur im Stier, Venus
auch Krebs Mars …« und noch vieles mehr. Es kommt darauf
an, ob und wo der Schriftsetzer – nach Angaben von Nostradamus selbst oder César? – Kommata und Punkte gesetzt hat.

o *Inhaltliche Probleme:*
Die Verworrenheit der Bilder- und Symbolsprache der Centurien ist neben der Suche nach dem richtigen Zeitschlüssel –

falls es einen gibt – das Hauptproblem der Centurien. Viele
Autoren sind der Versuchung erlegen, diese Herausforderung
dadurch zu bewältigen, daß sie immer wieder neue Deutungs-
regeln ersonnen haben, um in zunächst widersprüchlichen,
unklaren oder zumindest bislang sinnlosen Versen doch einen
Sinn zu finden. Einige Beispiele:
Bedeutet »Hister« bzw. »H ster« im 68. Vierzeiler der IV. Centurie »Hitler«, wie manche Interpreten behaupten? Oder handelt es sich um den Unterlauf der Donau, der auf lateinisch
»Ister« genannt wurde, wie andere glaubhaft darlegen können?
Eine große Zahl von Eigennamen, die sowohl Ortsangaben
sein als sich auf Personen beziehen können, die reale Begriffe
darstellen oder aber Phantasiegebilde sein mögen, ist und bleibt
umstritten.
Sind die Prophezeiungen aus französischer oder abendlän-
discher Weltsicht gemeint und geschrieben, oder hatte Nostradamus – falls es sich um echte Zukunftsschau handelt – bereits
eine globale Entwicklung von Geschichte und Politik, von
Gesellschaft und Wissenschaft, von Kultur und Religion vor
Augen – bis hin zur Atomtechnik, Computertechnologie,
Raumfahrt, Aids, Drogen …?
Nostradamus selbst schrieb im Vorwort an seinen Sohn César,
daß er sich »in dunklen und verworrenen Sätzen« ausgedrückt
habe und er die Prophezeiungen »absichtlich etwas dunkel
gegeben habe« (Übersetzung nach RÖSCH). Und ist der fol-
gende Vierzeiler nicht in der Tat »dunkel« und »verworren«?
IX. Centurie, Vers 9:
»Quand lampe ardente de feu inex tinguible,
Sera trouué au temple des Vestales,
Enfant trouué feu, eau passant par: crible,
Perir eau Nymes, Tolose cheoir le s halles.«
Eine Übertragung lautet:
»Wenn die Lampe mit dem unauslöschbaren Feuer brennt
Wird im Tempel der Vestalen gefunden werden,
Kind Feuer gefunden, Wasser passiert durch Sieb,
Vergehen Wasser Nymes [Nimes?], Tolose [Toulose?] stürzen
    Hallen [Märkte].«

Eine andere Lesart fängt so an:
»Wenn die Lampen vom nicht löschbaren Feuer brennen,
wird das Loch im Fell der Zeit gefunden ...« (nach DIMDE).
Noch ein Beispiel für »dunkle Bilder«, der Nostradamus-Vers
für Oktober in seinem Almanach für 1564. Die deutsche Über-
tragung lautet etwa so:
»Der Mund und Rachen in brennenden Pusteln,
Fünf sieben Großen fünf, ganzes Destillierte verletzten:
Regen so lang, nicht zum Tod wenden [sich] Blasen,
Die Große stirbt, die [der?] alles glänzend machte.«
Gibt es irgendwelche, wenn auch vielleicht verborgene, Regeln
zur Deutung? Man findet noch bald 1001 weitere Beispiele für
die schier unglaublichen Unklarheiten und/oder Vieldeutig-
keiten der Texte.
Halten wir wieder eine Kurzaussage fest: Die Vierzeiler sind
nach Satzbau, Bildgehalt, Wortwahl, Schreibweise komplex
und vielschichtig, vieldeutig, unklar und oft einfach unver-
ständlich. Jeder seriöse Nostradamus-Interpret muß demnach
schlüssige Deutungen für visionär bedingte oder bewußt
obskur gehaltene Aussagen und nicht eindeutig identifizierbare
Symbole anbieten können, um die Verse aus einer nebulösen
und damit unbrauchbaren Prophetie oder einer spekulativen
Beliebigkeit herauszuholen.

Und schließlich müssen wir auch fragen, ob die Centurien eigentlich von Nostradamus selbst stammen (oder von Nachfahren, die
sein Material herausgegeben haben). Oder hat sich der berühmte
Seher teilweise oder ganz auf bereits vorliegende Quellen
»gestützt«, die er zu seinen Zwecken umformulierte und sprachlich sowie inhaltlich seiner Zeit und seiner Weltsicht sowie
Lebenserfahrung, seinen eigenen Erkenntnissen gemäß korri-
gierte, veränderte und erweiterte?
BELLECOUR hat glaubhaft nachgewiesen, daß Nostradamus
weitreichende Kenntnis der antiken »Sibyllinischen Orakelbü-
cher« hatte, daß er die divinatorischen Praktiken Ägyptens und
Griechenlands energisch zu ergründen und intensiv anzuwenden
suchte, daß er manche der Weissagungsbücher der Antike selbst

besaß und sich mit etlichen Geheimnisträgern okkulter Weisheiten (darunter SCALIGER, RABELAIS, FICINO) persönlich traf und teilweise eng zusammenarbeitete. Die erwähnte Autorin schreibt wörtlich: »Diese sibyllinischen Orakel bilden die Grundlage der enormen von Nostradamus geleisteten Arbeit. ... Mehr als viertausend Hexameter, in zehn Büchern unterschiedlicher Länge eingeteilt, bieten Orakel, die Gegenwart und Zukunft betreffen, in einem Stil dargestellt, der später jener von Nostradamus werden sollte« (zitiert nach BELLECOUR, *Nostradamus Trahi,* Seiten 31 und 35; siehe Literaturhinweise).

Wir müssen also in Erwägung ziehen, daß Nostradamus mit einem »Grundstock« an Zukunftsweissagungen arbeitete, den er früheren Orakelbüchern »entliehen« hatte. Das würde auch erklären, wie es möglich war, daß Nostradamus in verhältnismäßig kurzer Zeit, während der letzten Jahre seines irdischen Lebens, Gesichte für über 2000 Jahre zukünftiger Ereignisse »empfangen« und zu Papier gebracht haben wollte. Immerhin hatte er gleichzeitig auch seinen vielfältigen Verpflichtungen als Arzt und den sprunghaft zunehmenden astrologischen Aufträgen nachzukommen. MICHAEL GÖRDEN, Herausgeber einer Esoterik-Buchreihe und profunder Kenner der Materie, stellt dazu folgende Überlegung an: Nostradamus hat womöglich die Verse bewußt undeutlich geschrieben und ihre zeitliche Zuordnung unmöglich gemacht, um zu verschleiern, daß die Verse nicht seine eigenen sind.

Um einem Mißverständnis vorzubeugen: Ich bin davon überzeugt, daß die Centurien in der Tat Orakel darstellen sollen, gleich aus wessen Feder sie im einzelnen stammen, und daß es deshalb legitim ist, sich mit diesen Texten auseinanderzusetzen.

Eine selbstkritische Anmerkung

Zum Schluß möchte ich ausdrücklich darauf hinweisen, daß ich nicht der Ansicht bin, ein letztgültiges Urteil über Michel de Notredame und sein Prophezeiungswerk fällen zu können. Ich weiß auch von keinem anderen, der dazu imstande wäre. Das heißt übrigens nicht, daß ich mich davor drücke, meine Meinung auszusprechen. Gedanken dazu finden Sie im 10. Kapitel.

Man bräuchte sehr viel mehr gesichertes biographisches Quellenmaterial zur Person des Sehers von Salon; man bedürfte vollständiger authentischer Texte; man müßte sowohl in alten Sprachen als auch im provenzalischen Dialekt beschlagen sein; man
bedürfte weitreichender historischer Kenntnisse und umfassender
Textvergleiche zwischen antiken Orakelbüchern und den Centurien; man bräuchte eigene Erfahrungen in Alchimie und Astrologie, in Magie und Zukunftsschau – und nicht zuletzt müßte man
über die Gabe verfügen, gleichzeitig sowohl rational-klar als auch
visionär-inspiriert zu sein, um Nostradamus kritisch-offen gerecht zu werden. Man müßte also nüchternen analytischen Verstand mit enzyklopädischer Bildung und eigenen prophetischen
Gaben verbinden können.

Dann käme man vielleicht zu einer echten Erkenntnis über
Ursprung und Gültigkeit der Centurien und könnte unterscheiden, wo Nostradamus wirklich gesehen hatte, was er mehr
erahnte, was er aus früheren Werken übernahm, wo er aus eigenen
Stücken hinzufügte, was er aus politisch-kirchlichen Gründen
geglättet haben mag, wo er der schriftstellerischen Phantasie einfach freien Lauf ließ oder ob er ab und zu sogar schlicht erfand.

Heißt das, daß die Erschließung und Deutung des Nostradamus-
Werks ein sinnloses Unterfangen sein muß? Ich meine, nein, denn
wir können auch andere schwierige und umstrittene Texte nutzbringend lesen und deuten. Denken wir nur an das Neue Testament der Bibel, das nachweislich nicht von JESUS CHRISTUS
stammt, sondern in dem viele, oft unbekannte Autoren mit ihren
Aussagen über und angeblichen Zitaten von Jesus versammelt
sind. Und natürlich enthält die Apokalypse, die JOHANNES-
Offenbarung, eine klare moralisch-religiöse Botschaft, auch wenn
die Deutung der Symbolik der Einzeldarstellungen, zum Beispiel
der apokalyptischen Reiter und der Plagen, des »Tieres« und des
wahren Jerusalem, völlig umstritten ist.

Mein Ansatz zur Erschließung der Nostradamus-Texte ist ausdrücklich im positiven Sinne »journalistisch«. Ich möchte selbst
mehr verstehen und für andere Menschen berichten, habe aber
kein eigenes Interesse, daß Sie diese oder jene Nostradamus-Inter-

pretation akzeptieren oder ablehnen. Mein Ansatz besteht nicht darin, Nostradamus als den größten Seher aller Zeiten anzuhimmeln oder ihn als gewieften Beutelschneider in Bausch und Bogen abzulehnen. Ich habe auch nicht vor, seine Vierzeiler je nach Gutdünken einmal so und einmal wieder anders zu deuten. Lassen Sie uns vorurteilslos und offen, analytisch und verständnisvoll zugleich jene Texte näher kennenlernen und auf ihren Gehalt überprüfen, die nach Nostradamus' eigenen Angaben Wichtiges zu unserer Zeit zu sagen haben. Dabei soll trotz aller Bemühung um einen textkritischen Umgang mit dem Quellenmaterial der anfangs erwähnte geistige Antrieb und Hintergrund jeder Zukunftsschau nicht vergessen werden, da er eine Grundlage zur Gesamteinschätzung der Centurien bildet.

Versuchen wir im nächsten Kapitel, der Persönlichkeit des Michel de Notredame näherzukommen und seinen Lebensweg nachzuzeichnen.

3

Der Seher von Salon: Pestarzt, Alchimist, Visionär, Astrologe

War Nostradamus ein Träumer, der sich zum Medicus ausbildete, der zum Eingeweihten heranreifte und schließlich zum Propheten berufen wurde? LIZ GREENE zumindest unterteilt ihren biographischen Nostradamus-Roman in vier solche Teile, die sie bestimmten Epochen zuordnet: »Der Träumer« von der Geburt 1503 bis zur großen provenzalischen Pestepidemie 1525, »Der Medicus« ab jenem Zeitpunkt bis 1538, »Der Eingeweihte« von Initiationsreisen um diese Zeit bis 1543, und »Der Prophet« vom Beginn der Visionen und deren Niederschrift bis zum Lebensende 1566. MANLY PALMER HALL nennt seine Nostradamus-Kapitel ähnlich: »Der Pestheilige«, »Der Arzt Frankreichs« und »Der Seher«.

Nostradamus wird in die Renaissance hineingeboren, die vielerlei Umbrüche mit sich brachte. In dieser Zeit hatte CHRISTOPH KOLUMBUS die »Neue Welt« entdeckt, GUTENBERG den Buchdruck mit beweglichen Lettern erfunden; LUTHER und andere hatten das Glaubensmonopol des Vatikans erschüttert; KARL V. hatte ein Weltreich begründet, »in dem die Sonne nie unterging«; an den Universitäten machte sich eine neue, wissenschaftlich aufgeschlossene und »moderne« Gelehrsamkeit breit. Gleichzeitig regten sich Gegenreformation und Inquisition, wurde der Islam aufgrund territorialer Ansprüche des Osmanischen Reiches zur europäischen Bedrohung und flackerte die Pest immer wieder von neuem auf. Es war eine Zeit der Wende, der Ablösung vom Mittelalter und des Aufkeimens der Neuzeit, eine Zeit der kirchlichen und spirituellen, der politischen und wirtschaftlichen, der gesellschaftlichen und kulturellen Transformation.

Zumindest die äußeren Stationen von Nostradamus' Leben lassen sich einigermaßen gesichert anführen.

Michel de Notredame wird im Dezember 1503 in Saint-Rémy-de-Provence geboren. Er ist Sohn einer ehedem jüdischen Familie, die gezwungenermaßen zum katholischen Glauben konvertiert war und einen französischen Namen angenommen hatte, um nicht aus der Provence verjagt zu werden und Hab und Gut zu verlieren. Zeitgenossen haben dem jungen Michel bereits in seiner Jugend phantastische geistige Kräfte attestiert; er soll früh in alten Sprachen bewandert gewesen sein, über ein phänomenales Gedächtnis verfügt haben sowie durch sein Interesse für die und seine Fähigkeiten in der Astrologie aufgefallen sein.

1517 studiert er in Avignon, der Stadt der Päpste. Seine Fächer waren unter anderen Mathematik, Geometrie, Astronomie, Griechisch, Lateinisch, Literatur und Geschichte. Wanderlehrer und Gastprofessoren, die an den maurischen Universitäten Spaniens ausgebildet waren, unterrichteten Naturgeschichte, Algebra und Optik. Michel will Astronom und Astrologe werden, seine Eltern halten ihn jedoch dazu an, zunächst Medizin zu studieren, um sich eine gesunde finanzielle Basis für seinen späteren Lebensunterhalt zu schaffen. Da Medizin in Avignon nicht gelehrt wurde, wechselt unser Student nach Montpellier und beginnt dort 1522 mit seinem Medizinstudium.

Bereits 1523 behandelt Michel Kranke in seiner Region, die unter einem ungewöhnlich bitteren Winter leiden, der viel Hunger und Gebrechen mit sich bringt. 1525 wird ihm nach einer erstaunlich kurzen Studienzeit sein erster Abschluß zuerkannt, der es ihm erlaubt, Medizin zu praktizieren. Die Pest breitet sich wieder aus und erreicht Montpellier. Die Universität wird zeitweise geschlossen. Der frischgebackene Arzt begibt sich nach Narbonne, Toulouse, Carcassonne und Bordeaux und behandelt Pestkranke. In dieser Zeit beginnt sich sein Ruf als unerschrockener und engagierter Arzt zu bilden, der keine Mühen scheut, Kranken zu helfen. Dabei hat er recht großen Erfolg, denn obwohl Ratten und Flöhe als Überträger noch nicht erkannt waren, scheinen seine Kräutermischungen, die teilweise verbrannt werden, und Pulver, die man verstreut, doch immerhin die Trägerflöhe abgeschreckt zu haben.

Michel de Notredame, der der damaligen Sitte folgt und seinen

Namen zu Nostradamus latinisiert, reist als Wanderdoktor weiter viel in Frankreich umher und gelangt auch nach Norditalien. Es ist höchstwahrscheinlich, daß Nostradamus sich nicht nur als Arzt in den Dienst der Kranken stellt, sondern auch Gelegenheiten suchte und nutzte, seine astrologischen und magischen Interessen zu pflegen, seine alchimistischen Kenntnisse zu vertiefen, und vielleicht in dieser Zeit die ersten Kontakte zu Geheimorden knüpfte. Er mag damals vielleicht so etwas wie eine besondere Berufung gespürt haben, eine »Vorsehung«, die ihn als Pestarzt erfolgreich sein ließ und ihn dazu aufforderte, der Menschheit auch auf einer höheren Ebene als der Krankheit des Individuums zu helfen. Die Verbindung von Medizin, Alchimie und Astrologie ist damals allgemein üblich; Nostradamus ahnt zumindest aber auch visionäre Kräfte, die in ihm zu »gären« beginnen.

Er kehrt 1529 nach Montpellier zurück und erlangt im Oktober seinen vollen Medizinabschluß. Nostradamus lehrt zwei weitere Jahre in Montpellier. 1532 lädt der berühmte (und später umstrittene) Wissenschaftler JULES-CÉSAR SCALIGER ihn nach Agen ein. Die kleine Stadt schätzt sich überglücklich, nicht nur den bekannten Forscher Scaliger, sondern auch den legendären Pestarzt Nostradamus in ihren Mauern zu wissen. Beide Männer pflegen zunächst einen intensiven Gedankenaustausch und arbeiten zeitweilig zusammen. Nostradamus siedelt sich 1533 in Agen an, unterhält eine Arztpraxis, heiratet eine angeblich wunderhübsche junge Frau aus gutem Hause (deren Name allerdings nicht überliefert ist) und hat mit ihr zwei Kinder.

Die Zusammenarbeit mit Scaliger endet aus ungeklärten Gründen. Nostradamus spricht auch später nur voller Hochachtung von Scaliger, dieser indes nicht genauso über Nostradamus. 1537 bricht die Pest in Agen aus. Seine Kinder und Frau sterben, ohne daß Nostradamus ihnen helfen kann – ob an der Pest oder an Diphtherie, bleibt unklar. Angeschwärzt von Neidern, umrankt von Gerüchten, daß er mit bösen Mächten im Bunde stünde, die ihn zwar andere Pestkranke heilen ließe, nicht aber seine Familie rettete, interessiert sich die Inquisition für Nostradamus. Dieser verläßt Agen, ohne sich den Anwürfen zu stellen, und praktiziert zwischen 1538 und 1544 zunächst kurze Zeit in Aix-en-Provence, dann in Lyon und schließlich in Marseille. Vermutlich ist er auch wieder als wandernder Arzt unterwegs.

Manche Nostradamus-Forscher meinen, er sei in dieser Zeit auf weiten Auslandsreisen seinen wahren Neigungen nachgegangen und habe sich in die Geheimwissenschaften vertieft. Sicher scheint, daß sich Nostradamus nach dem Verlust seiner Familie, nach dem Abbruch der Zusammenarbeit mit Scaliger, nach den ungerechtfertigten Verdächtigungen in einer Krise befand. Das Leben hatte seinen Sinn zunächst verloren, die unmittelbare Notwendigkeit einer geregelten Existenz bestand nicht mehr. Nostradamus war in gewissem Sinne zu einem Vagabunden geworden.

1546 beginnt sein Stern wieder zu steigen: Nostradamus erzielt überraschende Erfolge bei der Bekämpfung der Pest in Aix-en-Provence, sein Name gewinnt erneut an Glanz. Im Angesicht des drohenden Todes fragen Menschen nicht mehr, ob der Heiler womöglich mit dem Teufel im Bunde stehe.

Durch Vermittlung seines Bruders, der in Aix-en-Provence eine angesehene Position bekleidet und sich offensichtlich darum bemüht, dem Leben des inzwischen recht berühmten Pestdoktors mehr Stabilität zu verleihen, läßt sich Nostradamus 1547 in Salon nieder. Er wird dort mit der Witwe ANNA PONCE GEMELLE bekannt gemacht, man arrangiert sich in einer Ehe, Nostradamus wird auf Dauer seßhaft. Aus der Ehe gehen sechs Kinder hervor, darunter der Sohn César, an den die Vorrede zum ersten Teil der Centurien gerichtet ist.

Um 1548 reist Nostradamus nach Venedig, Genf und Savona. Aus dieser Zeit mögen seine angeblichen Kontakte zu Kalvinisten und Protestanten stammen. Nachweislich hatte er zahlreiche protestantische Klienten, die seine astrologischen Dienste in Anspruch nahmen. RANDI geht sogar davon aus, daß Nostradamus insgeheim der Sache der Protestanten nahegestanden habe und seine gebetsmühlenartig wiederholten Bekundungen der immerwährenden Treue zur einzigen heiligen katholischen Kirche nur Lippenbekenntnisse gewesen seien.

1550 veröffentlicht Nostradamus den ersten astrologischen Almanach, 1552 zwei Bücher über Kräuter, Heilkunde und Schönheitsmittel, 1555 ein Werk über Kosmetik, Gastronomie und Medizin. In diesem Jahr 1555 erscheint auch die Erstausgabe des ersten Teils der Centurien. Offensichtlich kurz zuvor verbrennt Nostradamus nach seinen eigenen Worten alle alten Schriften, die ihm geholfen haben, Visionen zu erzeugen und zu interpretieren.

Vor allem seine astrologischen Almanache, nicht etwa die Centurien (!), begründen die Popularität des Astrologen Nostradamus unter seinen Zeitgenossen. KATHARINA VON MEDICI, die Frau des französischen Königs HEINRICH II., ist begeisterte Okkultistin und magische Ränkeschmiedin. Sie lädt Nostradamus an den Hof, wo dieser im August 1556 mehrere Male sowohl von ihr als auch vom König in Privataudienz empfangen wird. Er vermag die Erwartungen des Herrscherpaars offensichtlich zu erfüllen und erhält eine Reihe lukrativer astrologischer und medizinisch-kosmetischer Aufträge aus dem Kreis des Hofes. Danach kehrt Nostradamus nach Salon zurück.

1557 wird Nostradamus' Übersetzung des klassischen Anatomen GALEN veröffentlicht. Ein weiterer Teil der Centurien, bis zur VII., erscheint. Vermutlich 1558 schreibt Nostradamus die letzten drei Centurien nieder und die Epistel an den König Heinrich II. Allen Segenswünschen in dieser Epistel zum Trotz fällt der König einem unglücklichen Turnierzweikampf mit der Lanze zum Opfer und stirbt 1559. Einer der Vierzeiler des Nostradamus wird als Voraussage dieses Todes betrachtet.

1559 sucht der Herzog von Savoyen Nostradamus in Salon auf; gleichfalls erbitten andere einflußreiche Edle und reiche Kaufleute seine meist astrologischen Dienste. 1564 begeben sich der neue König KARL IX. und seine Mutter KATHARINA auf eine »königliche Prozession« quer durch Frankreich und erweisen 1565 auch Nostradamus in Salon die Ehre. Bei dieser Gelegenheit wird ihm der Titel des königlichen Leibarztes verliehen.

1566 setzt Nostradamus sein Testament auf. Vorher macht sich der inzwischen schwerkranke alte Mann auf die beschwerliche Reise in das 35 Kilometer entfernte Arles, um dem Titularkönig von Jerusalem einen nicht näher bezeichneten Gegenstand zurückzugeben. Handelte es sich dabei um geheime Unterlagen zu seinen Prophezeiungen oder gar um das »Haupt des Bapho-

met«, den legendären »sprechenden Kopf der Templer«? Wir können nur spekulieren, wir wissen darüber nichts.

César erhält die Obhut über die Centurien, die goldenen Sternentafeln und das astronomische Besteck des Vaters. Nostradamus
geht zu einem nicht genau angegebenen Zeitpunkt in der Nacht
vom 1. zum 2. Juli 1566 (nach dem alten, julianischen Kalender)
von dieser in die andere Welt hinüber. Anne, seine Frau, folgt
ihm 16 Jahre später.

Wie viele andere Nostradamus-Forscher geht auch HALL davon
aus, daß Nostradamus seinen Tod vorausgesehen hat. Neben seiner Leiche fand man angeblich einen Almanach des JEAN STADIUS,
in dem beim Datum des 30. Juni geschrieben war: »Hic prope
mors est«, »Hier ist der Tod nahe.« Seinem Schüler und Gehilfen
CHAVIGNY soll er am Tag vor seinem Dahinscheiden gesagt haben:
»Du wirst mich bei Sonnenaufgang nicht lebendig sehen.«

In einem Vierzeiler, der nicht Teil der Centurien ist, steht:
»Nach der Rückkehr von einer Mission, Geschenk des Königs,
zurück am Ort, / Nichts mehr wird geschehen, Ich werde zu
Gott gegangen sein; Nahestehende, Freunde, Brüder meines Blu-
tes / Werden mich tot finden, nahe dem Bett und der Bank.«

Allgemein meint man in der »Nostradamus-Gemeinde«, daß
der Seher in diesem Vers auf seinen eigenen Tod hinweist.

LEONI überträgt etwas anders: »Bei seiner Rückkehr von der
Botschaft, des Königs Geschenk, am Platze / Wird er nichts mehr
tun: er wird zu Gott gegangen sein: / Nahe Verwandte, Freunde,
Blutsbrüder, / Gefunden gänzlich tot nahe dem Bett und Bank.«

Leoni weist allerdings auch darauf hin, daß Nostradamus diesen
Vers im Rahmen seiner Arbeit an den Jahresalmanachen für den
November 1567 notiert hatte! Das bedeutet entweder, daß Nostra-
damus seinen eigenen Tod im Juli 1566 eben nicht zum richtigen
Datum vorausgesehen hat, oder daß sich dieser Vierzeiler nicht
auf ihn selbst bezieht.

Sein Schüler und Gehilfe JEAN-AIMÉ DE CHAVIGNY hat die
äußere Erscheinung von Nostradamus geschildert. Demnach war
er weniger als mittelgroß, kräftig gebaut, vital. Eine hohe, offene
Stirn kennzeichnete ihn nach den Regeln der Physiognomie als
Philosophen, seine Nase war gerade, seine Augen waren grau.

brave Mann ist völlig verschreckt und bespricht sich mit seiner Frau. Daraufhin erschallt die Stimme des Geistes und erinnert ihn an die absolute Verschwiegenheit, die nun gebrochen sei. Ein mysteriöses Licht blitzt auf, der Handwerker haucht noch in seinem Bett sein Leben aus. In Salon macht sich angeblich Unruhe breit, das nächtliche Geschehen soll dieser Geschichte zufolge in aller Munde sein. Der Geist teilt sich noch mehreren anderen Bürgern mit, die ebenfalls nicht die strikte Geheimhaltung beachten und sämtlich eines seltsamen Todes sterben. Schließlich erscheint der Geist dem Schmied FRANÇOIS MICHEL. Der befolgt alle Gebote des Geistes, erlangt über Umwege am Ende eine Audienz beim König, ohne das ihm Mitgeteilte neugierigen Höflingen vorher verraten zu haben, und verweilt drei Tage bei Hofe. Michels Botschaft scheint von LUDWIG XIV. wohlwollend aufgenommen worden zu sein. Der Schmied erhält eine großzügige Entschädigung und kehrt nach Salon zurück. Michels Porträt wird vom Künstler DE ROULLET gemalt; das Bild dient später als Stich zur Vorlage von zahlreichen Drucken.

Offen ist die Frage nach der inneren Motivation des Menschen, Arztes und »Pestheiligen«, Alchimisten und Astrologen, Visionärs und Propheten Nostradamus. Offen ist auch, ob und inwieweit die Prophezeiungsverse der Centurien die Wirklichkeit treffen. Im 10. Kapitel möchte ich Ihnen einige persönliche Überlegungen dazu, insbesondere zum möglichen mystischen Hintergrund des Nostradamus, nahebringen.

Lesen wir nun, wie der Seher selbst seine Zukunftsschau dargestellt hat. Überlegen wir dabei, ob das, was er schreibt, wörtlich oder symbolisch zu nehmen ist, ob er seine tatsächliche Praxis beschreibt oder seinen Lesern, Klienten und Zensoren etwas präsentiert, das zugleich geheimnisvoll und glaubwürdig, magisch und dennoch nicht inkriminierbar klingen soll.

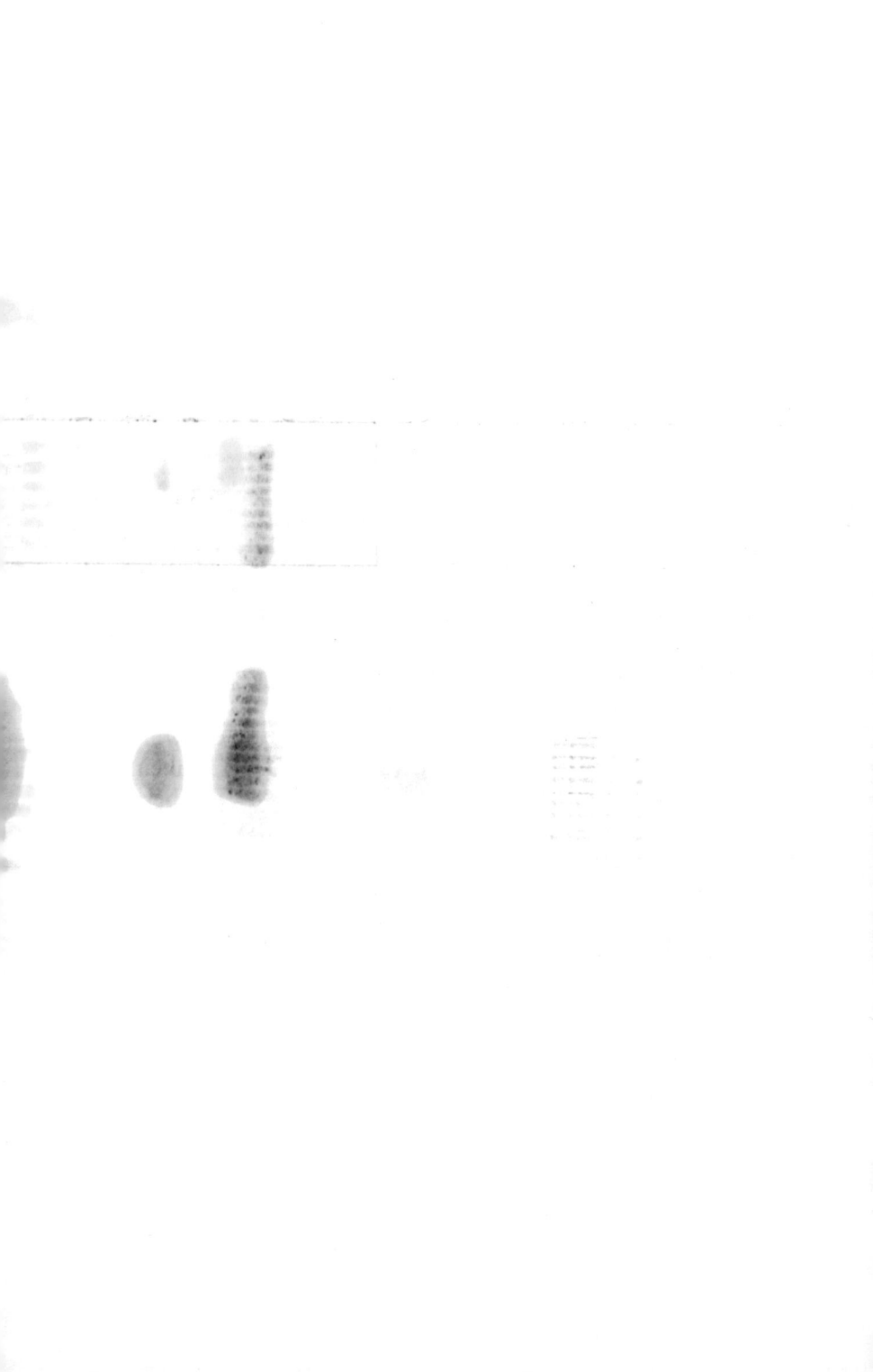

4

Nostradamus' eigene Worte
zu seiner Zukunftsschau

Kommentar zur Vorrede an César

Nostradamus schrieb die Vorrede an César 1555, als er den ersten
Teil seiner Centurien abgeschlossen hatte. Sein Sohn CÉSAR DE
NOTREDAME wurde zu Beginn des Jahres 1554 geboren, er starb
wohl 1630 (nach LEROY).

Die Meinungsverschiedenheiten unter den Nostradamus-For-
schern beginnen schon bei der Frage, an wen sich dieses volumi-
nöse Vorwort mit seinen teilweise vagen Andeutungen, teils aber
auch sehr klaren Aussagen eigentlich richtet. Eine »Fraktion«
meint, daß die Vorrede tatsächlich an den erstgeborenen Sohn
César addressiert ist, der nach sechs Jahren der zweiten Ehe zur
Welt kam. Die andere Partei vertritt die Auffassung, daß mit
»César« in Wirklichkeit ein oder mehrere berufene Nachfolger
des Nostradamus gemeint sind, die im Vorwort einige Schlüssel
zur Dechiffrierung des Gesamtwerks finden können.

Ich bin der Meinung, daß man grundsätzlich zunächst einmal
davon ausgehen muß, daß Nostradamus auch wirklich meint, was
er sagt beziehungsweise schreibt. Denn wo er unklar und »dunkel« bleiben will, fällt das dem Arzt und Propheten von Salon
bekanntlich überhaupt nicht schwer. Wir müssen ohne wirklich
sehr stichhaltige Begründungen nicht noch mehr Dinge in die
Texte hineingeheimnissen, als sie sowieso an Rätseln enthalten.
Da Nostradamus in seiner Vorrede mehrfach den Umstand
anspricht, daß »César« noch zu jung sei, um schon zu verstehen,
was Vater Michel ihm ans Herz legt, dürfen wir getrost annehmen,
daß die Vorrede auch wirklich und nur an seinen leiblichen erst-

geborenen Sohn gerichtet ist. Kommen wir nun aber zu wesentlichen Aussagen des Nostradamus zu seinen eigenen Texten.

Nostradamus schreibt, wenn auch in gewundenen Formulierungen, was die Grundlage seiner Prophezeiungen darstellt beziehungsweise das, was er César und sonstige Leser seiner Centurien (etwa Herrscherhaus und Kirche und Klientel) glauben machen will. Ich rekapituliere aus der Vorrede (vollständige deutsche und französische Texte finden Sie weiter hinten ab Seite 171):

○ Die »Gottheit« gibt aufgrund »astronomischer« (= astrologischer, denn zu jener Zeit waren Astronomie und Astrologie noch eins!) Umwälzungen Nostradamus persönlich und direkt etwas kund.

○ »Das vererbte Wort der verborgenen Weissagung« bleibt in seiner »Brust verschlossen«.

○ Die Ereignisse sind »entschieden ungewiß«, alles wird »von der unberechenbaren Macht Gottes regiert und geleitet«.

○ Nostradamus wird weder »im bacchantischen Furor, [= im Rausch?] noch in der emphatischen Bewegung [= in gefühlsduseliger Einbildung beziehungsweise schwärmerischen Vorstellungen?], sondern in der Schrift der Gestirne inspiriert«.

○ Die Gestirne sind »vom göttlichen Hauche angehaucht und mit dem Geiste der Weissagung erfüllt«.

○ Um »von der Religion und vom Glauben« keinen »Widerspruch« zu finden und um »Perlen nicht den Schweinen« vorzuwerfen, hat Nostradamus zeitweise keine öffentlichen Prophezeiungen zu Papier gebracht.

○ Um »die Schwäche des Hörers nicht zu ärgern«, hat er in seinen nun vorgelegten Centurien sich »in dunklen und verworrenen Sätzen ... ausgedrückt und alles mehr in nebelhaften Umrissen« verfaßt.

○ »Gott der Schöpfer« hat einigen Personen zugestanden, durch eine Verbindung von »imaginativen« Eindrücken mit der »judiziellen Astrologie ... Geheimnisse der Zukunft« zu erkennen.

○ Diesen Personen ist es auch möglich, bei ihren »Eingebungen die göttlichen Inspirationen von den menschlichen« zu unterscheiden.

o Das intellektuelle Verstehen der Zukunftsschau »kann auf verborgenem Wege nur durch die mittels der dünnen Flamme in ihrem Strahlkranz ergangene Stimme sehen, auf welche Seite sich die künftigen Ursachen neigen«.

o César möge sich von »eitlen Träumen« und vor allem von der »fluchwürdigen Magie« fernhalten, mahnt Nostradamus, da sie »schon von der Heiligen Schrift und den kanonischen Gesetzen verworfen wurde, die das Urteil der judiziellen Astrologie« ausnehmen, »nach welcher und mittels göttlicher Inspiration und Offenbarung wir unter fortwährenden Berechnungen unsere Prophezeiungen niedergeschrieben haben«.

o Nostradamus war im Besitz »mehrerer Bände …, welche lange Jahrhunderte verborgen gewesen«, welche die »geheime Philosophie« behandelten.

o Diese Bücher verbrannte er (natürlich, nachdem er sie tüchtig benutzt hatte!), »weil ich ahnte, was da kommen würde« (Inquisition?).

o César wird angehalten, sich in bezug auf die »salinische … Verwandlung der in der Erde und den Wassern verborgenen unzerstörbaren Metalle« nicht täuschen zu lassen.

o Nostradamus fühlt sich »durch übernatürliche göttliche Inspiration in Übereinstimmung mit den himmlischen Figuren« dazu befähigt, die Zukunft zu schauen.

o Die Centurien sind »Bücher mit Prophezeiungen«, die »astronomische Strophen von Prophezeiungen« enthalten, die »ich absichtlich etwas dunkel gegeben habe«.

o Diese Prophezeiungen »sind ewig dauernde Weissagungen von jetzt an [= 1555] bis zum Jahre 3797 [Weltende?]«. Sie gelten als »erkannt im ganzen Umfang der Erde« (also für Ereignisse überall auf der Erde?).

o Nostradamus sagt über sich selbst, wenn man ihn denn beim Wort nimmt: »Ich kann mich nicht irren noch täuschen.«

o Es gibt nach Nostradamus »zwei hauptsächliche Ursachen« für die Zukunftsschau, nämlich die »Belehrung der Gestirne« und die »inspirierte Offenbarung«.

o Von 1555 an soll es noch etwas mehr als »177 Jahre« dauern (bis Juni 1732), daß »Pestilenzen, lange Hungersnot und Kriege

und mehr noch durch Überschwemmungen die Menschheit«
entscheidend dezimiert wird, so daß die Felder brachliegen.

o Wir befinden uns im siebten Jahrtausend der Schöpfung, »das
alles vollendet, und nähern uns dem achten«, in dem Gott »die
Umwälzung vollenden wird«.

o Es kommt angeblich zu einer »allgemeinen Verbrennung der
Welt«, und davor zu »solchen Fluten und so hohen Über-
schwemmungen«, daß fast alles Land mit Wasser bedeckt wird.
Außerdem sollen »Feuer und weißglühende Steine ... vom
Himmel fallen«.

Aus den vorstehenden Zitaten ergibt sich ein recht anschauliches
Bild von Nostradamus, seinen Methoden und der Gemütsverfas-
sung jener Zeit.

Nostradamus achtet darauf, daß er immer explizit Gott als die
erste, letzte und höchste Autorität deklariert – ob aus Überzeugung oder als Vorsichtsmaßnahme vor der Inquisition, müssen
wir hier nicht näher untersuchen. Andererseits reklamiert er für
sich selbst Unfehlbarkeit.

Nostradamus sieht sich als Erbe und Träger seherischer Gaben
und Fähigkeiten zur Zukunftsschau, die er selbst allerdings nicht
weiterzugeben vorhat. In diesem Zusammenhang ist der Hinweis
angebracht, daß sich der Seher, der aus einer ursprünglich jüdischen Familie stammt, dem Hause Issachar zurechnet, das als der
mit prophetischen Gaben gesegnete Stamm Israels gilt. Er fühlt
sich göttlich inspiriert.

Nostradamus benutzt die Astrologie – welche, werden wir
später versuchen zu ergründen. Er weist ausdrücklich darauf hin,
daß die von ihm als »judizielle Astrologie« bezeichnete Methode
auch kirchlicherseits anerkannt sei. Er erwähnt Berechnungen
und Belehrungen durch die Sterne. Er spricht von »astronomischen Strophen«, also von astrologischen Versen. Wir finden im
Vorwort eine Fülle ziemlich unverständlicher astrologischer Hinweise.

Nostradamus weiß von »guter« und »böser« Magie; er warnt
César vor der Spielart der »fluchwürdigen Magie«. Er kennt sich
aus mit Alchimie. Er warnt César offensichtlich davor, sich in

bezug auf die Gewinnung von Metallen aus Erde und/oder Wasser täuschen zu lassen – eine eindringliche Mahnung davor, auf angebliche »Goldmacher« hereinzufallen? Er unterscheidet auch zwischen schwärmerischer Einbildung und echten Zukunftsgesichten.

Nostradamus besaß antike Orakel- und Prophezeiungsbücher, die viele Jahrhunderte lang verschollen waren. Er hat sie zur Erstellung seiner Centurien benutzt und danach verbrannt. Tat er das aus echtem moralischen Skrupel, weil sie in unrechten Händen Unheil hätten anrichten können (mehr als seine eigenen Vierzeiler!)? Oder überließ er sie dem Feuer, weil ihre Entdeckung inquisitorische Strafmaßnahmen nach sich hätten ziehen können? Oder mochte er keinem anderen gönnen, Zugang zu wichtigen Grundlagen der Zukunftsschau zu gewinnen?

Nostradamus stellt fest, daß sich seine Verse auf die Zukunft der ganzen Erde beziehen, und daß sie den Zeitraum von 1555 bis 3797 abdecken. Ob die dann zu erwartende »Umwälzung« eine Art »Weltende« bedeutet oder nicht, geht aus der Vorrede nicht eindeutig hervor.

Zuvor muß die Menschheit aber mit einer drangvollen Last von Not und Leid, Krieg und Zerstörung rechnen. Vor allem im Frühsommer 1732 stünden den Menschen schlimme Ereignisse ins Haus.

Wie DAVID PITT FRANCIS in seiner lesenswerten Studie (siehe Literaturhinweise) nachgewiesen hat, entlehnt Nostradamus außerordentlich viele Sprachbilder der JOHANNES-Offenbarung und alttestamentarischen Propheten; Parallelen zu den Prophezeiungen des DANIEL sind unverkennbar.

Nostradamus weist sicherheitshalber ausdrücklich darauf hin, daß die Zukunft »entschieden ungewiß« sei und alles von der »unberechenbaren Macht Gottes regiert und geleitet« werde.

Nostradamus hat seine Vierzeiler absichtlich dunkel und verworren gehalten. Nostradamus-Gläubige sagen, um nicht der Inquisition zum Opfer zu fallen – und darauf spielt er selbst auch an. Nostradamus-Kritiker meinen, daß er mit der gewollten Unklarheit nur bezweckt habe, daß man die Quellen, aus denen er schöpfte, nicht zu leicht erkennen solle und daß er damit einer echten Überprüfung seiner angeblichen seherischen Gaben klug aus dem Wege gegangen sei.

Nostradamus nennt einige Jahreszahlen. Ich bin der Ansicht, daß sie genauso im Klartext gedacht waren und deshalb auch so gedeutet und überprüft werden müssen, wie sie schwarz auf weiß von ihm niedergelegt wurden. 1732 sollte die Menschheit unter großen Schrecken leiden. Nach dem Ende des Spanischen Erbfolgekriegs 1713 erlebte Europa indes einige Jahrzehnte relativen Friedens und Wohlstands, wie LEONI zu Recht bemerkt. Und kein Hinweis an dieser Stelle auf das Grauen des Dreißigjährigen Krieges, der Nostradamus doch zeitlich sehr viel näher war, in dem tatsächlich ganze Landstriche Mitteleuropas, vor allem Deutschlands, nicht mehr bewirtschaftet werden konnten.

Eine andere Jahreszahl, 3797, spielt im Zusammenhang mit der biblischen Berechnung der Entstehung der Welt und dem vermeintlichen Ende eines Erdenzyklus eine Rolle. Nostradamus kommt auf diese Zahlen in der Epistel an HEINRICH II. zurück. Auf jeden Fall liegt dieses Datum weit genug in der Zukunft, um zu Lebzeiten und lange danach nichts überprüfen zu können.

Sehen wir uns nun die Beschreibung der Versenkung und Inspiration für seine Zukunftsschau an, wie Nostradamus sie als Auftakt zu seinem Prophezeiungswerk in den ersten beiden Vierzeilern der I. Centurie selbst dargestellt hat.

I. Centurie, Vierzeiler 1 und 2, in deutscher Übertragung:
1. »Sitzend bei Nacht in geheimen Studien,
   allein ruhend auf dem bronzenen Dreibein,
   schwache Flamme kommt aus der Einsamkeit heraus,
   macht gedeihen, was nicht umsonst [eitel] zu glauben ist.«
2. »Den Stab in der Hand, in die Mitte der Zweige [oder: Branchus] gehalten,
   mit dem Wasser [der Welle] befeuchtet er Glied und Fuß:
   eine Angst und Stimmen murmeln [zittern] durch die Kanäle [Ärmel], göttlicher Glanz.
   Das Göttliche [der Seher] setzt sich herbei.«

Nostradamus läßt das vermutlich auch in der Renaissance bereits romantisch verklärte Bild antiker Seher entstehen. Wir schöpfen ja gern eine authentisch klingende Begründung für unser Tun und Walten heute aus Bezügen zum vermeintlich heller leuchtenden Geist unserer Vorfahren, die angeblich im Einklang mit der Natur lebten und in direkter Zwiesprache mit Gott standen.

Nostradamus beschreibt also, wie er allein in der Nacht geheime Studien betreibt. Das weckt Assoziationen von Hingabe, Konzentration und Besonderheit. Das bronzene Dreibein gemahnt an den gleichen Schemel der Priesterinnen des delphischen Orakels. Die Erwähnung einer Flamme läßt das Thema der Reinheit und der Flüchtigkeit des Feuers anklingen; daß die Flamme schwach ist, mag ein Hinweis auf die »Dunkelheit« der Gesichte darstellen.

Der »Stab« könnte ein Lorbeerzweig sein, der als ein Symbol antiker Orakel galt, ein »Zauberstab« des Magiers, oder ist vielleicht einfach die Schreibfeder gemeint? LE PELLETIER sieht im Wort BRANCHUS (Großschreibung im Original) einen Hinweis auf den griechischen jungen Mann Branchus, dem der Gott Apollo die Sehergabe verlieh. Manche Propheten und Visionäre führten rituelle Waschungen durch, bevor sie sich für Inspirationen aus dem Geiste öffneten. Vor allem mit einer künstlich induzierten, vielleicht sogar magisch beschworenen Zukunftsschau dürfte eine gewisse Furcht allemal verbunden sein. Glaubt man daran, kann auch Angst vor den Mächten des Jenseits auftreten; führt man das Ganze als Bewußtseinstechnik durch, kann sich Furcht vor Verrücktwerden einstellen. Wenn Stimmen murmeln, so kann das als »Beweis« dafür dienen, daß die Eingaben nicht Produkte des eigenen Gemüts sind, sondern höherem Orte entstammen. Schließlich bricht sich das rein Göttliche doch noch Bahn – die nächtliche Zukunftsschau kann beginnen.

Nehmen wir Nostradamus so lange beim Wort, wie wir zu glaubwürdigen Interpetationen gelangen. Erst dann, wenn alle direkten und rationalen Erklärungen nicht mehr genügen, mögen wir auf komplizierte und magische Deutungsthesen zurückgreifen.

PATRIAN und andere weisen übrigens zu Recht darauf hin, daß die beiden Vierzeiler zu Beginn der I. Centurie an Zitate aus dem Buch des neuplatonischen Philosophen IAMBLICHOS erinnern, der ein Werk verfaßt hatte, welches von MARSILIO FICINO unter dem Titel *De Mysteriis Aegyptorum, Chaldaeorum et Assyriorum* ins Lateinische übertragen wurde. Nostradamus hatte Ficino persönlich aufgesucht; dessen Übersetzung des Iamblichos erschien 1552 in Lyon. Darin werden rituelle Waschungen, Fastenzeiten sowie unterschiedliche Divinationstechniken beschrieben, wie man sich mittels Feuer, Wasser, magischer Spiegel und okkulter Versenkungstechniken unsichtbaren geistigen Kräften »anschließen« könne, um sich für die Gabe der Weissagung zu öffnen. Patrian formuliert: »Prophetischer Glanz und göttlicher Geist bemächtigen sich des Sehers, die Weissagungen beginnen.«

Nostradamus beschreibt in einem persönlichen Brief an einen Klienten namens FRANÇOIS BÉRARD ein solches Ritual: »Nach neun aufeinanderfolgenden Nächten, von Mitternacht bis ungefähr vier, meine Stirn bekränzt mit Lorbeer, einen Ring mit einem blauen Stein an meinem Finger, erhielt ich von einem guten Geist folgendes über Euren Ring. Ich ergriff eine Schwanenfeder (da der Geist drei Male die Gänsefeder ablehnte) und, unter seinem Diktat, als ob ich in eine dichterische Entrücktheit versetzt worden wäre, brach ich in folgende Verse aus ... Dann wandte ich mich an unseren außerordentlichen Geist und bat ihn, mich für seinen getreuen Bérard zu lehren, einen Alchimisten ohnegleichen, wie man Elizium und Gold und reinigendes Pyrit erhält. Dann, mit Lorbeerzweigen als Ornamente am Nacken und mit einer Krone aus Lorbeer und Immergrün um meine Stirn, flehte ich meinen Schutzengel an, um diese Transmutationen zu erlangen, und um mich mit wahren Orakeln zu inspirieren ... Er erschien mir dann im Traum und antwortete mir ...« (Zitat nach Randi, siehe Literaturhinweise).

RANDI vermutet hinter mystischen Zeremonien wie dieser einen zweifelhaften Gemütszustand des Nostradamus oder eine Wirkung der unziemlichen Verehrung des Weingottes Bacchus. Anschließend sorgt er sich darum, wie die Ehe des Sehers solch eigenartige Verhaltensweisen ausgehalten haben mag.

Kommen wir als nächstes zur Epistel an HEINRICH II., König von Frankreich, wie Nostradamus sie zwischen die (unvollständige) VII. und die VIII. Centurie als Widmung an den weltlichen Herrscher eingefügt hat.

Greifen wir auch hier einige Zitate heraus, um Nostradamus und seinen Text im Überblick besser zu verstehen. Die Epistel richtet sich an Heinrich II., der Frankreich bis zu seinem Tode 1559 regierte. Manche Deuter wollen in die Anrede hineinlesen, daß damit nicht der französische König von damals gemeint sei, sondern der kommende mythische Erretter der abendländischen Zivilisation und Beschützer einer wiedererrichteten christlichen (katholischen?) Kirche, der als Bezwinger des »Antichristen« ein neues, goldenes Zeitalter einleitet. Ich persönlich halte zwar eine Monarchie grundsätzlich für mindestens ebenso erstrebenswert und wahrscheinlich effizienter als die derzeitige chaotische Parteiendemokratie und oligarchische Industrieherrschaft – zumindest empfinde ich sie als romantischer. Dennoch kann ich der schwärmerischen Ansicht nicht folgen, daß wir um die Jahrtausendwende oder irgendwann in den Dekaden danach in Mitteleuropa monarchisch regiert werden. In diesem Buch gehe ich davon aus, daß Nostradamus »seinen« König meint und keinen anderen.

Die salbungsvollen Worte zu Beginn sollen tiefste Ehrerbietung demonstrieren. Obwohl solche Floskeln damals durchaus üblich waren, tut Nostradamus aber bald des Guten zuviel, und wir vermögen den Hauch von Opportunismus in seinen Huldigungen nicht zu übersehen.

o Nostradamus schreibt, daß diese drei dem König gewidmeten Centurien den Rest darstellen und »das Tausend vollenden«; das heißt meiner Meinung nach, daß er damals mehr nicht geplant hatte. Das wiederum bedeutet, daß eine angebliche fragmentarische XI. und XII. Centurie sowie Sechszeiler und dergleichen nicht zum Nostradamus-Werk gehören!

o Nostradamus spricht dann erneut von »nächtlichen prophetischen Berechnungen … entworfen nach einem natürlichen Verfahren«.

o Nostradamus schreibt selbst, daß seine Vierzeiler »holprig« seien und man »weder einen Weg darin finden, noch sie interpretieren kann«. Er macht König und Lesern Hoffnung, daß er »Jahre, Städte, Ortschaften und Regionen« später noch »schriftlich zu hinterlassen« vorhabe (was er indes nicht tat).

o Nostradamus weist, wie in der Vorrede, darauf hin, daß seine »Voreltern« ihm einen »natürlichen Instinkt weiszusagen« mitgegeben hätten, den er in Einklang gebracht habe mit seiner »langen fortlaufenden Berechnung« und einem »von aller Sorge, Bekümmernis und Aufregung« befreiten Geist. Er erwähnt wieder den »ehernen Dreifuß«, auf dem er geweissagt habe.

o Nostradamus beschwört den König geradezu, ihm abzunehmen, daß er sich »nichts zu schreiben unterfange, was gegen den wahren katholischen Glauben ist«. Ausdrücklich macht er bei seiner Berechnung der Zeitalter nach der Bibel den »Vorbehalt der Berichtigung durch den heiligen Stuhl«, also durch Papst und Vatikan. Er will jeden Verdacht des Irrglaubens oder der magischen, kirchlich verbotenen Machenschaften vermeiden.

o Nostradamus heißt Noah den »obersten Astrologen« und Erfinder der »chaldäischen Schriften«, was von manchen auch als Chiffre für chaldäische Astrologie und/oder Geheimwissen und Magie im allgemeinen angesehen wird.

o Nostradamus macht einen weiteren Vorbehalt: Die schlechten Zeiten erforderten es, daß die »verborgenen Ereignisse nur in rätselhafter Sprache geoffenbart werden, nicht bloß einen Sinn zulassend«, daß sie also bewußt mehrdeutig sind. Damit werden seine prophetischen Verse *per definitionem* natürlich einer echten Überprüfbarkeit entzogen.

o »[Ich halte mich an das, was] aus Gott, aus der Natur und größtenteils in Verbindung mit der Bewegung des himmlischen Laufes [hervorkommt]«, sagt Nostradamus zur Erklärung des Ursprungs seiner Zukunftsschau.

o Im prophetischen Teil der Epistel nennt Nostradamus eine Vielzahl von schillernden Namen – die »große Dame«, deren Kinder, einen »zweiten Trasibulus«, den »großen Dohan«, den »Seeochsen«, eine Stadt »Achem«, die »Septentrionalen« etc. Über die Bedeutung dieser – und vieler weiterer Namen – gibt es bislang keinen Konsens.

o Es geht in diesen vieldeutigen Worten um mannigfache Auseinandersetzungen um den rechten Glauben, zwischen »Sekten«
sowie zwischen den »Orientalen« und den Rechtgläubigen.
Das Thema von »bösen Mohammedanern«, welche gegen »gute
Christen« kämpfen, taucht auch in den Centurien häufig auf;
ob der »Antichrist« aus ihren oder aus den Reihen der Christen
kommt, bleibt ebenfalls umstritten.

o Nostradamus gibt im zweiten Drittel der Epistel nochmals
zu, daß er »diese Weissagungen beinahe verworren hinstelle«
und die Zeitfolge »gar nicht angebe oder nicht sehr in Übereinstimmung« mit früheren Prophezeiungen. Er behauptet,
»ich könnte, wenn ich wollte, jeder Strophe die Angabe der
Zeit beisetzen, aber nicht allen wäre diese Angabe genehm ...«

o Er läßt eine Berechnung der Zeitalter folgen, die auf alttestamentarischen Berichten basiert. Er fährt damit fort, astrologische, wenngleich auch recht obskure, Angaben zur großen
Zeitenwende zu machen.

o »Bei den gegenwärtigen Prophezeiungen berechnete ich alles
nach Ordnung der Kette, welche ihren Kreis umschließt, alles
nach der Lehre der Astronomie und nach meinem natürlichen
Instinkt.« Wir werten das als Bestätigung, zur Prophezeiung
chronologisch-numerologische, astrologische und mediale
Prognosetechniken zu benutzen.

o Danach geht es weiter mit Schreckensvisionen für die christliche Kirche, mit Hinweisen, bis zu welchen Breitengraden der
»Pempotam« herrschen wird; dann wird der »Antichrist« zeitweise noch einmal sein höllisches Regiment durchsetzen.

o Schließlich und endlich, nach vielen Schrecken und Greueln,
wird »wieder ein goldenes Zeitalter beginnen«, und zwar im
astrologischen Zusammenhang mit der Erneuerung eines
»anderen Reiches Saturns«.

o Nostradamus schreibt, »Satan soll geworfen werden in die Tiefe
des Abgrunds und gebunden werden in der tiefen Grube ...
ungefähr tausend Jahre ...« Damit nimmt er ein bekanntes
Thema der JOHANNES-Offenbarung auf, in der im Kapitel 20,
2–3 zu lesen ist: »Und er ergriff den Drachen, die alte
Schlange, das ist der Teufel und der Satan, und fesselte ihn für

tausend Jahre und warf ihn in den Abgrund und verschloß ihn ...«

o »Die Bilder der göttlichen Bücher stimmen genau mit den sichtbaren himmlischen Dingen überein, nämlich mit Saturn, Jupiter und Mars ...«, das heißt, daß Prophezeiungen nicht nur der Bibel, sondern auch anderer »göttlich offenbarter« Werke (zum Beispiel ägyptisches, jüdisches und griechisches Geheimwissen!) durch die Astrologie bestätigt werden und umgekehrt. Nostradamus sagt, daß man »Näheres aus etlichen Vierzeilern« ersehen könne.

o Zum Schluß behauptet Nostradamus – oder will vermuten lassen –, daß er sehr wohl noch mehr aufzudecken imstande gewesen sei, dies der Zensur aber hätte mißfallen können und er es deshalb unterließ.

Wir können zusammenfassend feststellen, daß Nostradamus die Rechtmäßigkeit seiner Zukunftsschau angesichts offenkundiger kirchlicher Zweifel dadurch zu untermauern versucht, daß er den letzten Teil der Centurien dem höchsten weltlichen Herrscher seines Landes widmet. Da diese Widmung nicht zurückgewiesen wurde, stellte sie einen wirksamen Schutz vor inquisitorischer Überprüfung oder gar Verfolgung dar.

Nostradamus beschreibt wie in der Vorrede an CÉSAR die Grundlagen seiner Prophezeiungen: göttliche Eingebung, die Heilige Schrift, andere »göttlich inspirierte« Bücher, nächtliche astrologische Berechnungen (also auch aus der tatsächlichen Anschauung des Himmels), die Natur (!), eigene, ererbte Medialität sowie Einhaltung bestimmter Rituale (beispielsweise Sitzen auf dem Dreifuß, meditative Einstimmung und anderes mehr).

Er gesteht ein, daß seine Visionen unter Umständen von früheren Prophezeiungen abweichen, er erklärt die Unverständlichkeit der Verse mit der notwendigen Rücksicht auf die Betroffenen und fügt als salvatorische Klausel hinzu, daß alles von Gott stamme und Gott die höchste Autorität sei und bleibe.

Nostradamus verheißt schließlich den Beginn eines goldenen Zeitalters nach dem endgültigen Sieg über den Satan, dessen Beginn mit astrologischen Faktoren bestimmt werden könne.

Den Abschluß der Epistel bildet eine kuriose Sprachwendung, als Nostradamus sagt, daß er nun seine Feder beiseite legen wolle, um der Zensur keine Nahrung zu geben und um seine Nachtruhe zu finden. Jedoch nimmt er sich danach durchaus noch die Zeit, an des Königs angebliche »besondere Einsicht und Menschenfreundlichkeit« zu appellieren (unausgesprochen: diese Widmung nicht zurückzuweisen), ihn seines, des Nostradamus', »unbegrenzten Eifers« und Gehorsams zu versichern und des Königs »Sonnenglanz« zu rühmen.

Der »Bannspruch« in deutscher Übertragung

Der »Bannspruch« gegen unberufene Kritiker ist als Vers 100 in der VI. Centurie zu finden. Er trägt eine eigene Überschrift und ist ganz auf lateinisch abgefaßt, fällt also auf zweierlei Weise aus dem Rahmen der anderen Centurienverse heraus.

RÖSCH bietet als Übertragung an:
»Verwarnung an unberufene Kritiker
100. Ein reifes Urteil fälle, wer diese Verse liest,
Halt' fern die blöde Menge, die ohne Weihe ist;
Fern alle Astrologen, fern Blenus und Barbar!
Fluch dem, der anders handelt, und dies mit Recht fürwahr.«

DRUDE formuliert:
»Wer diese Verse liest, soll sie genau prüfen. Gewöhnliches und unwissendes Volk sei nicht hinzugezogen. Desgleichen sollen alle Astrologen, Dummköpfe und Barbaren fernbleiben. Wer anders handelt, sei mit Fug und Recht verflucht.«
    Er fährt übrigens fort: »Dieser einzige Lateinvers, der ausdrücklich betont, daß die Lösung keine astrologische sei …«
    Ich kann dem nicht folgen, da die entsprechende dritte Zeile in Wirklichkeit lautet: »Omnesque Astrologi Blenni, Barbari procul sunto«. Zwischen »Astrologi« und »Blenni« ist kein Komma zu finden, so daß durchaus eine Übertragung, »Alle dummköpfigen Astrologen und Barbaren sollen fernbleiben«, richtig sein dürfte.

Eine eher wörtliche, wenn auch weniger poetische Übertragung lautet:

»Beschwörung des Gesetzes gegen unfähige Kritiker
100. Wer diesen Vers liest, prüfe ihn aufmerksam,
Profane Menge und Unwissende (dürfen, sollen) sich nicht damit
     befassen,
Alle Astrologen-Dummköpfe und Barbaren mögen weit entfernt
     bleiben,
Wer anders handelt,«

»der ist nach dem gewöhnlichen Ritual heilig« (DIMDE);
»der sei nach dem heiligen Ritus verflucht« (PATRIAN);
»laßt ihn Priester des Ritus sein« (CHEETHAM);
»möge dem heiligen Ritus unterworfen werden« (LEONI).

Allein die Widersprüche in der Übertragung dieser wenigen Zeilen lassen den Wert der Centurien in zweifelhaftem Licht erscheinen. Manche Nostradamus-Deuter führen diesen Vierzeiler übrigens als vermeintlichen Beweis dafür an, daß Nostradamus mit Astrologie nichts im Sinn gehabt habe. Angesichts der eigenen Bekundungen in Vorrede und Epistel, eine besondere Astrologie als Prognosetechnik benutzt zu haben, und angesichts der zahlreichen astrologischen Verweise in den Centurien selbst ist dieser Einwand nach meiner Auffassung nicht stichhaltig. Einer einzigen kritischen Anmerkung, die noch dazu zweideutig ist und sich durchaus auch nur auf aus Nostradamus' Sicht unprofessionelle Astrologen beziehen kann, stehen ungezählte positive Aussagen zur Astrologie gegenüber.

Ich meine, daß die Existenz des »Bannspruchs« die prophetische Authentizität des Nostradamus-Werks stützen soll: durch die Analogie zu ähnlichen Sprüchen in anderen, althergebrachten und anerkannten Weissagungen. Die JOHANNES-Offenbarung zum Beispiel schließt mit einer Beschwörungsformel, die jeden davor warnt, etwas von den Prophezeiungen wegzunehmen oder hinzuzufügen, weil er sonst von Gott mit all den Plagen heimgesucht werde, von denen in den apokalyptischen Visionen die Rede ist.

Die letzte Zeile des »Bannspruchs« ist in der Tat so dunkel und verworren, wie Nostradamus selbst seine Verse bezeichnet.

Er unternimmt mit dem auf lateinisch abgefaßten Vers den wiederholten Versuch, sich selbst als jemand Besonderen hinzustellen – zu Recht oder zu Unrecht –, dessen Worte eigentlich noch nicht einmal von jedermann gelesen werden dürften. Nostradamus reklamiert und postuliert für sich und sein Werk eine elitäre Weihe, die es untersagt, daß das gemeine Volk sich damit befaßt oder es gar zu deuten versucht. Gerade ein solches »Verbot« hat natürlich – wie man vom modernen Marketing her weiß – genau die entgegengesetzte und durchaus beabsichtigte Wirkung: Wer will nicht erst recht das lesen, was abgeblich zu hoch oder ihm gar verboten ist?

Wir haben Nostradamus anhand seiner eigenen Worte näher kennengelernt. Die Texte von Vorrede und Epistel finden Sie in einer deutschen Übertragung sowie im französischem Original im Quellenteil im 11. Kapitel, samt der Originaltexte der Centurien. Richten wir nun unsere Aufmerksamkeit auf die verschiedenen Methoden zur »Entschlüsselung« der fast eintausend Vierzeiler dieser Centurien.

5
Methoden der Entschlüsselung

Meint Nostradamus, was er sagt, und sagt er, was er meint – oder nicht? Die Beantwortung dieser Frage ist Voraussetzung für die Einschätzung verschiedener Entschlüsselungs- und Interpretationsmethoden. Manche der im folgenden angeführten Autoren beantworten diese Frage mit »ja«, andere mit »nein«. Demgemäß suchen sie entweder komplexe numerologische, astrologische und/oder okkulte Schlüssel oder geben einer umfassenden sprachwissenschaftlichen und historischen Erforschung direkt an den Texten den Vorzug.

Einige der offenen Text- und Zeitprobleme wurden bereits erwähnt. Weitere wichtige sind:

- der Sinn von Eigen- und Beinamen (etwa Kronprinz, Hauptmann, große Dame, Rose der Hölle, Lügenmund);
- der Sinn von vermeintlichen Ortsnamen (zum Beispiel Bisanne und Pelligouxe in der X. Centurie, Vers 25);
- Anagramme (Buchstabenumstellung, so daß neue Worte entstehen: beispielsweisewird Eva zu Ave oder Paris zu Rapis und dergleichen);
- Apokopen (Fortfall von Auslauten und Endsilben: etwa hatt statt hatte oder Phi für Philipp in der X. Centurie, Vers 7);
- Synkopen (Fortfall von Vokalen zwischen Konsonanten innerhalb eines Wortes: zum Beispiel ew'ger statt ewiger oder donre statt donnera in der V. Centurie, Vers 52, und Orl statt Orléans in IV, 61);
- »Ellipsen«, daß heißt Wortauslassungen, wenn andere Worte den Sinn der weggelassenen ohnehin deutlich machen (beispielsweise »qui« = »der« anstatt »ce qui« = »der, welcher«);
- verborgene Bedeutung der lateinischen Wörter in Vorwort und Epistel sowie im Bannspruch und verstreut in den Centurien;

– Metaphern (Verschleierung konkreter Begriffe in abstrakten
  Bildern);
– Wortherleitungen von »Kunstwörtern« aus dem Lateinischen,
  Provenzalischen, Spanischen, Griechischen, Hebräischen und
  sogar Ägyptischen (etwa »combouls« aus dem griechischen
  »kumbalon« in der X. Centurie, Vers 41, »sepmano« aus pro-
  venzalisch/spanisch »mala semana« in IV., 44; »anaragonique«
  aus ungeklärter Herkunft im Vorwort an César);
– Satzbau, Bezüge und Interpunktion (beispielsweise »tenans les
  parens dessus les armes intrepides« aus der Epistel wird bei
  Patrian zu »die die Pranken über das furchtlose Zeichen halten«, bei Rösch zu »welche die Tatzen unerschrocken auf die
  Helme setzen«, während Eilenberg/Kraus anbieten, »die
  Macht haben über seinesgleichen aufgrund furchtloser Waffen«);
– und ist schließlich die Angabe von Jahreszahlen, wie etwa 1999
  im 72. Vers der X. Centurie, wörtlich zu nehmen (was die
  meisten befürworten); hat Nostradamus vielleicht 1969 gemeint
  (so Drude) oder geht es um etwas ganz anderes (laut Dimde)?

Sehen wir uns an, wie sich einige wichtige Autoren Nostradamus
und seinem Textmaterial nähern.

Christian Wöllner hat sich in seinem 1926 erschienenen
Buch vor allem den »astrologisch-chronologischen Grundlagen
der Centurien« gewidmet. Er konstatiert, daß Nostradamus öfters
von Zeitperioden ausgeht, die er »cycles« beziehungsweise »siecles« nennt. Er weist dann auf Zyklen von 36 und 360 Jahren hin.
Nach Wöllners Aufstellung dauerte etwa die letzte sechsunddrei-
ßigjährige Sonnenperiode von 1828 bis 1884, danach regierte
Saturn, ihm folgten Venus und Jupiter, seit 1972 Merkur, ab 2008
Mars und ab 2044 Mond.

Von 1648 bis 2008 reicht ein »Orbis Magnus«, ein Großes Jahr,
das unter der Herrschaft von Löwe und Saturn stehen soll.

Der Autor führt noch eine Reihe weiterer komplexer Argumente dafür an, daß eine astrologisch fundierte Zeitrechnung des
Nostradamus bestehe, und wie sie aussehe. Auf dieser Basis
kommt er dazu, festzustellen: »Auf Grund des entwickelten astro-

logisch-chronologischen Systems läßt sich eine Anzahl Vierzeiler der Zenturien zeitlich näher bestimmen.« Er nennt dann die seiner Ansicht nach eindeutig datierbaren Vierzeiler, zu denen er auch solche rechnet, die im Text selbst eine Jahresangabe enthalten. Wir kommen im 8. Kapitel über die Nostradamus-Astrologie darauf noch zurück.

Zwei Bemerkungen von Wöllner verdienen unser Interesse: »Zur Übersetzung ist zu beachten, daß Nostradamus die lateinische Syntax auf seine Muttersprache unbekümmert um deren eigene Regeln anwendet; die Kommata und Doppelpunkte in den Quatrains [Vierzeilern] sind keine eigentlichen Interpunktionszeichen, sondern dienen nur zur Kenntlichmachung der Verszeilen.« Das deckt sich mit der Meinung zahlreicher anderer Forscher.

»Der ungenannte Verfasser ... glaubt das Geheimnis der Nostradamischen Weissagungen darin entdeckt zu haben, daß in den Quatrains nicht Schilderungen der Zukunft, sondern solche der Vergangenheit vorlägen, welche als zukünftige ausgegeben würden. Danach hätte Nostradamus das astrologische Gesetz der Periodizität alles Geschehens gekannt und angewendet. Inwiefern er darum den Namen eines Charlatans verdienen sollte, ist unerfindlich.« Hier greift Wöllner einen Gedanken auf, den DAVID PITT FRANCIS (siehe Seite 73) im Hinblick auf die »Anleihen« des Nostradamus aus der Bibel wiederholt.

Der Philologe und Historiker Dr. N. ALEXANDER CENTURIO gehört zu den deutschsprachigen »Klassikern« der Nostradamus-Gilde. Er hat die Schlüssel anderer Exegeten analysiert und überprüft und kommt zur Auffassung, daß kein ihm bis Mitte der siebziger Jahre bekannter Schlüssel allein zufriedenstellend sei. Gemäß seiner Deutung des 94. Verses der III. Centurie werde der Schlüssel ohnehin erst 500 Jahre nach Erstveröffentlichung, also im Jahr 2055, gefunden werden. Er widmet sich insbesondere dem Wirken »Heinrichs des Glücklichen«, der Europa bereits ab etwa 2035 zu Frieden und Glück führen soll, die 57 Jahre währen. Centurio legt eine »prophetische Konkordanz von 1900 bis 2050« vor, läßt Heinrich eine neue französische Königsherrschaft errichten und ihn gegen arabische, das heißt islamische Mächte siegen.

Auch das vereinte Deutschland wird bei ihm zur Monarchie. Immerhin sagte Centurio bereits vor 1975 aufgrund seiner Nostradamus-Forschungen den Fall der Berliner Mauer und die deutsche Wiedervereinigung voraus.

Er äußert bemerkenswerte Gedanken zur Ergründung des Zeitschlüssels, darunter: »Der Seher gibt an, daß ihm für jedes vorausgesagte Ereignis das genaue Jahr bekannt sei. Da wir diese Behauptung an einigen Stellen nachprüfen können, dürfen wir ihr Glauben schenken.« Er führt weiter aus, daß nur schwer zu verstehen sei, warum Nostradamus den Zeitschlüssel verschweige, auch die Bedrohung durch die Inquisition sei kein echtes Argument. Offensichtlich müsse man davon ausgehen, daß Nostradamus mit seinem Schweigen zu diesem Punkt den Regeln der sogenannten »Geheimwissenschaften« folge.

Centurio gibt auch einen guten Überblick über Beinamen für die französischen Monarchen und Charakternamen (= Spitznamen) für Persönlichkeiten der Weltgeschichte aus seiner Sicht, beispielsweise »Roosevelt = Die Rose der Welt«.

Rudolf Putzien interpretiert die Nostradamus-Texte vor allem aus (treu-)deutscher Perspektive. Er weist auf »Schlüsselziffern« hin, die sich ergäben, wenn man alle Vierzeiler, die sich einem Thema widmen, numerologisch addiert.

So ergibt Centurie I, Vers 26, numerologisch eine 9 (1 + 2 + 6 = 9); Putzien zufolge bezeichnet dieser Vierzeiler den Mord von Sarajewo, der als Auslöser für den Ersten Weltkrieg gilt. Die Quersummen aller Verse zum Ersten Weltkrieg ergeben die Summe 268, nach Putzien ist der 68. Vierzeiler der II. Centurie der »Schlüsselvers« zum Ersten Weltkrieg. Zum Zweiten Weltkrieg läßt sich nach derselben Methode die Schlüsselzahl 358 errechnen, die laut Autor auf den 58. Vers der III. Centurie als Schlüsselvers zum Zweiten Weltkrieg deutet.

Als kleine Spielerei können wir die von Cheetham als »okkult«, nicht als »prophetisch« bezeichneten Vierzeiler numerologisch addieren.

I.   Centurie, Vers 1 = Quersumme   2
I.   Centurie, Vers 2 = Quersumme   3

III. Centurie, Vers 2 = Quersumme   5
IV. Centurie, Vers 25 = Quersumme 11
IV. Centurie, Vers 28 = Quersumme 14
IV. Centurie, Vers 29 = Quersumme 15
IV. Centurie, Vers 30 = Quersumme   7
IV. Centurie, Vers 31 = Quersumme   8
IV. Centurie, Vers 33 = Quersumme 10

Gesamtquersumme ist daraus 75; würde also in der VII. Centurie in deren 5. Vierzeiler eine »Zusammenfassung« der okkulten Studien des Nostradamus in einer Art Schlüsselvers zu finden sein?
Der Vers lautet übertragen etwa:
»Wein auf dem Tisch davon wird verschüttet,
Das [der] Dritte wird nicht haben, was er vorgab [oder: beansprucht]:
Zwei Mal vom Schwarzen [oder Anagramm für ›König‹] von ›Parme‹ [Parma?, par me = durch mich?],
›Perugia‹ wird ›Pisa‹ antun, was es denkt.«

Die ersten drei Zeilen wären immerhin als Umschreibung irgendeiner magischen Zeremonie denkbar; die letzte Zeile ließe sich in diesem Zusammenhang nur verstehen, wenn die augenscheinlichen Ortsnamen weitere okkulte Bedeutungen besäßen.
Was ich anfangs etwas respektlos als »treudeutsche Perspektive« angesprochen habe, bezieht sich darauf, daß Putzien ein Kapitel mit »Das Heilige Reich in Deutschland« überschreibt, und den 31. Vers der X. Centurie mit seiner ersten Zeile »Das heilige Reich wird nach Deutschland kommen, die Ismaeliten (Wüstenvölker, Araber) werden offene Tore finden ...« in seiner Deutung unter anderem so weiterführt: »In Deutschland entsteht ein Staat, in dem ein christlicher Sozialismus verwirklicht wird. An die Stelle der Parteibuch-Minister tritt die Herrschaft der Besten (Aristokratie). Das kommende ›Heilige Reich‹ wird dem Ideal eines Gottesstaates nahekommen. ... Die germanischen Staaten in Europa werden eine Weltanschauung verkünden, die tolerant ist, aber immer von der Christus-Idee ausgeht und von ihr getragen wird. ... Der deutsche Friedenskaiser, der die Einigung Europas vollziehen wird ...«, und so fort (Seite 372 ff., siehe Literaturhinweise).

Dieser Autor entwirft ein verlockendes Bild einer besseren Welt, in der Deutschland eine entscheidende Rolle spielt. Schließlich gibt es noch einen »neuen Weisen«, der von Nostradamus in der IV. Centurie im 31. Vers angekündigt wird. Putzien überträgt: »Der Vollmond steht des Nachts über dem hohen Berge. Der neue Weise (Weltenlehrer) mit einzigartigem Verstande hat ihn erblickt. Seine Schüler verehren ihn als göttliches Wesen. Die Augen erstrahlen wie die Sonne am Mittag. Körper, Hände, Leib leuchten wie im Feuer.«

Cheetham kommentiert denselben Vierzeiler anders, nämlich daß »der junge Weise, der diese großartige Entdeckung macht, entweder ein gewalttätiges Ende erlebt oder unter Gemütsqualen leidet«.

Putzien hat sowohl mit den »Schlüsselzahlen« als auch mit einer durch und durch humanistischen Haltung einen wertvollen Beitrag zur Nostradamus-Forschung geleistet.

CARLO PATRIAN, ein italienischer Yogameister, legte Ende der siebziger Jahre ein eindrucksvolles Nostradamus-Buch vor, in dem er recht umfassend dem Seher selbst, seinen Texten und wichtigen Interpreten nachspürt sowie eigene Deutungen anbietet. Im Schlüsselteil widmet er sich den Anagrammen als »Code« für die Erschließung der Texte. Zur Persönlichkeit des Nostradamus läßt er Psychologen, Graphologen, Parapsychologen und Astrologen zu Wort kommen, nachdem er Nostradamus und seine Zeit detailliert und kenntnisreich geschildert hat. Seine Quellenzitate wie auch seine Einordnung der Sekundärliteratur sind eine willkommene Stütze für ernsthafte Forscher.

KARL DRUDES Buch ist eine wahre Fundgrube für Nostradamus-Forscher – ein mit leichter, oft auch ironischer Feder geschriebenes Werk, das aus einem staunenswerten und respektheischenden Fundus an Geschichtsverständnis und Sprachgefühl, Logik und Intuition schöpft. Drude stellt verschiedene Methoden der Entschlüsselung vor, so auch eine des »Entschlüsselungsgenies« C. LOOG. Der hatte die lateinischen Sätze der eigentlichen Prophezeiungsverse im altfranzösischen Text ausgezählt, war auf 939

Buchstaben gestoßen und stellte fest, daß es auch 939 Vierzeiler gab. (942 ohne den ersten und zweiten Vers der I. Centurie, welche die Divinationsmethode des Nostradamus beschreiben und ohne den hundertsten Vers der VI. Centurie, den »Bannspruch«.)

»Das ganze Kunststück lag darin, die 939 Buchstaben, die den 939 Versen entsprechen, einem mathematisch klaren Zahlenschema zuzuordnen, daß Text wie Zahlen in einheitlicher Permutation nach einem bewährten System verschoben werden konnten und eine vollkommen neue Reihenfolge ergaben. Loog fand dieses System ... Loog wußte [aber auch], Psychologie würde das letzte Wort haben. Das, was einen Geist wie Nostradamus anging, war ja nicht mit dem Rechenschieber zu lösen.« Soweit Drude zu Loog. Er zitiert ihn auch wörtlich mit dessen Begründung, warum er den von ihm angeblich gefundenen Schlüssel denn nicht veröffentlicht habe, denn das unterließ Loog:

»Weil ich den Schlüssel und seine Anwendung nicht bis in alle Einzelheiten veröffentlicht habe, mahnt der eine zur Vorsicht, redet der andere von unwahrscheinlicher Kabbalistik. Sagt sich denn keiner der geehrten Herren, daß ein so interessanter Stoff die Grundlage einer späteren Arbeit werden könne?«

Drude sieht sich selbst, so verstehe ich ihn, als Erbe und Nachfolger Loogs.

Seine Entschlüsselungsmethode baut auf Loog auf und postuliert:

– Ein magisches Quadrat ist der Schlüssel zum Werk.
– Dieses magische Quadrat ist das von 31×31 gebildete (= 961).
– Es gibt 939 lateinische Buchstaben im Haupttext.
– Es gibt 939 prophetische Vierzeiler.
– Die 23 lateinischen Sätze ergeben nach Drude zusammengefaßt 22 »Anschlußpunkte«, welche 22 freigebliebene »Stellen« einnehmen.

Nun sind nach den Regeln der »magischen Quadrate« die Vierzeiler in ihrer Reihenfolge neu zu ordnen. Dieses Schema hier zu erklären, würde zu weit führen. Ein Kuriosum am Rande, von dem ich nicht weiß, ob Drude es damit ernst gemeint hatte oder seine Leser und/oder Kritiker freundlich-spöttisch auf die Schippe hat nehmen wollen:

»Film ist die Parole.« Es geht »symbolisch um den ›anderen
Himmel‹, den achten Himmel der Auferstehung auf der Lein-
wand«. Drude spricht recht ausführlich darüber, wie Nostradamus schon damals vorausgesehen und vorausgesagt habe, daß er
und sein Werk im Zusammenhang mit Film eine große Rolle
spielen werden. Er deutet die Zahl 1999 als bewußten »Zahlendre-
her« und liest, daß 1969 ein (sein?, Drudes?) Nostradamus-Film
über die Weltbühne gehen werde.

Drudes Werk ist spannend, innovativ, durchaus auch eigenwillig. Seine Hinweise auf Buchstabenketten, magische Quadrate
und Schlüssel im lateinischen Text haben sich als fruchtbar zur
Entwicklung von neuen Interpretationsmethoden erwiesen.
DIMDE etwa hat sich von Drude inspirieren lassen, mittels Computer einige Anregungen aufgegriffen und samt anderen und
neuen eigenen untersucht und in seinem Nostradamus-Computerprogramm eingebaut.

Die beiden jungen Autoren WOLFRAM EILENBERGER und VIKTOR
SCHUBERT, der eine Student der Geisteswissenschaften, der andere
Student der Naturwissenschaften, legen folgende These zur Ent-
schlüsselung vor.

Der 100. Vers der VI. Centurie (der lateinisch abgefaßte »Bannspruch«) bildet ein »Spiegelzentrum«, um das herum jeweils zwei
Vierzeiler verschiedener Centurien zusammengefaßt werden als
eine Art Deutungseinheit. So gehören diesen Autoren zufolge
zusammen: II. und X. Centurie, III. und IX. Centurie, IV. und
VIII. Centurie sowie V. und XII. Centurie

Innerhalb dieser jeweils zwei Centurien gehören beispielsweise
zusammen:

    1. Vers, II. Centurie und 99. Vers, X. Centurie
    50. Vers, II. Centurie und 50. Vers, X. Centurie
    99. Vers, II. Centurie und 1. Vers, X. Centurie

Die gesamte VI. Centurie wird in diesem System nicht gespiegelt;
die I. Centurie ebenfalls nicht, weil sie als »besonderer Beweis
der Fähigkeiten des Nostradamus von ihm besonders klar und
überprüfbar niedergeschrieben wurden. Die meisten dieser Voraussagen haben sich bereits erfüllt und bestätigt.« Jeder 100. Vier-

zeiler wird ebenfalls nicht »gespiegelt«. Die Autoren gehen im übrigen davon aus, daß Nostradamus eine XI. und XII. Centurie beabsichtigt hatte und die bekannten Fragmente echt seien.

Nicht nachvollziehbar ist die Behauptung, daß Nostradamus keine Systematik verwendet habe, die eine direkte zeitliche Zuordnung ermögliche. Das ist deshalb nicht schlüssig, weil die Autoren Nostradamus ausdrücklich zugestehen, daß er – wenn er wolle, wie in der I. Centurie – in Klarschrift schreibe. Dieses Argument hat dann aber auch für die eigenhändigen Bekundungen des Sehers an seinen Sohn CÉSAR und an den französischen König HEINRICH II. zu gelten: daß er ihnen nicht nur die geographische Bestimmung, sondern auch die zeitliche Datierung später noch hoffte mitteilen zu können. Eine zeitliche Ordnung kann es demnach sehr wohl geben. Die Autoren fragen ja auch selbst: »Ist es nicht wahrscheinlich, daß der Humanist und Renaissancemensch, der Mantis Nostradamus, der unter Verwendung sämtlicher antiker Kunstgriffe den Wortsinn der Vierzeiler verdunkelte, auch sein Gesamtwerk einer antiken Systematik unterwarf[?]« (Fragezeichen von mir; zitiert aus EILENBERGER/SCHUBERT, *Nostradamus – Bilder einer anderen Wirklichkeit*, Ariston Verlag).

Sehen wir uns nun ein Beispiel an, das als Beweis für die Richtigkeit der Spiegel-These angeführt wird. Ich zitiere die Übersetzung der Autoren von Vers 81 aus der XIII. Centurie und Vers 19 aus der IV. Centurie, die in diesem Buch als Spiegelverse dem Jahr 1944 zugeordnet werden, sowie aus den Erläuterungen der Autoren dazu.

»1944
Der Untergang des Reiches von Osten
Die Invasion in der Normandie
VIII,81
Das dritte Reich ist in einer hoffnungslosen Lage,
Von Nordosten erfolgt die Erschütterung,
Von Sizilien erfolgt die Invasion,
Der Vasalle Philippe kommt in Bedrängnis.
IV,19
Die Belagerung erfolgt von jenseits der Normandie und Norditalien,

Zu Lande und zu Wasser sind die Wege abgeschnitten,
Im Hennegau, Flandern und Lüttich werden die Uferbefesti-
gungen durch Geschenke aus der Luft verwüstet.
Eine detaillierte militärische Lagebesprechung. ... Unter ungeheuren Verlusten an Menschen und Material gelang es den Sowjets,
... die Deutschen ... in die Defensive zu drängen. ... Im November
1942 hatte die Rote Armee endgültig die Initiative ergriffen. Erst
am 10. 7. 1943 landeten amerikanische und britische Verbände
auf Sizilien. ... Nach schweren Gefechten zogen sich die deutschen
Verbände in die Apennin-Stellung zurück ... Diese Linie konnte
gehalten werden.
Nach schweren Bombardements der Verteidigungsstellungen
am Ärmelkanal ... begann am 6. 6. 1944 die Großlandung in der
Normandie. Nach sechs Wochen gelang der Durchbruch und
führte zum Bewegungskrieg. PÉTAIN, hier mit seinem Vornamen
Philippe genannt, geriet in Bedrängnis. ... Pétain ... verließ Vichy
und begab sich nach Belfort, danach nach Sigmaringen. Hier
erfolgte auch später seine Verhaftung.«
Soweit die wörtlichen Zitate und Auszüge. Lesen wir zunächst
einmal die Übertragungen anderer Autoren. Sie werden fest-
stellen, daß sie teilweise erheblich von den oben zitierten ab-
weichen.
RÖSCH:
VIII,81
»'s neue Reich in seinem Jammerstande,
Umgewandelt wird von Mitternacht,
Die Bewegung im sicil'schen Lande,
Stört d' Erob'rung, welche Philip macht.«
IV,19
»Rouan, d'Insubre wird belagert werden,
Und die Wege g'sperrt zu Meer und Land;
Henn'gau, Flandern, Gent und Lüttich werden
Aufgewiegelt, plündern Meeresstrand.«
CHEETHAM:
VIII,81
»Das neue Reich in Verwüstung (Trostlosigkeit) wird vom
Nordpol (her) verändert werden. Aus Sizilien wird eine solche

Störung kommen, daß das Tributvorhaben für Philip beeinträchtigt wird.«

Cheetham fährt im Kommentar fort:

»Die ersten beiden Zeilen lassen diesen Vierzeiler sehr modern klingen ... Ein verwüstetes Reich verlagert sich selbst und seine Zivilisation nach Süden, was gut nach einem Atomkrieg geschehen könnte. Aber die letzten beiden Zeilen bringen uns in 16. Jahrhundert Europas zurück, in dem Nostradamus einen habsburgischen Bürgerkrieg zwischen PHILIP und FERDINAND über die Teilung des Reiches KARLS V. sieht. Der Aufstand gegen Philip wird als von Sizilien ausgehend vorhergesagt.«

IV,19

»Die ›Insubrier‹ belagern Rouen, die Durchfahrt zu Land und zu Wasser ist gesperrt. Bei Hainaut & Flandern, bei Gent und jenen von Lüttich, werden sie durch verkleidete Geschenke die Küsten verwüsten.«

Wieder ihr Kommentar:

»Rouen wurde zuerst vom Herzog von Parma erobert, der DE GUISE gegen HENRI VON NAVARRE 1592 half, aber ohne große Belagerung. Da Mailand Teil seiner Besitzungen war, könnten Italiener (›Insubrier‹) unter seinen Truppen gewesen sein. Seither wurde Rouen nie von Italien erobert, die Deutschen eroberten es 1870 und 1940 und die Amerikaner 1944. Alle andere erwähnten Orte sind in den Niederlanden und Flandern. Obwohl [der Vierzeiler] einigermaßen klar [erscheint], wurde diese Prophezeiung noch nicht erfüllt.«

Wo die Autoren Eilenberger und Schubert sehr »frei« »Das dritte Reich ...« übertragen, schreibt Nostradamus aber wörtlich »Das neue Reich.« Wo sie gern »Nordosten« sähen, schreibt Nostradamus indes »Sera changé du pôle aquilonaire«, was alle anderen Exegeten mit »wird vom Nordpol« oder »wird vom Nordpol-Land verändert werden« übertragen. Der Forscher LEONI kommentiert VIII, 81 unter anderem so: »Nostradamus scheint einen habsburgischen Bürgerkrieg zwischen Philipp und (seinem) Onkel Ferdinand über die Teilung des Reiches Karls V. vorhergesehen zu haben.«

Ein typisches Nostradamus-Dilemma: Verschiedene Forscher

übertragen die Verse unterschiedlich, sie kommen zu voneinander abweichenden Deutungen, sie beziehen dieselben Vierzeiler auf jeweils andere historische Ereignisse.

Heißt die vierte Zeile des 30. Verses der X. Centurie so, wie Eilenberger und Schubert sie anbieten: »Ihre wiedergewonnene Stärke wird die Farben Schwarz-Rot tragen«? Diese Autoren beziehen das auf die Kaiserkrönung von Wilhelm I. in Versailles und schreiben: »Die Reichsfarben waren Schwarz-Weiß-Rot. Nostradamus verzichtet, wie bei der Beschreibung der (französischen) Trikolore in anderen Quatrains auch, auf das Weiß in der deutschen Reichsfahne.«

Andere Forscher übertragen diese vierte Zeile jedoch so: »In Rot und Schwarz werden sie ihr Grün bekehren (verwandeln).« Das könnte sich zum Beispiel auf die Konvertierung von Muslimen (die Farbe des Propheten Mohammed ist Grün) zum Christentum beziehen (wo das Rot in der katholischen und das Schwarz in der evangelischen Kirche eine große Rolle spielen).

Läßt all das an den jeweiligen Autoren und ihrer Vorgehensweise oder ihrem System zweifeln? Muß man sie »entschuldigen«, weil das Ausgangsmaterial von Nostradamus so offengehalten ist, daß sowohl die eine als auch die andere und noch viele weitere Interpretationen möglich sind?

Auf jeden Fall haben Eilenberger und Schubert eine neue Variante einer System-Entschlüsselung vorgelegt, die noch für manche Diskussion sorgen wird.

Erika Cheetham ist eine der bekanntesten Nostradamus-Autorinnen in den USA. Dem Verfasser liegt ihr Buch (siehe Literaturhinweise) in der 18. Auflage von 1987 vor. Sie hat sich den Vierzeilern des Nostradamus vor allem intuitiv, linguistisch und historisch genähert. Sie gesteht ein, daß ihr der Sinn vieler Centurien unklar sei, und kennzeichnet diese. Sie bietet eine gut lesbare Übersicht von Originalversen in französisch an mit einer praktisch wörtlichen, textnahen Übersetzung sowie einem Kommentar mit historischer Einordnung und Bezug auf ein Ereignis, soweit sie ein solches erkennt. Zusätzlich gibt sie eine tabellarische Übersicht zu jeder Centurie, mit Stichworten bei jedem Vierzeiler, den sie als Prophezeiung für ein geschichtliches Ereignis oder als einen Hinweis auf okkulte Studien des Nostradamus selbst identifiziert.

Beispiele ihrer Zuordnung für die Vierzeiler der III. Centurie (die arabischen Ziffern bezeichnen die Verszahl):

4: 1556/57
7: Besetzung Frankreichs 1940
8: Spanischer Bürgerkrieg 1936
11: Ermordung HEINRICHS IV., 1610
13: U-Boot-Flotte
14: LUDWIG XV.
25: HEINRICH IV.
31: Seeschlacht bei Lepanto, 1571
32: Zweiter Weltkrieg
35: HITLER, NAPOLEON
37: NAPOLEON
44: Elektrizität, drahtlose Übertragung
54: FRANCO und der Spanische Bürgerkrieg
55: HEINRICH II. und HEINRICH III.
58: Hitler
59: Französische Revolution
65: Grab des PETRUS und ein neuer Papst
67: Protestantische Sekten
68: Franco und MUSSOLINI
71: Blockade Großbritanniens 1939–1945, Konzentrationslager
75: Chemischer Krieg in Europa
83: LUDWIG XVIII.
87: Versenkung der französischen Flotte, 1655
95: Aufstieg des Kommunismus
97: Gründung Israels und die Niederlage der V.A.R (Araber)
100: General DE GAULLE

Da die Autorin kein nachvollziehbares System benutzt, kann es auch keine »Systemkritik« geben. Sie führt Regeln für den Buchstabentausch an, und zwar sind austauschbar: u und v, y und i, f und s; sie fügt ein n oder m ein, wenn ein Akzent das nahelegt, so wird »Côplaire« zu »complaire«.

Nach Cheetham beinhalten nicht alle Verse Prophezeiungen;

manche weisen vielmehr auf Inhalt und Methode der okkulten, astrologischen und alchimistischen Studien des Nostradamus hin. Laut Autorin sind das neben anderen die Vierzeiler I. Centurie, Verse 1 und 2, III. Centurie, Vers 2, IV. Centurie, Verse 25, 28, 29, 30, 31, 33.

ROGER FRONTENAC, ein Marineoffizier und militärischer Experte für Geheimcodes, gab 1950 bei Les Editions Denoel in Paris ein Buch mit dem Titel *La Clef secrète de Nostradamus* heraus. Darin analysiert er Intervalle zwischen den Vierzeilern sowie historische und astronomische Daten. Er meint, zwei Schlüssel gefunden zu haben: einen für die Wiederherstellung der richtigen Reihenfolge der Vierzeiler, die im Druck »durcheinander« seien, einen zweiten Schlüssel für die Zuordnung von Vierzeilern zu Ereignissen. Allerdings stimmen die Ergebnisse um so weniger mit der Wirklichkeit überein, je weiter von Nostradamus aus gesehen die geschichtlichen Geschehnisse in der Zukunft lagen. Deshalb vermutete Frontenac selbst, daß noch ein dritter Schlüssel irgendwo verborgen sei. Er wies darauf hin, daß weder die ersten beiden Verse der I. Centurie noch der »Bannspruch« am Ende der VI. Centurie zum eigentlichen Prophezeiungstext gehören. Frontenac kam auf einen lateinischen Satz, der im Gesamtwerk der Centurien versteckt ist und auf deutsch etwa so lautet:

»Ich habe getreu die Eingebung dessen, was gemeinhin Kabbala genannt wird, gesammelt und sie in lebendigen Dokumenten verbreitet, allerdings auf geheime Weise verdichtet. Die Weissagungen nach den Wochen der Jahre sind für jene okkult, die an die Gnade glauben. Nostradamus hat das göttliche Gesetz unter einem Gedenkstein verborgen.« Der 66. Vers der VI. Centurie wird gern in diesem Zusammenhang genannt. Darin sei ein weiterer verdeckter Hinweis darauf zu finden, daß ein Gedenkstein – vielleicht auf einem Grab? – eine Lösung für das Nostradamus-Rätsel enthalte.

Der Nostradamus-Forscher MANFRED DIMDE, hauptberuflich im Management einer weltweit tätigen Pharmafirma tätig, hat vor wenigen Jahren ein völlig neues, in sich geschlossenes und stimmi-

ges System zur Entschlüsselung der Nostradamus-Texte vorgelegt.

Über Gedanken von DRUDE zum »Magischen Quadrat des
Nostradamus« war er auf einen Lösungsansatz gestoßen, der auf
eine geometrische Anordnung der fast tausend Verse hinwies.
Drude vermutete, daß die Numerierung der Verse, in einem magischen Quadrat angeordnet, den Schlüssel zum Geheimnis des
Nostradamus barg. Daß die Zahlen selbst den Schlüssel zur Zeitordnung darstellen könnten, hatte er damals (1968) nicht gesehen.

Dimde schlägt als einziger dem Verfasser bekannter Autor einen
systematischen Zeitschlüssel vor. Sein Zeitsystem sagt, daß die
Centurien mehrfach benutzt werden müssen, um den von Nostradamus ausdrücklich erwähnten Zeitraum von 1555 bis 3797 abzudecken. Er weist darauf hin, daß auch die alten analogen Uhren
zum Beispiel mit einer Ziffer zwei Stunden des Tages abdecken:
etwa 1 Uhr früh und 13 Uhr und so fort. Er stellt fest, daß der
Beginn der Prophezeiungen (= 1555 nach Nostradamus' eigenen
Worten in der Vorrede an Sohn CÉSAR) beim 55. Vers der V. Centurie zu suchen ist.

Er kommt zu folgender Zeitzuordnung:

1555–1599: V. Centurie, Verse 55–99
1600–1699: VI. Centurie, ganz (Vers 100 steht für das Jahr 1600)
1700–1742: VII. Centurie, (Verse 43–100 fehlen)
1800–1899: VIII. Centurie, ganz (Vers 100 steht für das Jahr
1800)
1900–1999: IX. Centurie, ganz (siehe oben)
2000–2099: X. Centurie, ganz (siehe oben)
2100–2199: I. Centurie, ganz (siehe oben)
2200–2299: II. Centurie, ganz (siehe oben)
2300–2399: III. Centurie, ganz (siehe oben)
2400–2499: IV. Centurie, ganz (siehe oben)
2500–2599: V. Centurie, ganz (siehe oben)
und so fort bis 3797.

Dimde hat manche Sondermethoden selbst erarbeitet, andere fort-
entwickelt. Er geht von folgenden Regeln für den Buchstabentausch beziehungsweise für die Austauschbarkeit von Buchstaben
und Zahlen aus (gilt für Klein- und Großschrift!):

t und d	A und 1
p und b	B und 2
y und i	C und 3 oder 100
i und j	D und 4 oder 500
c und g	E und 5
c und s	V und 5
u und v	I, J und i und 1
v und f	L und 50
s und f	M und 1000
	X und 10

Weiterhin hat er magische Quadrate untersucht, bestimmte geometrische Regeln für die Texte, wie den »strahlenden Becher«, den »Igel« und die »Buchstabentafel«. Er behandelt auch das sogenannte »geheime Alphabet der Renaissance« und das »leichtbewegliche Täfelchen«, die beide Schlüssel für den Buchstabentausch beinhalten. Dazu zitiert er Nostradamus: »Mit eigener Hand ... haben wir es angehalten. Bringe du es wieder in Bewegung, und dann wird für dich der geheime Sinn der Worte eine befriedigende Auskunft geben.« Das »leichtbewegliche Täfelchen« weist die Buchstaben a, c, e, g, b, d und f auf einem inneren Kreis auf – womit auch das Thema der Noten einer Oktave angesprochen ist. Darum herum gruppieren sich 28 Buchstaben (allerdings nicht alle Buchstaben des Alphabets) sowie ein Kreuz. Wenn man den inneren Kreis dreht, weisen die sieben Buchstaben darauf auf immer wieder andere Buchstaben auf dem äußeren Kreis. Damit läßt sich ein Codesystem festlegen.

Das »geheime Alphabet der Renaissance« bestand laut Dimde ursprünglich aus 16 lateinischen Buchstaben, die jedoch von Nostradamus und anderen in der französischen Version auf 12 Buchstaben zusammengefaßt wurden. Jeweils eine Zahl entspricht bestimmten Buchstaben – welche, das konnte man mittels eines weiteren Schlüssels herausfinden, soweit es nicht ohnehin offensichtlich war. Die Entsprechungen sind laut Autor:

1 = A	5 = E
2 = B, P	6 = H
3 = C, K, Q, G	7 = I, Y, J, L
4 = D, T, F, S, Z	8 = M, N, V, U

```
 9 = W              11 = X
10 = R              12 = O
```

Ein Beispiel für ein Dimde-Experiment mit dem Namen Nostradamus, aus dem nach seiner Auffassung relativ schnell der »strahlende Becher« als eine wichtige Entschlüsselungsfigur sichtbar wurde, in des Autors eigenen Worten:

```
        N O S
        R T
        A
        A D
        M U S
```

»Mit Hilfe eines Computers erforschen wir Gesetzmäßigkeiten des Nostradamuswerkes. Was sind die im Namen Nostradamus verborgenen Aussagen, wenn man sie in der Schreibweise des oben gezeigten ›strahlenden Bechers‹ liest?

```
1. Zeile:  N OS                    = Zahl (ist das) Gerüst
           O
           R T
           A          : ROTA DUA   = drehe zweimal
           A D
           U
```

Umgekehrt gelesen ergibt sich auch:

```
           TORA AUD  = Tora höre
5. Zeile: M US        = Tausend gebrauche.
```

In unserem Beispiel ergibt sich folgende Schlußfolgerung: Wenn wir von eintausend Versen ausgehen und die Zahl das Gerüst sein soll, dann ist der nächste Schritt nicht mehr weit, dieses Gerüst in 1000, 10 mal 100 und 100 mal 1 zu zerlegen. Dies um so sicherer, weil das Gesamtwerk aus zehn Hundertschaften von Versen besteht.«

Soweit das Zitat.

Dimde schlägt vor, Verse und Zeilen nicht nur vorwärts, sondern auch rückwärts zu lesen. Er geht auf Mehrfachbedeutungen ein, die jeweils nach der »Klarlesmethode«, dem »strahlenden Becher«, der Renaissance-Geheimschrift, der getrennten Deutung der lateinischen Einschübe und anderen Entschlüsselungsmethoden gewonnen werden können.

Die Methode Dimde überzeugt, weil sie »elegant« und objektiv überprüfbar ist. Er steckt nicht wie die meisten anderen Deuter alle Vierzeiler in eine imaginäre Lostrommel, zieht mal den einen, mal den anderen Vers heraus und überlegt, zu welchem Ereignis er denn wohl am besten passen könne. Vielmehr legt sich dieser Autor darauf fest, daß jeder Vierzeiler zu einem Jahr gehört. Davon geht er aus und analysiert sämtliche Verse nun auf diverse »Textschichten« hin, die jeweils zusätzliche Informationen ergeben. Sein Vorschlag, verschiedene »Lesarten« zu postulieren und zu benutzen in der Annahme, daß der Renaissancemensch und Geheimnisträger Nostradamus sie absichtlich gekonnt in den Basistexten verborgen habe, ist genial.

Eine gewisse Problematik der Methode Dimde in bezug auf die Entdeckung mehrerer »Textschichten« besteht allerdings darin, daß sie eine Flut von Neuinterpretationen möglich macht, bei der sich Zweifel erheben, ob sie von Nostradamus wirklich so je gemeint waren. Denn dazu hätten eine Verschlüsselungstechnik gehört und ein Zeitaufwand, die heutzutage nur durch den Einsatz von Computern zu leisten wären. Man kann sich des Eindrucks der Beliebigkeit nicht ganz erwehren, wenn man daran denkt, daß es alle möglichen Codes gab und noch geben wird, die man als Schablone auf die Nostradamus-Texte legen könnte, um so immer wieder neue Worte und Bedeutungen im Text zu »entdecken«.

Dennoch: Dimde ist der derzeit einzige Autor, der systematische und deshalb überprüfbare Methoden vorlegt, die sowohl eine Textdeutung als auch eine eindeutige zeitliche Zuordnung der Verse anbieten! Nostradamus selbst schreibt, so der Autor, daß es drei Wege gäbe, sein Geheimnis zu entdecken: den intuitiven, den linguistischen und den astrologischen. Dimde hat die Erforschung dieser Wege entscheidend vorangebracht.

Wenn wir übrigens die Methode des »strahlenden Bechers« auf die erste Zeile des ersten Verses der I. Centurie anwenden, erhalten wir ein kurioses Ergebnis (nach Nostradamus-Computerprogramm). In den drei mittleren Reihen bilden sich in den drei »Bechern« die Worte: SATAN VICST ETUDS = »Der Teufel siegt durch Wissen« oder »Satan siegt (durch) Studien«. Wenn man möchte, könnte man darin einen bewußt versteckten Hinweis des Sehers Nostradamus zum Auftakt seines Prophezeiungswerks sehen, daß im Verlauf der Geschichte das »Böse« durch eine Hinwendung zum »objektiven Wissen« und durch das verbotene Essen vom Baum der totalen und absoluten Erkenntnis zu siegen versucht. Adam und Eva essen vom Baum der Erkenntnis, erfassen deshalb, was »gut« und was »böse« ist, und werden von Gott aus dem Paradies verbannt, »weil sie nun so sind wie er« – bis die Schöpfung eines Tages wieder zurechtgerückt wird. Wenn man die teilweise abstruse moderne Wissenschaftsgläubigkeit betrachtet, die auf einem mechanistischen Weltbild basiert und die Wirklichkeit des schöpferischen Geistes leugnet, so könnte man geneigt sein, Nostradamus tatsächlich so etwas wie eine prophetische Gabe zu konzedieren, falls er in der ersten Zeile diesen Sinn wirklich bewußt versteckt haben sollte.

Die Ableitungen zu den einzelnen Elementen der Dimde-Methode würden leider viel zu weit führen; sie sind in seinen Büchern nachzulesen.

Edgar Leoni hat eines der umfangreichsten Nostradamus-Werke vorgelegt, das zugleich kritisch-distanziert und neutral-objektiv ist. Er bringt Originaltexte, Übertragungen, Kommentare und ausführliche bibliographische Hinweise. Er hat Nostradamus erstmals »katalogisiert« und damit einer systematischen Erforschung zugänglich gemacht. Seine unmittelbaren Textkommentare sind vor allem etymologischer und historischer Natur, seine nachgestellten inhaltlichen Kommentare stellen immer höchst aufschlußreiche kritische Anmerkungen zum Ausgangstext und zur Deutung durch spätere Nostradamus-Interpreten dar. In wissenschaftlich unangreifbarer Weise, aber ohne jene Vor-Urteile, die man bei Randi lesen kann, stellt Leoni das Nostradamus-Werk insgesamt als echte Jahrhundertprophezeiungen in Frage und weist die fast überall existente Mehrdeutigkeit und die Beliebigkeit der Auslegung nach, indem er exotische Verse, die sich vermeintlich auf unsere moderne Zeit beziehen, auf damalige Begriffe, Orte und Begebenheiten zurückführt und so fort. Immer, wenn Nostradamus-Fans spüren, daß sie wieder einen Wirklichkeitsbezug brauchen, ist Leoni auf nüchtern-charmante Weise zur Stelle, um ohne jede Häme mitzuteilen, was Stand der Textforschung ist.

JAMES RANDI ist ein emotionaler Nostradamus-Kritiker. Spätestens seit seinen Angriffen gegen URI GELLER und gegen die Astrologie ist er ja bekannt und berüchtigt. Randi geht von der Prämisse aus, daß alle parapsychologischen Phänomene, alle geistig-spirituellen Erfahrungen und alle übersinnlichen Fähigkeiten entweder Einbildung, Wichtigtuerei und kommerzielle Ausbeutung der vermeintlichen Leichtgläubigkeit der Menschen oder mehr oder weniger leicht naturwissenschaftlich erklärbar seien.

Laut Randi gibt es »Regeln des Prophezeiungsspiels«; er nennt unter anderem die folgenden (hier ausgewählten):

1. Regel: »Mache sehr viele Prophezeiungen und hoffe darauf, daß einige eintreffen. Wenn sie das tun, weise auf diese voller Stolz hin und ignoriere die anderen.« Randi erwähnt, daß von 364 untersuchten Zukunftsvoraussagen im *»National Enquirer«* lediglich vier, also nur ein Prozent, eingetroffen sind, infolgedessen 99 Prozent falsch waren. Er erwähnt leider nicht, daß der *»National Enquirer«* ein Revolverblatt ist, das sich sonst mit Stories wie »Ich half Elvis, seinen Tod vorzutäuschen« oder »Mutter gebar außerirdische Drillinge« seine Käuferschaft sucht.

3. Regel: »Verwende eine Menge Symbolik. Sei metaphorisch, greife zu Bildern von Tieren, Namen, Initialen. Diese können vom Gläubigen auf viele Situationen bezogen werden.« Randi führt an, daß bei verschiedenen Nostradamus-Autoren sowohl Leopard als auch Löwe und Neptun für England stehen; daß Löwe aber ebenfalls auf Menschen königlichen Geblüts hinweist sowie auf die Stadt Lyon ...

5. Regel: »Weise Gott deinen Erfolg zu und übernimm selbst die Verantwortung für alle falschen Interpretationen Seiner göttlichen Botschaft. Auf diese Weise müssen die Kritiker gegen Gott kämpfen.«

6. Regel: »Ungeachtet dessen, wie oft du falsch liegst, marschiere weiter voran. Die Gläubigen werden deine Fehler nicht beachten und deinen Worten weiterhin lauschen.«

7. Regel: »Sage Katastrophen voraus; man kann sich daran leichter erinnern, und sie sind weitaus populärer.«

Das waren Kostproben aus Denken und Ansatz des Autors Randi, der im übrigen eine irgendwie karmische Mission gegen die Astrologie verfolgt. Er ist blindlings dagegen und bemerkt nicht, daß er sich in seiner pauschalen Ablehnung genauso emotional und irrational verhält, wie er es seinen »Gegnern« vorwirft. Seine Verschlossenheit gegenüber einer nicht-materialistisch zählbaren und meßbaren Wirklichkeit ist bedauerlich. Seine system- und textkritischen Überlegungen zu Nostradamus sind es nach der Ansicht des Verfassers dennoch sehr wert, daß wir sie in die Gesamtbetrachtung mit einbeziehen.

Aus der Medizin ist der Spruch bekannt: »Wer heilt, hat recht!« Sollten wir nicht einen ähnlichen Maßstab an die Textforscher und Nostradamus-Interpreten anlegen? Man kann ja mathematisch berechnen, ob »Treffer« zufällig sind und einer statistischen Wahrscheinlichkeit entsprechen, oder ob die »Trefferquote« so hoch ist, daß sie »signifikant«, also deutlich über einem Zufallswert liegt. Pitt Francis hat solche Berechnungen angestellt.

DAVID PITT FRANCIS zeigt keinen solchen missionarischen Eifer im angeblich notwendigen Kampf gegen Obskurantentum und Esoterik, gegen Irrationalität und Aberglauben, wie Randi ihn an den Tag legt. Pitt Francis ist aber keineswegs weniger kritisch. Er benennt sechs Faktoren, welche seiner Auffassung nach die Prophezeiungen von Nostradamus bestimmen:

1. Nostradamus konnte als gebildeter und relativ weitgereister Mensch vernünftigerweise bestimmte Ereignisse erwarten, die während seiner Zeit geschehen würden; wenn sie nicht eintrafen, waren sie »verworren« genug gehalten, um offen zu sein für eine Neuinterpretation.

2. Nostradamus benutzte nachweislich biblische Prophezeiungen zuhauf (etwa aus dem *Buch Daniel* und der JOHANNES-Offenbarung) sowie Jahrtausend-Theorien. Danach wiederholt sich die Geschichte auf ähnliche Weise immer wieder, und »man kann nichts falsch machen«, wenn man zum Beispiel prophezeit:

»Ihr werdet hören von Kriegen und Kriegsgeschrei; seht zu
und erschreckt nicht. Denn das muß so geschehen; aber es ist
noch nicht das Ende da. Denn es wird sich ein Volk gegen das
andere erheben; und es werden Hungersnöte sein und Erdbe-
ben hier und dort. Das alles aber ist der Anfang der Wehen ...«
(Das ist übrigens kein Nostradamus-Vierzeiler, sondern steht
im *Neuen Testament*, MATTHÄUS 24, 6–8!)

3. Nostradamus besaß eine gewisse wissenschaftliche und Sci-
   ence-fiction-orientierte Gabe, die ihn manche künftigen möglichen Entwicklungen vorhersehen ließ.
4. Der dritte Faktor führte zu einem vierten, den Pitt Francis mit
   »Erfüllung von Prophezeiungen durch aktive Teilnehmer der
   Geschichte« umschreibt. Damit meint er, daß sowohl Politiker
   wie NAPOLEON und HITLER als auch Wissenschaftler (ohne
   hier ein Beispiel zu nennen) von den Nostradamus-Versen
   gewußt und sich im Rahmen ihrer Möglichkeiten bemüht
   haben, sie selbst zu erfüllen – um damit ihren quasi geschichtlichen Rang zu unterstreichen.
5. Spätere Deuter lesen in die Vierzeiler mehr hinein, als Nostradamus damit beabsichtigt hatte (falls er überhaupt konkrete
   prophetische Absichten und Motivationen hatte). Der erste
   und der fünfte Faktor lassen sich nicht klar voneinander
   abgrenzen.
6. Pitt Francis gesteht immerhin noch einen sechsten Faktor zu,
   nämlich »einen bizarren, medialen, unerklärlichen«.

Er untersucht dann, wie häufig welcher Faktor für bestimmte
Prophezeiungsthemen wohl gelten könne. Seine Hauptthemen
sind Voraussagen für die französische Monarchie, über künftige
Revolutionen, zum Zweiten Weltkrieg, zu unserer modernen Zeit
und zur weiteren Zukunft.

Der Autor kommt zum Schluß, daß von 229 untersuchten
Vierzeilern, die als »erfüllt« gelten,

– 45 Prozent vernünftigerweise erwartet werden konnten, 55 Prozent aber nicht;
– 45 Prozent biblische oder andere antike Prophezeiungen
  wiederholen, 55 Prozent solche Referenzen aber nicht aufgreifen;

- 90 Prozent nicht durch Einsicht in wissenschaftliche Entwicklungen erklärt werden können, etwa 10 Prozent jedoch durch Weitblick;
- 80 Prozent keine »Selbsterfüllung durch historische Persönlichkeiten« beinhalten (Faktor vier), das aber bei 20 Prozent möglich ist;
- 20 Prozent nicht auf »Umdeutungen« späterer Interpreten weisen, aber 80 Prozent nahelegen, daß sie »umgebogen« wurden.

Pitt Francis nennt eine Fülle von Beispielen dafür, aus welchen Bibelstellen und anderen Texten Nostradamus Prophezeiungsverse »entlehnt« und wie er sie in seine Centurien »eingebaut« hat. Weiter führt er interessante Überlegungen dazu an, wie Personen der Zeitgeschichte unter Umständen immer wieder versucht waren, die Zukunftsschau des Sehers von Salon aus eigenen Kräften zu erfüllen.

Zusammengenommen stellt der Autor fest, daß rund 85 Prozent der als »erfüllt« geltenden Verse durch die Faktoren eins bis fünf erklärbar sind, während etwa 15 Prozent (nämlich 30 Fälle) dem »harten Kern« möglicherweise echter visionärer Prophezeiungen zuzurechnen seien.

Wir müssen uns also fragen: Sind die Nostradamus-Verse selbst vielleicht so dunkel und verworren, wie sie der Meister persönlich bezeichnete, daß sie – ungeachtet möglicher guter oder schlechter Absichten – ohnehin keine echten Zukunftsaussagen beinhalten oder daß sie sich wegen ihrer Vieldeutigkeit einer Überprüfung entziehen? RANDI zitiert den englischen Schriftsteller WILLIAM FULKE, der bereits 1560 über die damaligen ernsten politischen Auswirkungen der Prophezeiungen des Nostradamus in England im Zusammenhang mit der Thronbesteigung durch ELISABETH I. unter anderem geschrieben hatte:

»Aber unser schlauer Nostradamus vermochte seine Prophezeiungen in solch dunkle Falten der Obskurität einhüllen, daß kein Mensch herausschauen konnte und man weder Sinn noch sicheres Verstehen erlangt. Zweifellos hat er von den Orakeln des Apollo gehört, welche der Teufel zu Delphi aus einem Idol jenen herausgab, die um Rat fragten, und die so obskur waren, doppel-

deutig und dergestalt, daß sie die Chance hatten, auf beiderlei
Weise einzutreffen.«

Auch ohne sich diesem harschen Urteil anzuschließen, kann
Ihnen die Information über die unterschiedlichen Entschlüsselungs- und Interpretationsansätze der verschiedenen Autoren
dabei hilfreich sein, sich eine eigene Meinung zu bilden, welche
Methoden der Deutung des Nostradamus-Werks angemessen sein
mögen (falls es sich um ein systematisches Prophezeiungswerk
handeln sollte).

Es kann durchaus sein, daß Sie jetzt das Gefühl haben, daß
nicht nur die Vierzeiler verwirrend sind, sondern daß sich Ihnen
selbst alles im Kopfe dreht. In der Tat sind die Originaltexte und
viele Deutungen von Interpreten so widersprüchlich und unklar,
daß man fast den Mut verlieren könnte. Sehen wir uns im nächsten
Kapitel dennoch die Versuche verschiedener Autoren an, Vierzeiler des Nostradamus auf ein Thema, nämlich auf einen dritten
Weltkrieg und/oder eine globale Katastrophe, zu beziehen.

6

Umbruch zur Jahrtausendwende?

Das Thema »Jüngstes Gericht« beziehungsweise »Weltuntergang« hat immer Konjunktur, an allen Ecken der Welt, in allen
Epochen, in fast allen Religionen.

MATTHÄUS 16, Vers 28 »prophezeit« (ein eigentlich nicht ange-
brachtes Wort, da die Evangelien bekanntlich erst *nach* JESU Leben
und nicht von Jesus selbst geschrieben wurden und deshalb keine
authentischen »Prophezeiungen« des Jesus Christus enthalten
können): »Wahrlich, ich sage euch: Es stehen einige hier, die
werden den Tod nicht schmecken, bis sie den Menschensohn
kommen sehen in seinem Reich.« Jedoch starben alle Jünger Jesu,
ohne daß das Reich Christi auf Erden zu ihren Lebzeiten angebro-
chen wäre.

In der JOHANNES-Offenbarung geht es um apokalyptische
Visionen, die sich aus der zeitweise erfolgreichen Versuchung des
Menschen durch den Satan ergeben, bis in einem letzten Kampf
und nach einem Weltgericht das Gute auf Erden wieder siegt und
ein goldenes Zeitalter anbricht. Es gibt das »Tier« und den »falschen Propheten« sowie den Satan. Es gibt eine erste und eine
zweite Auferstehung, einen ersten und einen zweiten Tod (!) und
Spannen des Kampfes und der Bindung des Teufels, die jeweils
nach tausend Jahren zählen.

Es heißt dort unter anderem: »Und ich sah einen Engel vom
Himmel herabfahren, der hatte den Schlüssel zum Abgrund und
eine große Kette in seiner Hand. Und er ergriff den Drachen, die
alte Schlange, das ist der Teufel und der Satan, und fesselte ihn
für tausend Jahre« (Kapitel 20, Vers 1 und 2, LUTHER-Bibel).

Es geht später zum Thema »Der letzte Kampf« weiter mit den
Worten: »Und wenn die tausend Jahre vollendet sind, wird der
Satan losgelassen werden aus seinem Gefängnis und wird auszie-

hen, zu verführen die Völker an den vier Enden der Erde, Gog und Magog, und sie zum Kampf zu versammeln; deren Zahl ist wie der Sand am Meer. Und sie stiegen herauf auf die Ebene der Erde und umringten das Heerlager der Heiligen und die geliebte Stadt« (Kapitel 20, Verse 7, 8 f.).

Dann aber erfolgt das »Weltgericht«, das »neue Jerusalem« ersteht, eine Himmelswelt wird allerorten zur Wirklichkeit. »Siehe da, die Hütte Gottes bei den Menschen! Und er wird bei ihnen wohnen, und sie werden sein Volk sein, und er selbst, Gott mit ihnen, wird ihr Gott sein; und Gott wird abwischen alle Tränen von ihren Augen, und der Tod wird nicht mehr sein, noch Leid noch Geschrei noch Schmerz wird mehr sein; denn das Erste ist vergangen« (Kapitel 21, Verse 3, 4).

»Und es wird keine Nacht mehr sein, und sie bedürfen keiner Leuchte und nicht des Lichts der Sonne; denn Gott der Herr wird sie erleuchten, und sie werden regieren von Ewigkeit bis Ewigkeit« (Kapitel 22, Vers 5).

Kurz vor dem Anbruch des Jahres 1000 herrschte in Europa weithin große Aufregung, weil ein Hinweis in den biblischen Apokryphen so gedeutet wurde, daß tausend Jahre nach der Geburt Jesu das »Jüngste Gericht« ins Haus stehe. Und ein »himmlischer Gerichtstermin« bedeutete allemal wohl auch eine ganz große Abrechnung, wenn nicht sogar das Ende der Welt.

Für 1524 verhießen Planetenballungen im Zeichen Fische nach den Deutungen zahlreicher führender europäischer Astrologen eine große Flut allerorten, und damit den Beginn einer irgendwie gearteten »Endzeit«. Etwa 20 000 Menschen verließen allein in London ihre Häuser, um sich zu retten. Manche legten Notvorräte an, andere bauten die Arche NOAHS im kleineren Maßstab nach. Nichts, was an eine Sintflut oder dergleichen gemahnen könnte, passierte, es gab noch nicht einmal länger andauernde heftige Regenfälle. Ein Mathematiker und Astrologe der Universität Wien war wenig beachteter Spielverderber, als er das vermeintliche Weltende öffentlich für Unfug erklärte, da er aufgrund seines eigenen Horoskops wisse, daß er 1524 sicher überleben werde.

Von der immer noch geheimen und geheimnisumwitterten sogenannten »dritten Fátima-Botschaft«, die nur dem innersten Zirkel des Vatikans, vielleicht sogar ausschließlich dem Papst und einem Sekretär selbst zugänglich ist, heißt es, daß sie entweder düstere Weissagungen für die Welt beinhalte, falls sich die Menschen nicht bald wieder einem gottgefälligeren Leben zuwendeten, oder daß sie die Wiederkehr Jesu Christi prophezeie. Hoffmann zitiert in seinem Fátima-Buch Radio Vatikan wörtlich so: »Weder [Papst] Johannes XXIII. noch [Papst] Paul VI. hielten es bisher für ratsam, der Welt den dritten Teil des Geheimnisses von Fátima zu enthüllen ... Wir können uns deshalb nur mit gläubiger Untertänigkeit der väterlichen Umsicht und Weisheit des Heiligen Vaters anvertrauen. Auf jeden Fall ist gewiß, daß der dritte Teil des Geheimnisses eine besondere Bedeutung enthält, die von der tragischen Wirklichkeit bestätigt wird ... Hat die Endzeit bereits begonnen? Leben wir schon in der Morgendämmerung der von Johannes prophezeiten Apokalypse? ... Die Zeit ist gekommen, wo Worte nicht genügen, vielmehr muß gehandelt werden, und zwar sofort, wenn wir wollen, daß die Menschheit und jeder einzelne von uns nicht nur das Feuer sehen wird, sondern auch das Licht!« (Seite 51, siehe Literaturhinweise).

Hoffmann führt dann aus, daß es auch glaubwürdige Aussagen gäbe, die eine eschatologische Verheißung in der »dritten Botschaft von Fátima« vermuten ließen. Wie er erläutert, ist die Eschatologie die Lehre von den letzten Dingen und im christlichen Glauben die Lehre vom Weltende und vom Anbruch einer neuen Welt. Diese Anschauung geht davon aus, Jesus habe verheißen, während oder nach einer Weltkatastrophe wiederzukehren und eine Höherentwicklung der Menschheit mit einem »neuen Jerusalem« einzuleiten. Der Autor zitiert einen Père Joseph: »Vielleicht haben die verantwortlichen Persönlichkeiten der Kirche deshalb solche Schauer [ob der dritten Fátima-Botschaft bekommen], als sie die Texte lasen ... [denn] es handelt sich um die Wiederkunft unseres Herrn!« (Seite 52).

Möglicherweise können also nicht nur Katastrophengesichte Angst auslösen, sondern dies vermag auch die frohe Erwartung auf die Wiederkehr des Erlösers (aus christlicher Sicht) beziehungsweise die Erstankunft des Messias (aus jüdischer Sicht). Was

würde nicht alles durcheinandergeraten in den kunstvoll erbauten
traditionsreichen Gebilden der etablierten Kirchen, wenn ein
wahrer Christus-Mensch Pomp und Pfründe, Macht und Magie
von Institution und Repräsentanten in Frage stellte? Wenn Frauen
vielleicht »offiziell« zu Priesterinnen ernannt würden, wenn die
mit Steuern bezahlte Weitergabe vermeintlicher Gottesworte ver-
pönt und die Predigt nur um Gotteslohn zur Praxis der Verkünder
empfohlen würde?

    ALOIS IRLMAIER aus Oberbayern, der in den fünfziger Jahren
unseres Jahrhunderts als Rutengeher wirkte und auch in die
Zukunft schaute, der »MÜHLHIASL« aus dem Bayerischen Wald
und das anonyme »Lied von der Linde« sind Zeugen von Seherschaft im deutschsprachigen Raum. Sie alle sagten für das Ende
dieses Jahrhunderts schlimme Zeiten voraus; allerdings geriet die
Datierung mehr als einmal durcheinander – Katastrophen und
Kriege wurden aufgeschoben und auf später vertagt. Einige Verse
aus dem »Lied von der Linde«, das insgesamt 33 Vierzeiler umfaßt:

»Da die Herrscherthrone abgeschafft,
Wird das Herrschen Spiel und Leidenschaft,
Bis der Tag kommt, wo sich glaubt verdammt,
Wer berufen wird zu einem Amt.
…
Wer die meisten Sünden hat,
Fühlt als Richter sich und höchster Rat,
Raucht das Blut, wird wilder nur das Tier,
Raub zur Arbeit wird und Mord zur Gier.
…
Winter kommt, drei Tage Finsternis,
Blitz und Donner und der Erde Riß,
Bet’ daheim, verlasse nicht das Haus!
Auch am Fenster schaue nicht den Graus.
…
Eine große Stadt der Schlamm verschlingt,
Eine andre mit dem Feuer ringt,
Alle Städte werden totenstill,
Auf dem Wiener Stephansplatz wächst Dill.
…

›Heiland, sende, den du senden mußt!‹
Tönt es angstvoll aus der Menschen Brust.
...
Wenn der engelgleiche Völkerhirt'
Wie Antonius zum Wandrer wird,
Den Verirrten barfuß Predigt hält,
Neuer Frühling lacht der ganzen Welt.
...
Alle Kirchen einig und vereint,
Einer Herde einz'ger Hirt' erscheint.
Halbmond mählich weicht dem Kreuze ganz,
Schwarzes Land erstrahlt im Glaubensglanz.«

(Zitiert nach Dr. C. Adlmaier und Konrad Klee.)

Wir finden hier typische Ingredienzen für fast jede Zukunftsschau
wieder. Abfall vom rechten Glauben geht einher mit gesellschaftlicher Unmoral, allgemeinem Sittenverfall, Kampf zwischen Indivi-
duen und Krieg zwischen Völkern; es muß nachhaltige Verwü-
stungen und Greuel setzen, um die Menschheit zur Umkehr zu
bewegen; schließlich winkt nach dem Eingreifen eines Himmels-
boten oder zumindest göttlich beauftragten Menschen das
»Happy-End«. Daß dabei in unserem Kulturkreis das Heil immer
von der vermeintlich christlichen Kirche ausgeht und das Unheil
fast stets mit dem »bösen« Islam verbunden ist, wundert zwar
nicht, ist aber dennoch abstrus und birgt in sich bereits den Keim
für neue Auseinandersetzungen, statt den angeblich erstrebten
allgemeinen Frieden zu fördern.

Edgar Cayce, der »schlafende Prophet«, das vermutlich
berühmteste Trancemedium unserer Zeit, sagte in seinen »Rea-
dings« unter anderem voraus, daß
– im Atlantik und im Pazifik neues Land auftauchen werde,
– der Großteil Japans unterginge,
– Nordeuropa in einem einzigen Augenblick ebenfalls unter den
   Wassern der durch einen Polsprung ansteigenden Ozeane ver-
   schwände,
– die Nordatlantikküste der USA sich stark verändern, Los Angeles, San Francisco und New York zerstört würden, Georgia

und South Carolina untergehen, die Großen Seen sich in den
Golf von Mexiko ergießen würden und
– sich generell weltweit Kataklysmen ereigneten (zitiert nach *Pole
Shift – Polsprung*, Seite 197, von JOHN WHITE; siehe Literaturhinweise).

RANDI führt in seinem Buch zahlreiche Beispiele für Voraussagen
über ein Weltende an, die sich – die Welt existiert ja noch –
natürlich alle als Unfug herausgestellt haben. Er nennt jüdische
und christliche Propheten, Astrologen und Pyramidenforscher
unter vielen anderen, die immer wieder mit neuen »Berechnungen« und Visionen aufwarteten.

Was mögen die Beweggründe sein, die »Propheten« veranlassen,
ein Weltende anzukündigen? Wollen sie aufgrund echter religiöser
Überzeugung Menschen zu Gott bekehren und zur inneren und
äußeren Umkehr bewegen, trachten sie danach, eine große
Gefolgschaft aufzubauen, um sich im Glanze ihrer scheinbaren
Bedeutung zu sonnen, oder sehen sie sich als Erwählte und Vorrei-
ter höherer Mächte?

Wenn schon die Bibel Schreckensgesichte und düstere Prophezeiungen in die Welt hinausträgt, zum Schluß allerdings wohlver-
sehen mit der Verheißung der Erlösung aller »guten« Seelen, ist
es dann verwunderlich, daß sich auch manche andere, später
Lebende dazu berufen fühlten und noch fühlen, Welt- und Zeitläufte mit Absturz der Menschheit in die ewige Finsternis und
dann doch erfolgende Errettung zu verheißen?

NICHOLAS ROERICH überliefert uns Prophezeiungen aus dem
Himalaja rund um Shambala. Da heißt es zum Beispiel: »Es wird
vorhergesagt, daß die Manifestationen Matreyas nach den Kriegen
kommen. Aber der letzte Krieg wird für die Sache der Wahren
Lehren ausgetragen. Wer auch immer sich gegen Shambala erhebt,
wird in allen seinen Werken niedergestreckt. Und die Wellen werden seine Behausung fortspülen. Und noch nicht einmal ein Hund
wird seinem Ruf folgen. Nicht Wolken, sondern Blitz wird er an
seinem letzten Tag sehen. Und der feurige Bote wird sich auf
Säulen von Licht erheben. Die Lehren zeigen an, daß jeder Krieger
von Shambala der Unbesiegbare genannt werden wird. Der Herr
selbst eilt herbei. Und Sein Banner ist schon über den Bergen.«

Zum Schluß dieser kleinen Übersicht über die Verbreitung von Voraussagen noch einige Prophezeiungsworte aus Amerika, von den Maya-Indianern, die eine ganz eigene Zivilisation entwickelten mit einem eigenen Kalender, und vom inzwischen verstorbenen Schamanen SUN BEAR. *Der Maya-Faktor* von JOSÉ ARGUELLES sorgte für manche Aufregung in New-Age-Zirkeln, weil sich im August 1987 angeblich die sogenannte »Harmonic Convergence« ereignen sollte, ein Geschehen kosmischer Dimension, in der die Welt endlich aufs richtige Gleis gestellt und gleichzeitig Remedur unter den Uneinsichtigen geschaffen werden sollte. Im Chaco Canyon der Anasazi-Indianer im Nordwesten New Mexicos, nicht weit von Santa Fe, der neuen Teilzeitheimat des Verfassers, versammelten sich einige hundert Menschen. Nachdem partout nichts Greifbares passieren wollte, »bekannten« die meisten Teilnehmer/innen dennoch, daß sie »irgendwie eine wunderbare neue Energie« spürten und sie sich »wie verwandelt« fühlten. Arguelles meinte danach, daß eigentlich erst 25 Jahre später, also 2012, der entscheidende kosmische Einfluß zu spüren sein werde.

Der 21. Dezember 2012 ist auch das Datum, zu dem ein »Großer Maya-Zeitzyklus« von 5200 Jahren zu Ende geht und ein neuer beginnt. Ich möchte einige Worte aus dem *Buch der Chilam Balam von Tizimin* an dieser Stelle als ein Beispiel für zahlreiche indianische Endzeit-Prophezeiungen anführen.

»Als die ursprünglichen dreizehn ›Baktuns‹ geschaffen wurden, wurde ein Krieg geführt, der das Land zu existieren aufhören ließ. Nach und nach hörten unsere Feinde jedoch die Prophezeiungen von ›Ahau‹ ... wir werden die Tragödie, Gefangene im Krieg zu sein, tief spüren ... und wenn ich über das dunkle Meer in einem Kelch von Feuer erhoben werde, wird dieser Generation der Tag der verwelkten Frucht beschieden sein ... Das Gesicht der Sonne wird ausgelöscht durch den großen Sturm ... [Später] gibt es gute Gaben für jeden und alle, und auch Land, vom Großen Geist ...«

Erst geschieht etwas Schlimmes, aber irgendwie doch Notwendiges, dann kommt die gute Zeit. Ein Muster, das eine archetypische Qualität auszudrücken scheint. Wir kommen im 9. Kapitel darauf zurück.

Ein Indianer unserer Zeit, der auch bei uns sehr bekannte, inzwischen in die geistige Welt hinübergegangene Sun Bear, sprach einmal folgende Vision aus: »Ich sehe wesentliche Veränderungen voraus. Ich sehe, daß sie notwendig sind. Der Planet hat eine Menge Leute auf sich, die keine echte Verantwortung für den Planeten übernehmen. Und das muß sich ändern. Falls es notwendig ist, daß sehr viele Leute während der grundlegenden Veränderungen wegsterben müssen, und daß die Überlebenden bewußte Leute sind, die sich für die Erde verantwortlich fühlen und auf ihr in Harmonie und Liebe und Respekt leben, dann ist es das, was passieren muß. ... Bis zu einem Viertel der Leute wird überleben« (die Zitate der Maya und von Sun Bear nach Scott Peterson, *Native American Prophecies,* Seiten 14 und 228; siehe Literaturhinweise).

Sun Bear äußert sich auch zum Datum 2000 als Wendepunkt und zum Jahr 2012 als Herausforderung an die Überlebenden. In diesem Zusammenhang ist der Hinweis angebracht, daß Dimde als der wohl einzige Nostradamus-Forscher nicht 1999 als Jahr des dritten Weltkriegs bezeichnet, sondern 2011! Siehe auch folgende Zitate.

Nun soll es um die Vierzeiler bei Nostradamus gehen, in denen der dritte Weltkrieg und der große Umbruch, aber auch das »goldene Zeitalter« geweissagt scheinen.

Der 72. Vierzeiler der X. Centurie lautet (nach Bellecour) so:
L'an mil neuf cens nonante neuf sept mois
Du ciel viendra vn grand Roy d'effrayeur
Resusciter le grand Roy d'Angolmois.
Auant apres Mars regner par bonheur.
»Im Jahr 1999 im siebenten Monat wird am Himmel ein großer König des Schreckens erscheinen und wieder lebendig machen den großen König von Angoulême. Vor und nach Mars wird er mit Glück regieren.« Das ist die Übersetzung von Drude.

Rösch übertrug so:
»Im Jahr neunzehnhundertneunzig neun
Kommt vom Himm'l ein großer Schreckenskönig;

Auferweckt Angolmois' großer König
Vor, nach Mars das Reich wird glücklich sein.«

EILENBERG/KRAUS bieten an:
»Die eigentliche Katastrophe für die Menschheit bahnt sich
erst an. Sie wird das Menschengeschlecht bis auf ein Drittel ver-
nichten. Es ist dies jener Vierzeiler, der eine exakte Jahreszahl,
nämlich 1999, benennt ...
›Im Jahre 1999, im siebten Monat,
Erscheint aus dem All ein Himmelskörper, der die Erde in
Schrecken versetzt,
Gleichzeitig wird der Erste aus Innerasien erneut zu höchster
Machtentfaltung kommen.
Vor und danach wird Krieg sein.‹
Der Vierzeiler kündigt zwei ungeheure Ereignisse an. Das
Großreich der Chinesen unternimmt den Versuch, Asien und
Europa zu unterjochen; zugleich wird durch einen Himmelskör-
per aus den Tiefen des Alls eine Veränderung der klimatischen
Verhältnisse der Erde bewirkt« (zitiert nach Eilenberg/Kraus,
Seite 220; siehe Literaturhinweise). Die Autoren machen noch
folgende Anmerkung: »Roy d'Angolmois: Kunstwort für Herr-
scher mongolischer Rasse«.

LEONI übersetzt ähnlich:
»Das Jahr 1999, siebenter Monat,
Vom Himmel wird kommen ein großer König des Terrors:
Um den großen König der Mongolen ins Leben zurück-
zubringen,
Vor und nach Mars um mit Glück zu regieren.«

Eine weitere Lesart, diesmal von PATRIAN:
»Im Jahre 1999, im siebten Monat,
Wird ein großer Schreckenskönig vom Himmel kommen:
Den großen König von Angolmois wird er von den Toten
erwecken,
Vor und nach Mars wird er frühzeitig regieren.«
Er fügt folgende Anmerkung hinzu: »Angolmois = französische

Grafschaft Angoulême; Mars = Kriegsgott; bon-heur = zu früher Stunde. König FRANZ I., der von 1515–1547 regierte, entstammte dem Hause ›Angoulême‹ …«

CHEETHAM schreibt:
»Im Jahr 1999 und sieben Monate, wird aus dem Himmel der große König des Schreckens kommen. Er wird den großen König der Mongolen wieder zum Leben bringen. Zuvor und danach regiert Krieg fröhlich.«

CENTURIO übersetzt denselben Vierzeiler wieder anders:
»Im Jahre 1999 im siebenten Monat (des julianischen Kalenders) Wird am Himmel ein großer Schreckenskönig (die größte Sonnenfinsternis unseres Jahrhunderts) erscheinen:
Er wird auferstehen lassen den großen König von Angoulême (französische Königsstadt).
Vor und nach einem Weltkrieg (Mars) wird er aufgrund seines guten Horoskopes regieren.«

DIMDE überrascht mit einer völlig neuen Übertragung, die auf der Bildung von »Buchstabenketten« beruht und davon ausgeht, daß zum Beispiel das Wort »Mars« sowohl den Planeten Mars bezeichnen als auch verstellt den Monat März, aber auch »M ars« heißen kann, also die römische Zahl 1000 = M und ars = Kunst oder die Kurzform von astres = Sterne ist. Er geht unter anderem auch davon aus, daß »neuf« nicht nur »neun«, sondern auch »neu«, »cens« nicht nur »hundert«, sondern auch »Jahrhundert« bedeuten kann. Hier also seine deutsche Fassung (aus dem Nostradamus-Computerprogramm):
»Im Jahre 1000 des neuen Jahrhunderts nicht vor neun sieben
  Monaten.
Am Himmel wird ein großer König des Schreckens/Himmels-
  kratzer erscheinen.
Wieder aufrecht wird der große König der Engel aus purem
  Gold.
Fünfzehn vorher eins danach Tausend Sterne regieren für eine
  Weile.«

Dimde ordnet diesen Vierzeiler nach seinem System nicht 1999 zu, sondern dem Jahr 2072. Für 1999 sieht Dimde einen zwar bitteren, aber regional geführten Krieg, der Europa nur indirekt betrifft. Er nennt die Zeit um das Jahr 2011 als Datum für den Ausbruch des dritten Weltkriegs. Seine »Standardübersetzung« für den entsprechenden Vierzeiler, X. Centurie, 11. Vers, ohne Anwendung von speziellen Entschlüsselungsmethoden wie etwa des »strahlenden Bechers«, lautet:

»Unter der ionischen Küche – die gefährliche Vorbeifahrt. Wird sein vorübergehend der nachgeborenen Last. In den Bergen das Schlimmste geht vorüber ohne Belastung. Vom Bärtigen nicht beachtet – am Regierungssitz lacht der Herzog über die Falle.«

J. C. DE FONTBRUNE beginnt interessanterweise sein Kapitel »Der dritte Weltkrieg« mit dem 99. Vers der IX. Centurie (die bei Dimde für das Jahr 1999 steht) und schreibt: »Die Bewegungen der russischen Streitkräfte werden den Papst zur Flucht aus Rom veranlassen; sie werden die Mauern aus Gips, Kalk und Sand zum Einsturz bringen und in Asche verwandeln. Die darauffolgende Revolution, die ihnen [den Russen] zur Falle werden soll, wird eine letzte Hilfe sein und sich ihrer Front entgegenstellen.« Er deutet Nostradamus aus weiteren Vierzeilern unter anderem so, daß Papst PAUL II. ermordet wird, der Irak den Westen angreift, der Vatikan geplündert wird und ein Komet in der Nähe des Kleinen Bären auftaucht (Fontbrune, Seite 289 ff.; siehe Literaturhinweise).

Derselbe Autor beschreibt in seinem zweiten Band in der französischen Ausgabe übrigens eine als »Fiktion« deklarierte andere Deutung für das Jahr 1999, in der eitel Freude und Sonnenschein ausgemalt wird anläßlich der Unterzeichnung eines universellen Friedens, der federführend von einem »ABRAHAM-PIERRE-MUAMAR KHADAFI« ausgehandelt worden sei und die große friedliche internationale Zusammenarbeit hervorbringt, wozu die gemeinsame Raumerforschung genauso gehört wie die Erschließung und Fruchtbarmachung der Sahara – kurz, wir stünden am Beginn einer paradiesischen Zeit.

Putzien bewertet als Basisvers für sein Kapitel »Die Weissagungen über den dritten Weltkrieg« den 46. Vierzeiler der II. Centurie, den er folgendermaßen überträgt:

»Nach einem großen menschlichen Aufruhr nähert sich ein noch größerer. Der große Beweger erneuert die Zeitalter. Regen, Blut, Milch, Hunger, Eisen und Pest. Am Himmel wird Feuer gesehen, langer Funken laufend.«

Er führt dann eine große Zahl weiterer Verse an, die Aspekte des dritten Weltkriegs erläutern sollen, sowie Stimmen anderer Seher, legt sich aber nicht auf ein Datum fest.

Ein anderes Kapitel trägt den Titel »Die große Endschlacht der Völker«; darin schreibt Putzien neben weiterem: »In jener Zeit, in der die Erde durch einen mondähnlichen Trümmerrest aus dem Weltall bedroht wird, erwartet Nostradamus einen letzten Ansturm der asiatischen Völker gegen das Abendland.« Der Autor zitiert danach aus der Johannes-Offenbarung eine Passage vom sechsten Engel und führt dann den 54. Vers der V. Centurie des Nostradamus als Beleg für seine These von der Endschlacht an. Er überträgt diesen Vierzeiler so:

»Vom Schwarzen Meer und aus der großen Tatarei wird ein König kommen, der Gallien erblicken wird. Durchbohren wird er die Nachkommen der Alanen und die Armenier. In Byzanz wird er seine blutbefleckte Knute schwingen.« Des weiteren nennt er die X. Centurie, 10. Vers; II,4; II,29; II,94; IX,69; X,65; VIII,91; V,62; V,43 sowie eine Vielzahl weiterer Vierzeiler, die sich angeblich alle auf diese Endschlacht beziehen. Als Vergleich stellt Putzien Zitate aus der Apokalypse gegenüber, die ähnliches besagen wie die Nostradamus-Verse (siehe auch Bibelzitate am Anfang dieses Kapitels).

Ein bedeutender amerikanischer Esoteriker, der vor einigen Jahren verstorbene Manly P. Hall, Gründer der »Philosophical Research Society«, schreibt in seinem Buch *Sages and Seers* über Nostradamus, allerdings ohne die Vierzeiler anzugeben, daß wir 1997 mit einem großen Krieg zu rechnen hätten:

»Nostradamus sagt, daß sich der große Spannungsbogen allmählich und unvermeidlich auf das Jahr 1997 zubewegt. Er ist

sehr genau in der Angabe dieses Datums, zu dem ein großer Krieg
zwischen Ost und West sein wird. Dann wird ein vereinigtes und
gefestigtes Asien, einschließlich der japanischen Inseln, Chinas,
Indiens, Sibiriens und Mongolei, ein großen Reich bilden. Dann
wird sich der große König des Ostens erheben und in der Luft
Krieg führen. Und in diesem Krieg werden die Flugmaschinen
so zahlreich sein und ständig zu so vielen durch den Himmel
fliegen, daß die Sonne davon so verdunkelt wird wie von Heu-
schreckenscharen, und Tod und Zerstörung werden auf die Erde
herabfallen. Dieser Krieg wird die Herrschaft der ganzen Erde
bestimmen. 1997 ist das Datum. ... aber nach diesem Krieg wird
der große Prophet im Christentum auftauchen. Der Presbyter
oder neue Priester wird die gesamte Struktur des christlichen
Glaubens reformieren und wiederbeleben.«

Wie sehr sieht es heute, 1994, danach aus, daß diese Nostradamus-
Interpretation stimmt? Werden wir in den nächsten drei Jahren
erleben, daß sich Asien zu einem Reich zusammenfindet? Bisweilen scheint eine erstaunliche Wundergläubigkeit viele esoterisch
aufgeschlossene Menschen zu kennzeichnen. Wie problematisch
alle Vorhersagen sind und bleiben, vor allem Katastrophenprognosen, läßt sich auch daran ermessen, daß der Autor KLEE den
dritten Weltkrieg bereits für 1990 prophezeite – und sich dabei
ganz auf die Nostradamus-Verse (beziehungsweise seine eigene
Interpretation) stützte. Klee bezieht sich auf den 35. Vers der
VI. Centurie (siehe Originaltexte im 11. Kapitel), in dem
bestimmte astronomisch-astrologische Faktoren erwähnt werden.
Er schreibt wörtlich:
»Basisvers und massiv nukleare Phase von Weltkrieg III. Diesen
Vers nenne ich den Basisvers, weil darin ein Basiszeitraum kennt-
lich gemacht ist. In diesen Basiszeitraum fallen sämtliche WK III-
Daten, die wir dem Nostradamus im weiteren Verlauf entreißen
werden können. ...

›Nahe an Rion, & nahe an weißer Wolle,
Widder, Stier, Krebs, Löwe, Jungfrau,
Mars, Jupiter, die Sonne wird verbrennen groß(e) Ebene,
Wälder & Städte Buchstaben versteckt bei der Kerze.‹ ...

WK III wird bis spätestens zum Jahresanfang 2000 stattgefunden haben. Die Begründung für diese Terminierung ergibt sich aus den Seherberichten … Aus der Gesamtheit der vorgenannten Punkte … ergibt sich für den Zeitpunkt von WK III, und zwar mit Sicherheit: spätestens im Sommer 1999. Der Gesamtuntersuchungsabschnitt wird deshalb definiert als liegend zwischen 1982 und 1999 incl. Innerhalb dieser Spanne muß der von Nostradamus angegebene astronomische Simultanvorgang findbar sein. Er ist es. Ein einziges Mal zwischen 1982 und der Jahrtausendwende entstehen am Himmel Verhältnisse, die den von Nostradamus genannten wirklich perfekt, klar, einfach, völlig logisch und absolut übereinstimmend entsprechen. Es handelt sich um jenen Zeitraum, welcher beginnt im Laufe des 21. Juni und endet im Laufe des 31. August des Jahres 1990. Dies ist der Basiszeitraum. …

Es steht … zu vermuten, daß die Daten für Beginn und Ende von WK III irgendwo innerhalb des Basiszeitraums findbar sind.« Soweit das Zitat von Klee (Seiten 260, 269 ff.; siehe Literaturhinweise) und soweit unsere erneut bestätigte Ansicht, wie undurchdringlich und auch fragwürdig die Nostradamus-Prophezeiungen für den praktischen Gebrauch sind und wie leicht wir Menschen uns irren können.

Erinnern wir uns daran, daß Nostradamus selbst in der Vorrede an CÉSAR schreibt, daß sich seine Prophezeiungen bis auf das Jahr 3797 erstrecken. Bedeutet das, daß Nostradamus für die Zeit danach einfach nichts mehr voraussah oder daß dann das Weltende zu erwarten stünde? Nach dem Zeitschlüssel von Dimde fällt das Prophezeiungsjahr 3797 auf die VII. Centurie, aber in die Hälfte, für welche keine Vierzeiler vorhanden sind. Wäre das ein weiteres Indiz dafür, daß Nostradamus sich gescheut hatte, die VII. Centurie vollständig niederzulegen – weil nicht nur die Französische Revolution 1789, sondern eben auch das »Weltende« von der zweiten Hälfte der VII. Centurie zu beschreiben wäre?

Was können wir aus den genannten Zitaten schließen?
o Nostradamus nennt im 72. Vierzeiler der X. Centurie eine Zahl, welche die Mehrheit der Nostradamus-Forscher als 1999 identifiziert.

o Auf dieses Jahr datieren die meisten den dritten Weltkrieg oder weltkriegsähnliche Auseinandersetzungen sowie Kometen-, Natur- und Umweltkatastrophen; ein Autor spricht sogar von einer Reduzierung der Menschheit um zwei Drittel.

o Manchen Autoren gelten andere Verse und andere Daten als Basis für Voraussagen von Krieg, Not und Leid, ohne daß sie sich genauer festlegen. – Aber:

o Die apokalyptischen Visionen des JOHANNES haben sich nicht erfüllt (schon gar nicht zum anvisierten Zeitpunkt kurz nach JESUS und auch nicht zum revidierten Datum tausend Jahre danach).

o Keine einzige der antiken und mittelalterlichen Weltuntergangs- und Weltgerichtsprophezeiungen hat sich bislang erfüllt.

o GEORGE ORWELLS literarische Horrorvisionen des »Big Brother« und der elektronisch und psychisch unterjochten Gesellschaft haben sich zumindest 1984 nicht ganz erfüllt.

o Ein Autor berief sich auf Nostradamus-Verse und kündigte den dritten Weltkrieg bereits für 1990 an. Kommentar überflüssig.

o Auch die Schreckensgemälde über Umweltkatastrophen – vom Club of Rome mit Prognosen über den gesellschaftlichen Zusammenbruch bis hin zu politisch motivierten Hysterikern – haben sich nur als genau das, nämlich als Bilder, erwiesen und erfüllten sich in der Realität Gott sei Dank nicht.

o Katastrophenprognosen hat es immer gegeben, von kosmologischen Mythen über Weltanfang und Weltende, von religiösen Propheten, inspirierten Literaten, besorgten Natur- und Gesellschaftswissenschaftlern, machthungrigen Politikern (die zum Beispiel den Untergang einer ganzen Gesellschaftsform voraussagen, wenn die jeweils andere Partei Wahlen gewinnen sollte) und von publicitysüchtigen Aufschneidern, und es wird sie sicher weiter geben. So ist unser menschliches Gemüt nun einmal.

Die Normalität des Lebens, »business as usual«, ist zwar nicht so spannend wie die Psycho-Science-fiction lustvoll-schaudernd machender Horrorszenarios einer angeblich kurz bevorstehenden

Endzeit oder die ekstatisch verklärenden Hoffnungen auf das
»goldene Zeitalter« (das heißt übrigens nicht, daß ich deren Unter-
haltungswert übersehen hätte). Bleiben wir uns dessen bewußt,
daß Prophezeiungen im besten Fall einer echten Inspiration ent-
springen und Menschen aufrütteln wollen und im schlechtesten
Fall ein Geschäft mit der Angst darstellen. So oder so haben sie
aber weniger mit der irdischen Wirklichkeit zu tun und mehr mit
Gemütsbewegungen und subjektiven emotionalen Bewertungen.
Gott und die uns allen innewohnende Schöpferkraft – oder, ohne
religiösen Bezug, die Kräfte der Natur und des Lebens – sind
kreativ, machtvoll, lebensbejahend und »überraschend« genug,
um Problemen zu begegnen und selbstverursachte Katastrophen
zu entschärfen, bevor sie lebensbedrohend werden. Das lehrt uns
ein Blick in die überschaubare Geschichte etwa der letzten vier-
bis sechstausend Jahre.

Persönlich gehe ich davon aus, daß es auch zukünftig viel indivi-
duelles Leid durch Natur- und Umweltkatastrophen geben wird,
daß Menschen weiterhin in unnötigen Kriegen sterben werden,
daß es weltweit immer noch Not durch Hunger, Überbevölke-
rung und Drogen geben wird. Eine Änderung ist erst dann zu
erwarten, wenn die Einsicht in das Gesetz von Ursache und Wirkung, in das karmische Gesetz, weltweite Verbreitung gefunden
hat.

Einen Weltuntergang aber, eine globale Zerstörung oder einen
irgendwie gearteten »kollektiven Selbstmord« gar, kann man aus
den Vierzeilern des Nostradamus *nicht* seriös herauslesen, weder
aus dem Vers X,72 noch aus anderen! Ob Nostradamus' Vierzeiler
X,72 wirklich »immerhin« einen dritten Weltkrieg im Jahre 1999
bezeichnet oder nicht, werden wir ja erleben. Ich erkenne dafür
keine Grundlage, weder in den Nostradamus-Versen noch in der
konkreten Politik der Gegenwart.

Es wird »glaubwürdige« Prophezeiungen über Krieg, Not und
Leid so lange geben, wie es Krieg, Not und Leid gibt. Diese wird
es so lange geben, wie wir Menschen so sind, wie wir in der
Mehrheit heute (noch) sind.

7

Neue Schlüsselverse
zu den Jahrhunderten?

Wir wollen in diesem Exkurs eine Hypothese aufgreifen, die von DIMDE aufgestellt wurde. Nach seinem Entschlüsselungssystem stehen jeweils die 100. Verse einer Centurie für das erste Jahr eines Jahrhunderts: etwa der 100. Vers der IX. Centurie zum Beispiel für das Jahr 1900, der 100. Vers der X. Centurie für das Jahr 2000. Nostradamus hat – so Dimde – in diese hundert Verse aber nicht nur die Information für das betreffende Jahr »gepackt«, sondern gibt darin ein herausragendes Thema oder Motto für das gesamte folgende Jahrhundert an.

Der 100. Vers der V. Centurie steht also für das Jahr 1500 und müßte demnach als Schlüsselvers für das ganze 16. Jahrhundert gelten, jener der VII. Centurie für 1700 und damit für das komplette 18. Jahrhundert und so fort. (Bekanntlich benutzt Dimde die knapp tausend Vierzeiler in den zehn Centurien mehrfach in verschiedenen Lesarten, um die nach Nostradamus gültige Prophezeiungszeit von 1555 bis 3797 abzudecken.) In der Entschlüsselungsmethode, die von EILENBERGER und SCHUBERT vorgeschlagen wird, nehmen die jeweils 100. Vierzeiler ebenfalls eine Sonderstellung ein: Sie werden nicht mit anderen Versen gespiegelt.

Die Wiedergabe des französischen Textes folgt der von BELLECOUR im Faksimile abgedruckten Fassung. Es ist mir klar, daß Dimde selbst davon ausgeht, daß man die Vierzeiler nicht einfach direkt lesen könne, sondern sie nach bestimmten, im 4. Kapitel erwähnten Methoden »dechiffrieren« müsse. Dennoch müßte, wenn es sich wirklich um Jahrhundertverse handeln sollte, Nostradamus nach meiner Auffassung bei seinem eigenen Wort genommen werden können. Deshalb hier also das »Experiment«,

so etwas wie »Jahrhundert-Motti« in bestimmten Vierzeilern zu
entdecken.

16. Jahrhundert: Centurie V, Vers 100 für das Jahr 1500, somit
für das 16. Jahrhundert
　»Le boutefeu par son feu attrape,
　De feu du ciel a Carcas et Cominge,
　Foix, Aux, Mazere, haut vieillart eschappe,
　Par ceux de Hasse, des Saxons et Turinge.«
　»Der Brandsatz durch sein [eigenes] Feuer gefangen,
　Von Feuer vom Himmel bei Calcas (Carcassonne?)
　　　und Cominge:
　Foix, Auch [Aux-et-Aussat?], Mazères, hohe alte Mann
　　　entflohen,
　Durch jene von Hessen, manche Sachsen und Thüringen.«

Welche wichtigen Ereignisse bestimmten im 16. Jahrhundert das
Lebensgefühl der Menschen, die Machtverhältnisse der Herrscher
untereinander beziehungsweise den Lauf der Geschichte – aus
französischer und/oder europäischer Sicht? Wir können Stich-
wörter nennen:
－ Eroberung, Kolonialisierung und beginnende Wirtschaftsaus-
　beutung von Süd- und Mittelamerika, in erster Linie durch
　Spanien. Wachsender Handel mit Asien, insbesondere mit
　Indien, vor allem durch England, aber auch Portugal; zeitweise
　»globale« Wirtschaftsverbindungen der Niederlande.
－ Beginnende Renaissance mit ihrem sprunghaften Zuwachs an
　wissenschaftlichen Erkenntnissen und ihrer Öffnung für neue
　Kultur- und Kunstformen. Einige Namen mögen dafür stehen:
　Kopernikus, Kepler, Galileo, da Vinci, Michelangelo,
　Erasmus von Rotterdam, Thomas Morus, Francis Bacon,
　Machiavelli. Der von Gutenberg im Jahrhundert zuvor
　erfundene Buchdruck mit beweglichen Lettern erlebt eine
　sprunghafte Verbreitung. Damit wird auch Wissen verbreitet.
－ Verdoppelung der Bevölkerung Europas von etwa 50 Millionen
　Menschen um 1450 auf rund 100 Millionen um 1600.
－ Reformation und damit Auseinandersetzungen zwischen der

katholischen und den neuen christlichen Kirchen (etwa Protestanten, Kalvinisten).

– Gegenreformation mit Konzil von Trient von 1545 bis 1563;
 Gründung des Jesuitenordens, der Missionare in die »Neue
 Welt« (= Amerika), Indien und China sandte.

– Der Frieden von Augsburg 1555 garantiert die Religionsfreiheit
 für Fürstentümer und reichsfreie Städte im Deutschen Reich
 (was bedeutete, daß die jeweiligen Oberhäupter für sich und
 ihr Volk die Religion bestimmten).

– Französischer Bürgerkrieg von 1562 bis 1598 zwischen Katho-
 liken und Hugenotten (= Protestanten).

– Dem weiteren türkischen Vormarsch und damit einer drohenden Islamisierung Europas wird durch den Sieg vor Wien 1529
 und bei der Seeschlacht von Lepanto 1571 Einhalt geboten.

– Im Osten des Osmanischen Reichs (mit Herrschaftszentrum
 in der Türkei) regieren die islamischen Mogulkaiser seit der
 Eroberung von Delhi 1526 fast ganz Indien (AKHBAR von 1556
 bis 1605, er gilt heute noch als »aufgeklärt«) 200 Jahre lang;
 der Sikhismus entsteht nach 1519. In Persien herrschen von
 1502 bis 1736 strenggläubige Schiiten der Safawiden-Dynastie.

Bei nüchterner Betrachtung findet sich kein einziger Hinweis auf
die großen Linien der Geschichte. Dabei kannte Nostradamus ja
die Geschichte seines Jahrhunderts zur guten Hälfte bereits,
zumindest in groben Zügen. Ein »Jahrhundert-Motto« kann ich
im zuvor genannten Vierzeiler bei »normaler« Lesweise nicht
entdecken. Übrigens förderten auch andere Verse dieser Centurie
keinen eindeutigen Hinweis zutage, daß Nostradamus eines der
wichtigen Ereignisse seines eigenen Jahrhunderts zutreffend vorausgesagt hätte.

17. Jahrhundert: Centurie VI, Vers 100 für das Jahr 1600, somit
für das 17. Jahrhundert

 »*Legis cantio contra ineptos criticos.*
 Qui legent hosce versus, mature censunto,
 Profanum vulgus et inscium ne attrectato:
 Omnesque Astrologi, Blenni, Barbari procul sunto,
 Qui aliter facit, is rite, sacer esto.«

Einige deutschsprachige Übertragungen dieses »Bannspruchs gegen unfähige Kritiker« haben wir bereits auf Seite 49 f. vorgestellt. Wollte Nostradamus sagen, daß die Bemühungen um die Erschließung seines Prophezeiungswerks in diesem 17. Jahrhundert, wenige Jahrzehnte nach seinem Ableben, im Zentrum jener Zeit stünden? Ich vermag dies nicht nachzuvollziehen. Das 17. Jahrhundert war vor allem vom Dreißigjährigen Krieg gekennzeichnet, der doch in irgendeiner Form in einem »Jahrhundertvers« hätte anklingen müssen. Heißt das, daß die hundertsten Vierzeiler keine Jahrhundertverse sind? Oder bedeutet dies, daß Nostradamus die Zukunft eben durch andere Augen gesehen und anders bewertet hat, oder daß er gar kein Seher war? Oder trifft alles zu? Warten wir mit unserem Urteil noch ab, bis wir mehr Einblick gewonnen haben.

18. Jahrhundert: Centurie VII, Vers 100 für das Jahr 1700, somit für das 18. Jahrhundert

Existiert nicht; die VII. Centurie hört – je nach Interpret – mit dem 40., dem 42. oder dem 48. Vers auf. DIMDE gibt dafür als interessanten möglichen Grund an: Nostradamus sah den Untergang der französischen Monarchie, die Enthauptung von König LUDWIG XVI. und Königin MARIE-ANTOINETTE sowie das Entstehen einer neuen (Natur-)Religion und damit den (zeitweiligen) Niedergang der Bedeutung der katholischen Kirche zwar voraus, wollte aber kein Risiko eingehen, sich hochnotpeinlichen Befragungen durch Hof oder Inquisition auszusetzen. Dabei hätten seine »visionären Zukunftsgesichte« ja ob ihrer »lästerlichen« Aussagen auch leicht als Anstachelung gedeutet werden können. Deshalb habe er die VII. Centurie nicht vollendet. Andere Nostradamus-Deuter meinen, reichlich andere Verse in anderen Centurien zu finden, die sich sehr wohl auf die Französische Revolution und das Geschehen damals bezögen; zum Beispiel CHEETHAM im 44. Vers der X. Centurie. An dieser Stelle scheint die Erinnerung angebracht, daß wir ja immer noch unter jener Prämisse operieren, derzufolge Nostradamus' Centurien tatsächlich aussagefähige Zukunftsvoraussagen sind.

Wir stellen erneut fest, daß zumindest dieser Vierzeiler keinen

schlüssigen Jahrhundertvers darzustellen scheint. Schauen wir uns
noch drei weitere Verse an.

19. Jahrhundert: Centurie 8, Vers 100 für das Jahr 1800, somit
für das 19. Jahrhundert
»Pour l'abondance de larme respandue.
En hault en bas par le bas au plus hault,
Trop grande foy par ieu vie perdue,
De soif mourir par habondant deffault.«
»Für die Fülle vergossener Tränen,
Von oben nach unten durch das Niedrige zum Höchsten:
Zu großem Glauben – durch Spiel Leben verloren,
Von Durst sterben durch reichlichen Fehler [Mangel].«
(Nach Le Pelletier geht es in der letzten Zeile möglicherweise
um »Ertrinken« oder sogar um »sich selbst zu Tode trinken«.)

Das 19. Jahrhundert wurde charakterisiert durch Aufstieg und
Fall Napoleons, die Neuaufteilung der Macht in Europa durch
den Wiener Kongreß, das Ende des »Heiligen Römischen Reiches
Deutscher Nation« und die Erneuerung des deutschen Kaisertums
in den siebziger Jahren; durch die vor allem von England ausge-
hende industrielle Revolution und eine enorme technische Entwicklung; durch den Aufstieg der Vereinigten Staaten von Amerika nach Beendigung des Bürgerkriegs; durch Höhepunkte der
inzwischen als »klassisch« bewerteten Literatur und Musik; durch
Ausbeutung der Kolonien; durch wachsenden Welthandel.

In seiner Prosa, den Vorreden an César und an Heinrich II.,
weiß sich Nostradamus sehr wohl direkt auszudrücken, wenn er
zum Beispiel für 1732 konkrete Ereignisse prognostiziert (die
allerdings, wir wir inzwischen wissen, nicht eintrafen). Mit viel
gutem Willen lassen sich die erste und die zweite Zeile als Umschreibung der geschichtlichen Entwicklung in den USA werten.
Die Sklaverei wird nach dem Bürgerkrieg offiziell abgeschafft;
die Vereinigten Staaten entwickeln sich zum Refugium politisch
oder religiös verfolgter Europäer; nach Tränen im Bürgerkrieg
streben sie das »Höchste« an, nämlich die Verwirklichung ihres
sogar in der Verfassung festgeschriebenen Anspruchs auf »Glück«!

Die erste Zeile gilt wohl für jedes Jahr und Jahrhundert, in dem Menschen sich gegenseitig bekämpfen und ermorden – für die napoleonischen Eroberungsfeldzüge, für die preußischen Kriege, für die vielen »kleineren« Schlachten jenes 19. Jahrhunderts.

Wer mochte in solchen Zeiten einen »zu großen Glauben« hegen, und wer hat durch »Spiel Leben verloren«? Das ist so breit angelegt, daß es für vieles und nichts stehen könnte. Die vierte Zeile liest sich vollends »dunkel« und »verworren«, wie Nostradamus selbst die meisten seiner Vierzeiler einschätzte.

Überzeugende Möglichkeiten der Interpretation sind mir nicht aufgefallen. Aber möglicherweise übersehe ich Dinge, die andere besser erkennen.

20. Jahrhundert: Centurie IX, Vers 100 für das Jahr 1900, somit für das 20. Jahrhundert

»Navalle pugne nuit sera superee,
Le feu, aux naves à l'Occident ruine
Rubriche neusue, la grand nef coloree,
Ire a vaincu, et victoire en bruine.«

»Meeres-Schlacht Nacht wird erobert [überwunden],
Das Feuer auf den Schiffen im West ruiniert:
Neue List [oder: neues Haupt], das große Schiff eingefärbt,
Zorn [ist] zu besiegen, und Sieg im Nieselregen.«

Unser Jahrhundert wird von zwei Weltkriegen bestimmt, von der Entwicklung von Massenvernichtungswaffen, der Verfolgung und beinahe Ausrottung von Volksgruppen (Völkermord an Armeniern durch Türken zu Beginn des 20. Jahrhunderts, Holocaust gegen Juden im Nazireich), vom Ende der politischen Bedeutung der Monarchien, von einer enormen wirtschaftlich-technischen Expansion und Industrialisierung, die durch wissenschaftliche Entdeckungen und daraus erwachsende Technologien möglich wurde (Flugzeug- und Raketenbau, Atomspaltung, Computer, Laser, Weltraumfahrt); durch den Trend von der Waren- über die Dienstleistungs- zur Informationsgesellschaft, womit eine massenkulturelle Verflachung sowie weltweite Orientierungslosigkeit und Sinnverlust einhergehen; globaler Drogenmißbrauch. Wir müssen neue Krankheitsepidemien (Krebs, Aids) erwähnen; den Trend zum Fundamentalismus, Nationalismus beziehungsweise esoterischen Obskurantismus als Reaktion auf vermeintliche objektive und zentrale Beherrschbarkeit von Erde, Menschheit und Leben; Großmächte, Multis und Naturwissenschaft; und schließlich als größtes Problem, das gleichzeitig am meisten verdrängt beziehungsweise unterschätzt wird, die explosionsartige Bevölkerungsvermehrung auf jetzt ungefähr 5,5 Milliarden Menschen mit allen Folgen für Gesellschaftsformen, Wirtschaftsgrundlagen, Umweltbedingungen ...

Sehen Sie im 100. Vers der IX. Centurie einen einigermaßen deutlichen Hinweis auf auch nur eines oder zwei dieser wesentlichen Faktoren, die unser Jahrhundert bestimmt haben? Und selbst wenn dieser Vers nie als »Jahrhundertvers« gedacht war, welche Ereignisse oder Entwicklungen könnte er denn bezeichnen, ohne ihn »übers Knie zu brechen«? Es geht den Worten nach um eine Seeschlacht. Wir kennen viele bedeutende Seeschlachten: die Vernichtung der französisch-spanischen Flotte durch Nelson, den spanischen Sieg gegen die Mauren bei Lepanto, in neuerer Zeit den japanischen Angriff auf Pearl Harbor, den deutschen U-Boot-Krieg im Atlantik ... Haben wir »freie Auswahl«?

21. Jahrhundert: Centurie X, Vers 100 für Jahr 2000, somit für das 21. Jahrhundert

»Le grand Empire sera par Angleterre,
Le Pempotam des ans plus de trois cens:
Grandes copies passer par mer et terre,
Les Lusitains n'en seront pas contens.«

»Das große Reich wird durch [für] England sein [oder: für die Erde der Engel!],
Der Penpotam [der »All-Mächtige« oder der »Über-allen-Meeren«] [für] mehr als drei hundert Jahre:
Große Mächte [oder: Kräfte; eventuell auch »Kopien«?] passieren auf Meer und Land,
Die Lusitanier [Bewohner Portugals] werden damit nicht zufrieden sein.«

Wird das erste Jahrhundert nach der Jahrtausendwende Zeuge

eines neuen Aufschwungs von England sein? Oder müssen wir im Begriff Angleterre ein Synonym für die USA sehen, weil sie als die »Erweiterung Englands« aus der Betrachtungsweise des 16. Jahrhunderts zu verstehen sind, wie dies DIMDE und andere vorschlagen? Es wäre immerhin aus heutiger Sicht eine glaubwürdige Einschätzung der weltpolitischen Lage, daß die USA nach dem Niedergang der Sowjetmacht im Rahmen der »neuen Weltordnung« sich den Rang der »allmächtigen« weltlichen Macht zu sichern wissen – sei es wirtschaftlich, militärisch oder »kulturell« durch die globale Übertragung der amerikanischen Lebensweise. Werden sie, zusammen mit den Engländern und anderen Nationen vielleicht, wie im Golfkrieg, in Somalia und möglicherweise im ehemaligen Jugoslawien, mit großer Macht Weltpolizei und Weltherrscher spielen?

Will man noch weiter gehen und »Angleterre« als Synonym für die UNO ansehen, die auf Betreiben der Amerikaner als neuer »Völkerbund« nach dem Zweiten Weltkrieg in New York etabliert wurden? Oder geht es nicht um ein Land, das herrscht, sondern um eine Sprache, die sich mit großer Kraft überall verbreitet, um dreihundert Jahre lang zur Weltsprache zu werden. Daß dann die »Lusitanier« – vielleicht eine Chiffre für die Menschen mit romanischen Sprachen? – darüber nicht froh sind, läge auf der Hand.

Was würde eine Interpretation von »Angleterre« als »Erde der Engel« bedeuten? Daß vielleicht nach der Jahrtausendwende göttlich inspirierte Vernunft und ein »goldenes Zeitalter« auf unserem Planeten einziehen möge? Wer würde sich und uns allen das nicht wünschen?

Dieser »Jahrhundertvers« scheint mir der einzige unter den hier kurz untersuchten Vierzeilern zu sein, der immerhin ein erkennbares Potential dazu hätte, eine derartige Funktion zu erfüllen. Verbergen sich hinter dieser Annahme indes vielleicht nur ein frommer Wunsch und eine eitle Hoffnung? Wird es nicht immer leichter sein, Aussagen zur Zukunft so lange als wahrscheinlich zutreffend anzusehen, wie diese Zukunft noch nicht überprüfbare historische Vergangenheit geworden ist? Anders gesagt: Kann es sein, daß wir uns gern vom möglichen Eintreffen von Zukunftsvisionen faszinieren lassen, solange wir unseren kritischen Verstand nicht einschalten müssen, weil sich die Zukunft heute ja noch nicht überprüfen läßt?

Als Anregung für die Phantasie eignen sich die Centurien des Nostradamus allemal. Und das ist im Zeitalter der Informationsgesellschaft, in dem Worte und Bilder konsumiert werden, ja gar nicht wenig. Nach meiner derzeitigen Kenntnis und recht umfangreichen bisherigen Recherchen erweist sich der Versuch, »Jahrhundertverse« auf der Basis der DIMDE-Methode zu finden, die zusammengenommen eine Art Geschichtsskizze ergeben, als nicht sehr vielversprechend. Andere Forschungsansätze erscheinen ergiebiger. Es ist sehr viel spannender und lohnender, den astrologischen Methoden des Nostradamus nachzuspüren. Davon handelt das nächste Kapitel.

8

Die wiederentdeckte
Nostradamus-Astrologie

Wir kommen nun zu einem Herz- und Kernstück des Nostradamus-Werks: zur Untersuchung der astrologischen Grundlagen.
In diesem Buch habe ich schon mehrfach darauf hingewiesen,
daß Nostradamus selbst »seine« Astrologie als ein wesentliches
Fundament seiner Prophezeiungskunst bezeichnet hat. Er nennt
daneben seine ererbte Sehergabe und die göttliche Inspiration;
vielleicht muß man manche alchimistisch-magischen Rituale noch
hinzurechnen. Sowohl in der Vorrede an CÉSAR als auch in der
Epistel an HEINRICH II. betont Nostradamus seinen Gebrauch
der Astronomie und der »judiziellen« Astrologie, seine »nächtlichen« Berechnungen sowie den Einfluß von Sternen und Planeten;
er beschreibt Himmelszyklen und nennt viele Gestirne nament-
lich. All das ist klar und explizit von ihm selbst niedergelegt –
nicht umsonst ließen sich KATHARINA VON MEDICI, viele hoch-
rangige Höflinge, reiche französische Bürger und sogar Kaufleute
und Adlige aus Deutschland und Italien vom »König der Astrologen« – so seine eigene Visitenkarte – Horoskope stellen und
deuten. Wir dürfen davon ausgehen, daß Nostradamus auch
Astrologe war und eine besondere Form der Astrologie betrieb,
die es ihm gestattete, Voraussagen zu treffen, von deren Richtigkeit die meisten seiner Klienten und die Leser seiner Centurien
durch die Jahrhunderte und vermutlich auch der Meister selbst
überzeugt waren.

Welche Art von Astrologie betrieb Nostradamus jedoch? Welche
Konstellationen waren ihm wichtig? Wie bewertete er die Planeten? Welche Methoden mag er angewandt haben? Solchen Fragen

wollen wir gemeinsam in diesem Kapitel nachgehen. Zunächst mehrere Originalzitate, dann verschiedene Interpretationen sowie Sternentabellen für Ihre eigenen astrologischen Deutungen.

Im Vorwort an César schreibt Nostradamus unter anderem: »... immerhin Personen kommen und sein können, denen Gott der Schöpfer durch imaginative Eindrücke einige der judiziellen Astrologie zugestandenen Geheimnisse der Zukunft, sogar der Vergangenheit, geoffenbart hat ...«

Wir kommen auf die »judizielle Astrologie« noch zurück.

»... was die verborgenen Weissagungen betrifft, so empfängt man sie durch den feinen Geist des Feuers, der bisweilen durch das erregte Verständnis, bis zu den höchsten Höhen der Gestirne sich erhebend ... eine unbefangene Redseligkeit erlangt ...«

Ich interpretiere die »höchsten Höhen der Gestirne« nicht als Fingerzeig auf die Planeten unseres Sonnensystems, sondern als Hinweis auf die Fixsterne (siehe auch Bemerkung über die sieben Planetensphären und eine Fixsternsphäre im mittelalterlichen Weltbild im folgenden).

»Aber bisweilen in der Woche lymphatisch [= ekstatisch] angeregt und mittels langer Berechnung, die nächtlichen Studien versüßend, habe ich Bücher mit Prophezeiungen entworfen, von denen jedes astronomische Strophen von Prophezeiungen enthält, die ich absichtlich etwas dunkel gegeben habe; und es sind ewig dauernde Weissagungen von jetzt an bis zum Jahre 3797 ...«

Nostradamus hat also die Astronomie, gleich Astrologie, nach eigenem Bekunden zur »Berechnung« der Zukunft genutzt.

»... denn die Gestirne stimmen in der Umwälzung überein ... [und] die Barmherzigkeit Gottes wird nicht ausgestreut werden zu einer Zeit, mein Sohn, bis die meisten meiner Weissagungen erfüllt sind und durch die Erfüllung vollendet werden.«

Erneut stellt Nostradamus eine Übereinstimmung zwischen visionärer Schau und astrologischer Berechnung fest.

In der Epistel an HEINRICH II. schreibt der Seher unter anderem: »... einem hochverständigen und hochweisen Fürsten habe ich meine nächtlichen prophetischen Berechnungen gewidmet ...«

Die astrologischen Prognosen mußten in der Nacht erstellt werden, weil Nostradamus zumindest auch aus der direkten Anschauung des nächtlichen Sternenhimmels heraus arbeitete!

»Und so sind es denn nach dieser Berechnung, die ich aus heiligen Büchern zusammengestellt habe, ungefähr 4173 Jahre und 8 Monate mehr oder weniger. … bei den gegenwärtigen Prophezeiungen berechnete ich alles nach Ordnung der Kette, welche ihren Kreis umschließt, alles nach der Lehre der Astronomie und nach meinem natürlichen Instinkt; und nach einiger Zeit und in derselben mitinbegriffen von der Zeit an, daß Saturn wird wiederkehren am 7. des Monats April bis zum 25. August, Jupiter am 14. Juni bis 7. Oktober, Mars vom 17. April bis 22. Juni, Venus vom 9. April bis zum 22. Mai, Merkur vom 2. Februar bis zum 24. desselben Monats, und vom 25. September bis zum 16. Oktober, Saturn im Steinbock, Jupiter im Wassermann, Mars im Skorpion, Venus in den Fischen, Merkur in einem Monat in Steinbock, Wassermann und Fischen, der Mond im Wassermann, der Kopf des Drachen [aufsteigender Mondknoten] in der Waage, während der Schweif, am entgegengesetzten Ende seines Sternbildes, einer Konjunktion Jupiters mit Merkur folgt, mit einem Geviertschein [Quadrat] von Mars gegen Merkur, und der Kopf des Drachen bei einer Konjunktion der Sonne mit Jupiter.«

Abgesehen von der Bestätigung, daß sein Prophezeiungswerk wesentlich auf seinen astrologischen Berechnungen beruht, bleibt der Sinn der detaillierten astrologischen Angaben unklar und umstritten.

»… Alle diese Bilder der göttlichen Bücher stimmen genau mit den sichtbaren himmlischen Dingen überein, nämlich mit Saturn, Jupiter und Mars und den übrigen im Bunde, wie man des näheren aus etlichen Vierzeilern ersehen kann.«

Die Gesichte der antiken Prophezeiungen, die vermeintlich in direktem Kontakt mit Gott von den damaligen Propheten geoffenbart wurden, finden nach Nostradamus ihre Bestätigung in den Himmelszeichen. Saturn, Jupiter und Mars werden besonders hervorgehoben, diese Planeten verdienen demnach vorrangige besondere Aufmerksamkeit.

Nostradamus spricht mehrfach von der »judiziellen Astrologie«, ein Beispiel hatten wir oben angeführt. SANDRA SHULMAN bezeichnet in ihrer *Encyclopaedia of Astrology* (Hamlyn, London 1976) »judizielle Astrologie« schlicht als »bewertende Astrologie«. Das Wort »judicielle« findet man in modernen Französisch-Lexika nicht mehr. Sicherlich gehören »überlegt«, »bewertend«, »tiefgründig«, »urteilend« mit zu seinem Bedeutungsfeld. Aber ich meine, daß das noch nicht die ganze Wahrheit ist. Vielmehr will sich Nostradamus mit diesem Begriff von den meisten anderen Astrologen abgrenzen, die er in seinem schon zitierten »Bannspruch« (siehe Seite 49 f.) als dumm bezeichnet und in einem Atemzug mit den Barbaren nennt, die sich fernzuhalten hätten. Und er möchte betonen, daß er eine besondere Art der Astrologie verwendet, die der Kirche (noch) einigermaßen wohlgefällig war, die von sehr vielen Ärzten betrieben wurde und das gesundheitliche Wohl und Wehe der Patienten mit Hilfe astrologischer Analogien zu erfassen versucht.

Meinte Nostradamus mit »judizieller Astrologie« aber vielleicht die sogenannte »heliozentrische Astrologie«, wie manche Interpreten überlegen? Das ist im Gegensatz zur üblichen »geozentrischen Astrologie« eine Sternenkunde, die astrologische Berechnungen so aufstellt, daß alle Planetenpositionen am Himmel auf das Zentrum der Sonne bezogen werden. Allerdings existiert der uns wohlvertraute Tierkreis von der Sonne aus gesehen überhaupt nicht! In der geozentrischen Astrologie stellt man die Planetenpositionen im Tierkreis von der Erde aus gesehen fest. Ich kann keine Hinweise darauf finden, daß die heliozentrische Astrologie Teil oder gar Kernstück der Nostradamus-Astrologie gewesen wäre.

Nostradamus könnte jedoch einfach seine eigene besondere Methode als »judizielle Astrologie« bezeichnet haben: eine Kombination aus Überlieferungen antiker Astrologie aus Chaldäa, Ägypten, Griechenland und Rom sowie aus der jüdisch-kabbalistischen und aus der arabischen Kultur.

Astrologie im Mittelalter und in der Renaissance

Im 10. Jahrhundert verfügte Papst SYLVESTER II., daß die Erde als Mittelpunkt des Universums zu gelten habe. Die Erde sei umgeben von neun konzentrischen Ringen oder Kreisen, den planetarischen »Sphären« von Mond, Merkur, Venus, Sonne, Mars, Jupiter und Saturn (die so nach ihrer relativen Geschwindigkeit des vermeintlichen Umlaufs um die Erde gruppiert wurden, nicht nach ihren tatsächlichen Umlaufbahnen um die Sonne!). Der achte Ring wurde von der Fixsternsphäre gebildet, der neunte schließlich galt als ARISTOTELES' »primum mobile« und konnte von Christen mit »Gott« gleichgesetzt werden.

THOMAS VON AQUIN schrieb in seiner *Summa Theologica:* »In vielen Fällen sagen Astrologen Ereignisse zutreffend voraus ... weil die meisten Menschen ihren körperlichen Bedürfnissen und Wünschen folgen, sind ihre Handlungen gemeinhin Subjekt des Einflusses von Himmelskörpern.«

In Bologna, Padua und Mailand gab es Lehrstühle für Astrologie an den Universitäten, und es hieß allgemein: »Medizinische Studien ohne Astrologie sind wie ein Auge, das nicht sehen kann.« In Spanien ließ ALPHONS X. im 13. Jahrhundert von maurischen (= islamischen), jüdischen (= auch kabbalistisch arbeitenden) und christlichen Astrologen die »Alphonsinischen Tafeln« in vierjährigem Schaffen ausarbeiten, die eine größere Präzision dabei erlaubten, Gestirnstände festzustellen als die bis dahin üblichen ptolemäischen Berechnungen.

In den Stundenbüchern der GEBRÜDER LIMBURG anfangs des 14. Jahrhunderts, vor allem in jenem für den HERZOG VON BERRI, sieht man eine üppige astrologische Ikonographie. In farbigen Kirchenfenstern oder auf Fassaden wie der Kathedrale von Amiens tauchen immer wieder die Tierkreiszeichen auf. War die Astrologie in den Jahrhunderten vor der Renaissance ein wohlgelittenes Studiengebiet, so wurde sie in der Renaissance zu einer Favoritin hinsichtlich der menschlichen Bemühungen um Wissen und Erkenntnis.

Der Astrologe LUCAS GAURICUS beriet die Päpste JULIUS II., LEO X., CLEMENS VII. und PAUL III., später auch KATHARINA

VON MEDICI, die italienische Frau des französischen Königs HEIN-
RICH II. Von ihm, manche sagen auch, von COSME RUGGIERI,
einem weiteren italienischen Astrologen, soll die ursprüngliche
prophetische Warnung an den König ergangen sein, sich vor Zwei-
kämpfen zu hüten – einige Jahre bevor Nostradamus einen ähnlich
lautenden Vierzeiler in seine Centurien aufnahm (I,35).

Vom 17. Jahrhundert an begann der Stern der Astrologie zu
sinken, die »naturwissenschaftliche« Erforschung des Universums
fernab von Aberglauben setzte ein: Die Erde war doch nicht das
Zentrum der Welt ... Allerdings waren alle großen Astronomen
gleichfalls Astrologen, sowohl KOPERNIKUS als auch BRAHE, KEP-
LER wie auch GALILEO. Sogar ein wissenschaftliches Genie wie
ALBERT EINSTEIN wird mit den Worten zitiert: »Astrologie ist in
sich selbst eine Wissenschaft, die ein erhellendes Fachwissen enthält. Sie hat mich viel gelehrt, und ich bin ihr sehr verpflichtet.
Geophysikalische Beweise offenbaren die Kraft der Sterne und
der Planeten in Beziehung zum Irdischen. Die Astrologie verstärkt bis zu einem gewissen Grade diese Kraft. Deshalb ist Astrologie zu einem lebenspendenden Elixier für die Menschheit geworden.« (Die historischen Fakten zu diesem Abschnitt entstammen
teilweise dem Buch *Astrology – History, Symbols and Signs* von
SOLANGE DE MAILLY NESLE, erschienen bei Inner Traditions,
Rochester, USA, 1985.)

Die Astrologie hat früher eine gewichtige Rolle gespielt, und
auch heute ist zumindest ihre Verbreitung, wenn auch nicht ihre
Anerkennung, unumstritten. Die oben erwähnte Autorin gibt
übrigens zu Nostradamus' Prophezeiungen folgendes zu beden-
ken: »Obwohl Nostradamus ein anerkannter Astrologe war, ist
es schwierig, rein prophetische Elemente in seinen Centurien von
solchen Elementen zu trennen, die wirklich astrologische Prinzipien verkörpern. Die Centurien entstammten prophetischen
Visionen des ›Magus‹, dessen Sorge um Präzision ihn dazu anhielt,
diese Visionen in Übereinstimmung mit astrologischen Prinzipien
zu präsentieren.«

Sehen wir uns nun an, in welchem Zusammenhang die Planeten
in Nostradamus' Centurien auftauchen.

Nostradamus und die Planeten

Es gibt mehrere eindeutige Aussagen des Nostradamus zu den Planeten, aus denen sich seine Einschätzung ihrer Wirkungen klar herauslesen läßt; daneben sind manche anderen Verweise so unklar wie der Rest der Texte. An dieser Stelle seien einige eindeutig astrologisch gemeinte Verse genannt, um ein Gefühl dafür zu vermitteln, wie Nostradamus Planeten und ihre astrologische Bewertung in seinen Vierzeilern »untergebracht« hat.

Dabei übersehe ich nicht, daß Text- und Interpretationsprobleme, die wir früher behandelt haben, selbstverständlich auch für die astrologischen Verse gelten. Hier soll aber zunächst nur der Nachweis erbracht werden, daß Nostradamus astrologische »Begründungen« recht häufig in sein Werk einfließen ließ, auch wenn damit noch nichts zur Zuordnung der Verse zu bestimmten Ereignissen gesagt worden ist.

I,15
»Mars bedroht uns mit seiner kriegerischen Macht,
Siebzig Mal wird er Blut fließen lassen:
Aufstieg und Fall von Kirche und Geistlichkeit
Und mehr für jene, die von ihnen nichts hören mögen.«

I,16
»Sense verbunden mit Teich [Saturn im Wassermann] auf den Schützen zu / In seiner hohen Erhöhung, / Pest, Hunger, Tod von militärischer Hand / Das Jahrhundert [Zeitalter] nähert sich seiner Erneuerung.«

I,51
»Haupt des Widders, Jupiter und Saturn,
Ewiger Gott, welche ›Mutationen‹ [Veränderungen]!
Dann kehrt seine böse Zeit ein langes Zeitalter zurück,
Gallien und Italien welche ›Emotionen‹ [Wirrungen].«

I,52

»Die beiden Übeltäter im Skorpion vereint,
Der Groß-Herr in seiner Halle ermordet,
Plage [Pest?] für die Kirche durch den neu hinzugekommenen
     König,
Niedereuropa und Nordeuropa.«
     Als Übeltäter gelten in der Astrologie bekanntlich Saturn und
Mars; eine »Vereinigung« ist eine Konjunktion.

I,83

»... / Saturn in [und?] Mars sein zorniger Anblick:/
Schreckliche Schlächterei [oder: Fremdes, Merkwürdiges] den
Toskanern und Latinern ...«

II,48

»... / Saturn im Schützen Mars wendet sich vom Fisch: / Gift
versteckt unter den Köpfen der Lachse, / Ihr Chef [Haupt]
gehängt ...«

II,65

»... Das Feuer im Schiff, Pest und Gefangenschaft, / Merkur im
Schützen Saturn wird verbleichen.«

IV,67

»Das Jahr wenn Saturn und Mars gleichermaßen ›verbrannt‹ sind,
Die Luft sehr ausgetrocknet langer Meteor [Sternschnuppe]:
Durch geheime intensivste Feuer ein großer Ort verbrannt,
Wenig Regen, heißer Wind, Kriege, Einfälle.«
     »Verbrannt« kann sich auf eine Planetenposition in einem der
drei Feuerzeichen Widder, Löwe oder Schütze beziehen oder auch
darauf, daß Saturn und Mars in Konjunktion im Feuerzeichen
Löwe stehen, oder daß sich diese beiden Planeten gleichzeitig
unmittelbar in Konjunktion mit der Sonne befinden. »Einfälle«
ist wohl im Sinne von Angriffen von außen gemeint.

IV,86

»Das Jahr wenn Saturn im Wasser vereint sein wird
Mit der Sonne, der starke und mächtige König
Zu Reims und Aix wird empfangen und gesalbt,
Nach Eroberungen wird er Unschuldige ermorden.«

»Im Wasser vereint …« müßte heißen Konjunktion Saturn und
Sonne in einem Wasserzeichen; LEONI meint, »Wassermann« lesen
zu können, was auf astrologischer Unkenntnis beruhen dürfte,
da Wassermann bekanntlich ein Luftzeichen ist.

V,14

»Saturn und Mars im Löwen Spanien gefangen, / durch das
libysche [afrikanische?] Oberhaupt im Konflikt in die Falle gegangen …«

V,24

»Die Herrschaft und Gesetz unter Venus erhöht,
Saturn wird über Jupiter regieren:
Das Gesetz und Herrschaft durch die Sonne erhoben,
Durch Saturnisches wird das Schlimmste erduldet [werden].«

V,25

»Der arabische Prinz Mars, Sonne, Venus, Löwe,
Herrschaft der Kirche wird durch [über] [das] Meer erliegen:
Sie werden ihren Prinzen wechseln, einer in der Provinz geboren,
Das Meer passieren Kräfte [Kriegsarmeen] zu Bergen erhoben.«

LEONI bringt in der ersten Zeile »Löwe«, BELLECOUR indes
»Lyon«, was sowohl Löwe bedeuten als auch schlicht die Stadt
Lyon bezeichnen könnte.

V,53

»Das Gesetz der Sonne und Venus umstritten,
Den Geist der Prophetie in Besitz nehmend,
Nicht der eine noch der andere werden verstanden sein,
Durch die Sonne wird gehalten werden das Gesetz des großen
Messias.«

X,67
»Eine gewaltige Erschütterung im Monat Mai
Saturn, Steinbock mit Jupiter, Merkur im Stier
Venus auch Krebs Mars ›en Nonnay‹
Hagel fällt größer als ein Ei.«

»Saturne Caper Iupiter« als »Saturn im Steinbock« zu überset-
zen heißt, die Interpunktion eigenwillig zu verändern. Wir wissen
heute leider noch nicht mit Bestimmtheit, was »en Nonnay«
bedeuten mag. Sicher ist indes, daß Nostradamus sich auch in
diesem Vers auf Astrologie zur Zeitbestimmung eines Ereignisses
bezieht.

Nach allen bislang vorliegenden Dokumenten müssen wir davon ausgehen, daß Nostradamus die Planeten genauso »holz-
schnittartig« wertete, wie es damals allgemein üblich und verbreitet war. Saturn und Mars sind Übeltäter, Jupiter und Venus
Wohltäter beziehungsweise »das große« und »das kleine Glück«.
Es gibt Jahre, Zyklen und Zeitalter, die jeweils unter der »Herrschaft« einer der sieben Planeten stehen, mit denen die Astrologie
damals rechnete (Sonne und Mond besetzen auf den Darstellungen
eine »Planetensphäre« wie die anderen wirklichen Planeten auch).

Nostradamus scheint keine »eigene Planetenastrologie« gehabt
zu haben, zumindest finden wir weder in den Worten der Vierzeiler noch in den als »eingetroffen« klassifizierten Ereignissen
nachträgliche Hinweise darauf.

Als »astrologische Vierzeiler« gelten laut DAVID PITT FRANCIS
(die folgende Liste nennt zuerst die Nummer der Centurie, danach
die Ziffern der astrologischen Verse):

I: 15, 16, 25, 28, 48, 49, 50, 51, 52, 62, 80, 83, 87
II: 5, 28, 35, 41, 43, 46, 48, 65, 78, 81, 88, 90, 98
III: 3, 16, 46, 57, 77, 92, 96
IV: 25, 28, 29, 30, 31, 33, 50, 67, 68, 84, 86, 96, 97
V: 11, 14, 23, 24, 25, 53, 61, 62, 66, 70, 72, 87, 91
VI: 4, 6, 17, 24, 25, 35, 50, 52, 98, 100 (?)
VII: kein astrologischer Vierzeiler
VIII: 2, 29, 46, 48, 85, 90
IX: 12, 19, 55, 72, 73
X: 8, 28, 50, 67

LEONI erkennt übrigens nur etwa 40 Verse als »astrologische Vierzeiler« an.

Pitt Francis weist in seinem Buch darauf hin, daß die eindeutig astrologischen Verse anfangs in den Centurien stärker vertreten sind und dann in ihrer Zahl kontinuierlich abnehmen. Er macht auch auf die Häufung der astrologischen Vierzeiler an manchen Stellen der Centurien aufmerksam.

Es ließe sich also vermuten, daß Nostradamus zu Beginn seiner prophetischen Arbeit sich stärker auf die Astrologie gestützt hat – was natürlich, wie er selbst schreibt, langwierige Himmelsstudien und Berechnungen erforderte, abgesehen von der ebenso schwierigen Interpretation, die von echter Inspiration geführt sein muß. Später hat er offensichtlich auf die Astrologie eher verzichtet. War vielleicht gar der innere Drang, seine Gesichte zu Papier zu bringen, so groß, daß Nostradamus für die Berechnungen nicht mehr Zeit und Muße fand? Oder hat er sich selbst unter Druck gesetzt, unbedingt zehn Centurien herauszubringen?

Pitt Francis bringt zwei weitere Ergebnisse seiner Forschungsarbeit, die in unserem Zusammenhang von großem Interesse sind. Er stellt fest, daß rund zehn Prozent aller Vierzeiler astrologische Verweise enthalten. Bei einer Überprüfung der »eingetretenen« Prophezeiungen anhand eines in sich schlüssigen Systems (das ich hier nicht näher erläutern kann) kommt der Autor auf gut 200 »erfüllte Zukunftsprognosen«. Davon sind wiederum nur knapp zehn Prozent astrologische Prophezeiungsverse. Pitt Francis zieht daraus den Schluß, daß die vermeintliche oder vorgebliche Verwendung astrologischer Berechnungen laut Aussage in den Vierzeilern respektive die Abstützung von Voraussagen auf astrologischen Faktoren die »Trefferquote« keineswegs erhöht!

Außerdem argumentiert er, daß die VII. Centurie womöglich deshalb unvollständig geblieben sei, weil Nostradamus selbst bemerkt habe, daß ihm die Inspiration verlorenging und er im Anschluß an seinen (umstrittenen) »Bannspruch« am Ende der VI. Centurie nicht gut selbst mit fragwürdigen astrologischen Vierzeilern fortfahren konnte. Wörtlich urteilt dieser Autor: »Davon ausgehend, daß dies [das Weglassen der 52 Vierzeiler der

VII. Centurie] kein Mißgeschick war [etwa Verlust durch Feuer oder ähnliches], scheint Astrologie der wahrscheinlichste Grund für die Unvollständigkeit der VII. Centurie zu sein, die unmittelbar nach der Verurteilung von [unwissenden!] Astrologen kommt, und das mag auch erklären, warum die verbleibenden Strophen [der VII. Centurie] keine astrologischen Verweise enthalten« (Seite 181, siehe Literaturhinweise; Einschübe in Klammern stammen von mir).

Wir halten fest: Nostradamus nennt Planeten häufig genug, um ein auch astrologisches Fundament seiner Prophezeiungen vermuten zu lassen. Er bewertet sie in der üblichen, »klassischen« Weise, wonach Mars und Saturn der kleine und der große Übeltäter sind, die Blutvergießen, Krieg, Leid und Not mit sich bringen, und Venus und Jupiter das kleine und das größere Glück, die dem Menschen Erleichterung in seinem Los verheißen. Sonne und Mond stehen über gewissen Zyklen. Ein besonders aufschlußreiches oder gar eigenständiges Deutungssystem läßt sich in Nostradamus' Vierzeilern in bezug auf die Planetenastrologie allerdings nicht erkennen.

Nostradamus und die Fixsterne

Bietet die »Fixsternastrologie« einen nicht nur wenig erforschten, sondern vielleicht auch üppigeren Fundus, um an die »Nostradamus-Astrologie« heranzukommen? Sicher scheint mir, daß die Fixsterne für Nostradamus' Schicksalsprognosen etwas galten, vermutlich sogar sehr viel. In der III. Centurie, Vers 46, heißt es:
»Der Himmel [von Lyon] sagt uns voraus
Durch klare Zeichen und durch Fixsterne,
Daß die Zeit der plötzlichen Veränderung herannaht,
Weder zu seinem Guten noch zu seinem Schlechten.«

Ein französisches Original lautet so:
»Le ciel (de Plactus la cite) nous presage,
Par clercs insignes et par estoilles fixes ...«

In einer anderen, modernisierten französischen Fassung lesen wir:
»Le ciel (de Plancus la cité) nous présage
Par claires insignes et par étoiles fixes ...«

Wir lesen also von klaren Zeichen am Himmel und werden explizit auf die Bedeutung der Fixsterne aufmerksam gemacht.
In den Versen 15 und 90 der II. Centurie erwähnt Nostradamus »Castor« und »Pollux«, zwei Fixsterne, die man salopp auch als »der gute« und »der böse Bube« bezeichnet.
Im 41. Vers der II. Centurie heißt es: »Der große Stern wird sieben Tage brennen ...« Es geht also wiederum nicht um einen Planeten, sondern um einen (Fix-)Stern.
»... bis zu den höchsten Höhen der Gestirne sich erhebend ...«, »himmlische Figuren« und »... denn die Gestirne stimmen in der Umwälzung überein ...« schreibt Nostradamus in Vorrede und Epistel. Ich sehe darin ebenfalls einen Hinweis auf astrologische Faktoren, die jenseits der Planetenbahnen zu finden sind. Denn die höchsten Höhen der Gestirne sind nicht die sieben Planetensphären rund um die Erde, sondern dies ist nach dem damals geltenden Weltbild die achte Sphäre, die der Fixsterne. Darüber gab es nur noch die alles bewirkende und regulierende göttliche Sphäre. Die »höchste Höhe der Gestirne« ist eindeutig die Ebene der Fixsterne! In seinem »Bannspruch« verwahrt sich Nostradamus ausdrücklich gegen die Auslegung seiner Verse durch alle »Astrologi Blenni«, also »dumme Astrologen« beziehungsweise »Allerweltsastrologen«. Offensichtlich hat Nostradamus also Zugang zu einer Form der Astrologie besessen, der anderen Astrologen nicht offenstand. Aus »Stundenhoroskopen« wissen wir, daß es »funktionieren« kann, ein Horoskop auf den Zeitpunkt, an dem eine bestimmte Frage formuliert wird, zu erstellen und daraus sinnvolle Schlüsse zu ziehen.

Hat Nostradamus, soweit er sich der Astrologie bediente und sich nicht auf Eingebungen anderer Ursprünge verließ, in seinen nächtlichen Studien Fragen zur Zukunft, zu einzelnen Jahren gestellt und daraufhin nicht nur die Planetenbahnen beachtet, sondern in die »höchsten Höhen der Gestirne« geschaut, also zu den Fixster-

nen, und diese in Beziehung zur Zukunftsschau gebracht? Das
halte ich für höchst wahrscheinlich. Deshalb handelt der folgende
Abschnitt von der Wiederentdeckung der astrologischen Bedeutung der Fixsterne.

Über die Fixsterne schrieb JOHANNES VEHLOW, ein deutscher
Astrologe aus Berlin, der selbst immer wieder vor und nach dem
Zweiten Weltkrieg durch verblüffend treffsichere Prognosen her-
vortrat:

»Die Gelehrten versunkener Kulturen haben in erster Linie
die Kondensationspunkte der fernen Welten, die Zentralsonnen,
als an Masse und Strahlungskraft gewaltigste Energiequellen erforscht und versucht, ihre Grundnatur festzustellen. …

Die fernen Weltinseln, und insbesondere die Kräfte ihrer Kondensationspunkte, der Riesensonnen, wirken auf unser System.
Diese Einwirkung geschieht nicht willkürlich, denn nichts im
Kosmos geschieht aus ›Zufall‹ oder Willkür, sondern nach festem,
und daher erkennbarem Gesetz. …

Fixsterneinfluß wirkt besonders in allen Fällen, wo es sich um
einschneidende Schicksale handelt, entweder katastrophaler Art,
oder wo enormer Aufstieg, Ruhm, Machtstellung oder überaus
großes Glück in Frage kommt. Alle über den Rahmen des Alltägli-
chen hinausragenden Ereignisse im Leben stehen mit bedeutsamen
Fixsternkonstellationen im Zusammenhange. …

Viele der Fixsternwelten reichen mit ihren geistigen Wurzeln
wohl schon in transzendente Reiche …«

Der berühmte Astrologe Vehlow gehörte in diesem Jahrhundert zu den wichtigen Erforschern antiker und moderner Weisheit. Aus seinen Worten geht die Bedeutung der Fixsterne klar
hervor. Für Vehlow zählten übrigens nur die Konjunktionen
von Sonne, Mond, Planeten und einer der beiden Hauptachsen
mit einem Fixstern, selten die Opposition, nicht aber andere
Aspekte.

Die Fixsterne spielten für Nostradamus eine herausragende
Rolle in seinen astrologischen Berechnungen der Zukunft. Nach
welchem »Schema« er dabei vorgegangen sein könnte, ist (noch)
nicht offensichtlich. Nostradamus hat Fixsterne erwähnt, allerdings so sparsam, daß man an eine bewußte Verschleierung denken

muß. Die Fixsterne galten von alters her vor allem als aussagekräftig für ganze Völker, große Institutionen (Kirche, Monarchie) sowie für besonders hoch entwickelte und bewußte Menschen oder für solche, die sich negativen Einflüssen nachhaltig geöffnet hatten.

Den meisten Menschen heute sind weder Namen noch Charakter der Fixsterne gemäß der antiken Astrologie bekannt. Deshalb möchten wir Ihnen an dieser Stelle eine Übersicht über wichtige Fixsterne geben mit Interpretationshilfen, die auf den Überlieferungen der Alten beruhen. Dies soll als Basis auch für weitere Überlegungen und Untersuchungen anderer Nostradamus-Forscher dienen. Der Verfasser ist ausdrücklich nicht der Ansicht, schon jetzt und gar allein etwas Endgültiges zu diesem Thema vorlegen zu können.

Wie kann man untersuchen, ob Nostradamus mit den Fixsternen gearbeitet hat? Nach einer Zuordnung eines Vierzeilers zu einem Ereignis wäre zu prüfen, ob zum Zeitpunkt des Ereignisses einer der markanten Fixsterne in Konjunktion oder Opposition zu einem der laufenden Planeten von Sonne bis Saturn stand, und ob die Kombination dieses Planeten mit dem betreffenden Fixstern eine astrologische Deutung des jeweiligen Geschehens nahelegt. Der Verfasser hofft, sich diesem Thema in der nahen Zukunft intensiv widmen zu können.

Ein Beispiel: Am 6. August 1945 wurde über der japanischen Stadt Hiroshima die erste Bombe abgeworfen, deren fürchterliches Wirkungsprinzip der Kernspaltungsforschung entstammte. Hunderttausend Menschen starben, Millionen litten und leiden noch unter den Folgen. Damit kam eine Massenvernichtungswaffe zum Einsatz, die eine Epoche des Schreckens einleitete. Die Sonne stand an diesem Tag am gleichen Ort wie die Fixsterne Akubens und Dubhe, die Venus stand am selben Tierkreisort wie Tejat, der Mars an der Position des Aldebaran, Jupiter dort, wo auch Benetnasch zu finden ist, und Saturn schließlich war mit Wasat zusammen – alles waren Konjunktionen. Zusammengenommen eine durch und durch gefährliche, geradezu schreckliche Konstellation nach den Aussagen der Antike über die Natur der Fixsterne.

Sie können das in der folgenden Fixsternübersicht im einzelnen nachlesen.

Ließen sich intuitiv und aufgrund von Berechnungen Monate beziehungsweise Jahre »herauspicken«, in denen die bekannten astrologischen »Übeltäter« (Saturn, Mars, Drachenschwanz) bei negativ wirkenden Fixsternen stehen und auch die »Wohltäter« (Jupiter, Venus) relativ ungünstig gestellt sind und deshalb keine »Entlastung« bringen? Das wäre ein Ansatz, um zu überprüfen, ob und inwieweit Nostradamus auf Fixsterndeutungen zurückgreifen konnte, um zu erfassen, wann welche Art von im Regelfall schrecklichen Ereignissen mit welcher Art von Folgen wahrscheinlich wären.

Sie können aber mit den Fixsternen einfach auch einmal »spielen«: Wenn Sie ein eigenes Horoskop haben, sollten Sie dies im Hinblick auf Fixsternkonjunktionen oder Oppositionen zu Sonne, Mond, Planeten und Achsen untersuchen. Haben Sie kein Horoskop, so können Sie sich anhand der abgedruckten Sonnentabelle immerhin über eine der wichtigsten Konstellationen informieren, nämlich über die zwischen Ihrer Sonne und einem Fixstern, der sich vielleicht in Konjunktion oder Opposition dazu befindet.

Wichtige Fixsterne

Übersicht über den Stand wichtiger Fixsterne in den Tierkreiszeichen, gerundet für 1950 (auch die Fixsterne bewegen sich: im Durchschnitt etwa ein Grad in 60 Jahren), mit Kurzhinweisen auf Natur und Wirkung. Ich greife dabei auch auf Altmeister VEHLOW zurück und weise gern auf ein neueres Buch von VIVIAN ROBSON über die Fixsterne hin (beide siehe Literaturhinweise).

Die Fixsterne sind so aufgelistet, wie sie im Tierkreis der zwölf Zeichen auftauchen. Sie sind dann von Interesse, wenn Konjunktion und Opposition (falls diese verwendet wird) nicht weiter als rund ein Grad von Sonne, Mond, den persönlichen und gesellschaftlichen Planeten (Merkur, Venus, Mars, Jupiter und Saturn) sowie Mondknotenachse und Hauptachsen (AC–DC, MC–IC) entfernt sind.

Zuerst finden Sie den Namen (in Klammern Alternativnamen), danach in Klammern die Größe, soweit sie bekannt ist (manche Sterne verändern ihre Größe scheinbar und sind deshalb nicht fest klassifiziert), dann die Position im Tierkreis und schließlich die »Natur« und den »Charakter«, den diese Sterne respektive Nebel nach Meinung von Astrologen »ausstrahlen« (in Klammern abweichende Meinungen).

Die Größe der Sterne läßt nach Ansicht der meisten Astrologen einen Rückschluß auf ihre »Strahlkraft« zu; je kleiner die Ziffer, desto bedeutsamer der Stern. Ein Stern der 1. Größe ist also größer und wesentlicher als einer der 5. Größe.

Deneb Kaitos (Diphda) (2) bei 2° Widder:
Saturn-Kraft; besonders mit Mond, Mars, Neptun oder Aszendentenachse hemmende Wirkung.

Ende des westlichen Fisches (5) bei 3° Widder:
Saturn-Merkur-Charakter; bei guten Saturn-Merkur-Stellungen Steigerung der Konzentration.

Algenib II (3) bei 8° Widder:
Mars-Merkur-Natur; merkurielle Einflüsse sind stark und wirken vor allem geistig auf den dort befindlichen Planeten, marsische Einflüsse geben ihm viel Kraft.

Alderamin (3–4) bei 12° Widder:
Saturn-Neptun-Charakter mit schwachem Jupiter-Einschlag; wirkt angeblich nur in Konjunktion mit Mond, Saturn oder Neptun; bei medialen Menschen unter Umständen recht förderlich.

Sirrah (2) bei 13° Widder:
Venus-Jupiter-Strahlung; günstige Wirkung für Sonne, Mond und alle Planeten in Konjunktion; bei Opposition eventuell immer noch schwach günstiger Einfluß.

Baten Kaitos (3–4) bei 21° Widder:
Saturn-Natur; bei Mond-Konjunktion oder -Opposition Neigung zur Melancholie, sonst prüfende und konzentrierende Wirkung.

Mirach (2) bei 30° Widder:
Venus-Neptun-Natur; Anregung zu Idealen, umfassende Liebe und Meditation, bei Verbindung mit Sonne und/oder Neptun auch mediale Fähigkeiten, bei schwierigen Aspekten des betreffenden Planeten auch Illusionen.

Mira bei 1° Stier:
Saturn-Jupiter-Wesen; geistige Herausforderungen, bei schlecht gestelltem Mond oder Merkur Mangel an geistiger Klarheit.

Elscheratain (2) bei 3° Stier:
Saturn-Mars-Strahlung; mit Sonne, absteigendem Mondknoten und IC ungünstig.

Elmuthalleth (4) bei 6° Stier:
Merkur-Charakter; fördert mit Venus
künstlerische Talente.

Elnath (Hamal) (2) bei 7° Stier:
Saturn-Mars-Kraft, stark und ungünstig; bei Mond-Konjunktion und in
weiblichen Horoskopen allgemein eher
schwierig und belastend, fordert zu
großer spiritueller Transformation heraus.

Menkar (2–3) bei 13° Stier:
Saturn-Kraft; stark zerstörerisch; poli-
tisch bei Sonne und Saturn schwere
Unglücke.

Alamak (Almach) (2) bei 13° Stier:
Venus-Jupiter-Natur; vor allem in Verbindung mit Sonne, Mond, Venus und
Jupiter günstig, insbesondere in materieller Hinsicht.

Zanrak bei 23° Stier:
Saturn-Kraft; bei verletztem Saturn
und bei wenig bewußten Menschen
starke und meist gefährliche Saturn-
Kraft; mundan große Katastrophen mit
Saturn und ungünstigem Neptun-Ein-
fluß. »Diese ganze Himmelsgegend
zwischen Ende Stier und Anfang Zwillinge ist ein ›böse Ecke‹, vgl. Algol!«
(Zitat VEHLOW).

Algol bei 25° Stier:
Saturn-Mars-Uranus-Natur; im Horoskop von geistig hochentwickelten
Menschen, die ein bewußt spirituelles
Leben führen, sind je nach Planetenver-
bindung positive Einflüsse zu erwarten; in Horoskopen von unbewußt
lebenden Menschen wird, vor allem bei
Verbindungen mit Mars, Saturn, Uranus, Neptun und Pluto, ein großes

Potential an Gefahren für die Persön-
lichkeitsentwicklung zu beachten sein
(Neigung zu Gewalt etc.).

Alkyone (3) bei 29° Stier:
Mond-Mars-Natur; am Aszendent
bewirkt er Sinnlichkeit, am »Glücks-
punkt« schwankende Verhältnisse, mit
Sonne öffentlicher Erfolg, mit Mars
einfühlsame Energie; größter Stern der
Plejaden.

Algenib I (3) bei 1° Zwillinge:
Jupiter-Saturn-Strahlung mit hoher
geistiger Kraft; Anlagen zum künstlerischen Genie mit Sonne, Venus, AC, III.
und X. Haus.

Hyaden (4) bei 5° Zwillinge:
Mars-Uranus-Neptun-Natur; in Verbindung mit Mond oder Venus eroti-
sche Verführbarkeit oder Zügellosig-
keit, bei anderen Planetenverbindun-
gen Neigung zu plötzlichen Energie-
ausbrüchen bei gleichzeitig einfühl-
samem Wesen.

Merope (4) bei 6° Zwillinge:
Mars-Charakter; mit Sonne Unglücke;
dieser Stern ist Teil der Plejaden.

Nördliches Stierauge bei 8° Zwillinge:
Venus-Mond-Wesen; bei Verbindung
mit Venus oder Neptun Stärkung des
Kunstsinns, bei Verbindung mit Uranus Neigung zur Mystik; insgesamt
positiv.

Aldebaran (1) bei 9° Zwillinge:
Mars-Neptun-Kraft; in Verbindung
mit Sonne, Mond, Mars oder Neptun
Gefahren durch Unwetter, auf See,
durch Spekulationen und anderes mehr.

Rigel (1) bei 16° Zwillinge:
Jupiter-Mars-Kraft; ähnlich wie Regulus sehr fördernd, vor allem in geistiger Hinsicht; beim Merkur dichterische Gaben, beim Neptun mediale Anlagen.

Bellatrix (2) bei 20° Zwillinge:
Mars-Merkur-Natur, mit stark betontem Mars-Charakter; große Durchsetzungskraft in bezug auf den dort stehenden Planeten, die unter Umständen gezügelt werden muß.

Capella (1) bei 21° Zwillinge:
Mars-Merkur-Charakter; echter Wissensdrang oder oberflächliche Neugierde, je nach Bewußtheit des Horoskopinhabers.

Gürtel des Orion (zwei Sterne) (2) bei 22° und 23° Zwillinge:
Jupiter-Mars-Charakter; wirken aber wie Merkur durch Stellung im Zeichen; besonders am Aszendenten und in Konjunktion mit Merkur oder Mond wacher Verstand sowie eventuell mediale Gaben.

Al-Heka (3) bei 23° Zwillinge:
Mars-Wesen mit geringer Uranus-Strahlung; bringt Unruhe oder Abenteuer und Verstärkung der Mars-Kraft mit sich.

Polarstern (2) bei 28° Zwillinge:
Saturn-Venus-Natur oder Saturn-Sonne-Natur; eine hohe positive Wirkung, die Bereitschaft zur spirituellen Entfaltung und Beachtung der wahren, inneren Prioritäten für ein erfülltes Leben verlangt.

Beteigeuze (1) bei 28° Zwillinge:
Mars-Merkur-Natur; ähnlich wie Bellatrix, aber günstiger; besonders in Verbindung mit Jupiter Chance, zu Ruhm und Reichtum zu gelangen.

Menkalinam (2) bei 29° Zwillinge:
Jupiter-Charakter mit Mars- und Venus-Einschlag (ROBSON nennt Mars-Merkur-Strahlung); gilt bei Mars eher problematisch bis übel.

Tejat (3) bei 3° Krebs:
Merkur-Venus-Wesen; günstig, auch materiell – laut Vehlow in Konjunktion mit Mond oder MC Reichtum. (Robson meint: »... verursacht Gewalt, Stolz, Vermessenheit und Schamlosigkeit.«)

Alhena (2) bei 8° Krebs:
Venus-Merkur-Jupiter-Natur; Förderung auf vielen Gebieten, in Verbindung mit Venus vor allem im künstlerischen Bereich.

Sirius (1) bei 13° Krebs:
Mars-Jupiter-Kraft; Ehrgeiz und Erfolgsstreben, Aufstieg unter Anstrengung oder Gefahren; besonders in Verbindung mit Mond, Merkur und Jupiter förderlich für die geistige Entwicklung.

Canopus (1) bei 14° Krebs:
Saturn-Jupiter-Natur; Wirkung hängt von der Grundstellung von Saturn und Jupiter im Horoskop des Fragestellers ab; bei harmonischem Grundhoroskop Hilfen für geistige Harmonie, bei disharmonischem Grundhorosokop saturnische Hemmungen.

Wasat (3) bei 18° Krebs:
Saturn-Kraft mit Venus-Einfluß; bei unbewußten Menschen zerstörerisch wirkend, bei geistig entwickelten bewußtseinserweiternd; mit Aszendent, Sonne und Mond mundan eher negativ.

Castor (2) bei 19° Krebs:
Merkur-Jupiter-Natur; freundliche Wirkung, besonders in Verbindung mit Mond oder Merkur.

Pollux (1) bei 22° Krebs:
Mars-Natur; eher problematisch, besonders in Verbindung mit Sonne, Mond, Merkur, Mars oder Saturn.

Procyon (1) bei 25° Krebs:
Mars-Merkur-Wesen; günstig für »Befehlshaber« und »Kriegshelden«, sonst Neigung zur energisch vertretenen Rechthaberei.

Präsepe bei 6° Löwe:
Mond-Mars-Natur; Beziehungen zum Jenseits, zur Astralebene, zu Verstorbenen – aber auch zu Verführbarkeit oder Gemütsschwäche.

Nördlicher und südlicher Esel (4 – 5) bei 7° und 8° Löwe:
Mars-Sonne-Kraft; wirkt auf Mars und Pluto negativ; Sonne, Mond und Neptun können angeregt werden; bei anderen Planeten wirkungslos.

Kochab bei 12° Löwe:
Mars-Strahlung; bringt geistige Unruhe, bei Konjunktion mit schlecht gestellter Sonne zeitweise Gemütsverwirrungen.

Akubens (4) bei 13° Löwe:
Mars-Saturn-Natur; sprunghafte Wirkung, bringt geistige Unruhe oder Rastlosigkeit mit sich.

Dubhe (Bär) bei 14° Löwe:
Starke Mars-Kraft, die leicht zerstörerisch wirken soll, besonders politisch-gesellschaftlich mit Saturn.

Merak bei 18° Löwe:
Mars-Wesen; entfaltet in Herrschaftshoroskopen seine expansive Wirkung.

Ras elased australis (Alegnubi?) (3) bei 20° Löwe:
Saturn-Mars-Natur; vermittelt hochgeistige Strahlungen und gedankliche Klarheit, verbunden mit großer Entschlossenheit (BISMARCK hatte diesen Stern am Aszendenten); bei unbewußt lebenden Menschen wird die Wirkung eher bedrückend oder gefährdend sein.

Alphard (2) bei 26° Löwe:
Saturn-Venus-Neptun-Natur; Chancen zu hoher Inspiration und mystischer Versenkung, mit Mars oder Neptun allerdings eher Neigung zu Unbeherrschtheit oder Schwärmerei.

Hals des Löwen (3) bei 27° Löwe:
Mars- oder Saturn-Merkur-Kraft (umstritten); stark negativ wirkend, Krieg, Wechselfälle im Krieg; am Aszendenten im Solarhoroskop Neigung zu gefährlichen Krankheiten. Unter Umständen großer Kriegserfolg, wenn am MC.

Regulus (»*Königsstern*«) (1) bei 29° Löwe:
Jupiter-Mars-Natur; vor allem in Verbindung mit Sonne, Jupiter oder Aszendent oder MC sieghafter Aufstieg und Machtfülle; in Verbindung mit Saturn möglicherweise Gefahr des jähen Absturzes.

Alioth bei 8° Jungfrau:
Mars-Natur; wirkt angeblich »zerstörerisch«, vor allem in Verbindung mit Sonne oder Mond (als ein Beispiel wird Abtreibung genannt).

Zosma (2) bei 10° Jungfrau:
Saturn-Venus-Wesen; geistige Beweglichkeit, Neigung zur Melancholie; neptunische Wirkungen (Illusionen, Vergiftungsgefahren).

Mizar bei 15° Jungfrau:
Mars-Natur; Neigung zur Impulsivität, in Verbindung mit schlecht aspektiertem Mars, Saturn oder Uranus Tendenz zu unsozialen Einstellungen und Verhaltensweisen.

Denebola (2) bei 21° Jungfrau:
Uranus-Natur; plötzliche, oft gewaltsame Veränderungen.

Coma Berenicae (5) bei 23° Jungfrau:
Mond-Venus-Natur; schwach harmonische Wirkung, insbesondere für die (Mit-)Empfindungsfähigkeit, vor allem mit Mond, Venus und Neptun.

Benetnasch bei 26° Jungfrau:
Mars-Uranus-Saturn-Natur; der arabische Name bedeutet »Klageweiber«; man muß von einer meist eher Trauer verursachenden Wirkung ausgehen – es sei denn, daß der betreffende Mensch spirituell bewußt geworden ist.

Kopf der Jungfrau (Zavijava) (3–4) bei 27° Jungfrau:
Merkur-Mars-Strahlung; nur schwach wirksam; macht eigensinnig und zänkisch bei Konjunktion mit Mars, Uranus, Pluto und schlecht gestelltem Merkur sowie in Frauenhoroskopen bei Venus, wenn diese von Mars verletzt ist.

Markeb (2–3) bei 28° Jungfrau:
Saturn-Jupiter-Wesen; nach anfänglichen Schwierigkeiten Wendungen zum Guten.

Vindemiatrix (3) bei 9° Waage:
Saturn-Merkur-Natur; günstig für Konzentration und Meditation; ungünstig für Menschen, die zu Depressionen neigen.

Algorab (3) bei 13° Waage:
Mars-Saturn-Natur; bei Saturn- oder Mars-Spannungen im Grundhoroskop Behinderungen des materiellen Vorwärtskommens sowie nur mühevoll mögliche Konzentrationsfähigkeit.

Südliche Waageschale (2–3) bei 14° Waage:
Mars-Saturn-Charakter (nach ROBSON Jupiter-Mars); im allgemeinen schlechte Wirkung, sowohl individuell als auch aufs Weltganze bezogen.

Seginus (3) bei 17° Waage:
Merkur-Saturn-Natur; subtiler Geist, Vorsicht vor falschen Freunden.

Nördliche Waageschale (2–3) bei 19° Waage:
Jupiter-Merkur-Charakter mit geringem Marseinschlag; besonders bei Sonne, Mond, Jupiter und Mars günstig.

Arcturus (1) bei 23° Waage:
Jupiter-Mars-Natur; verleiht Reichtum, vor allem in Verbindung mit Jupiter und Aszendenten; es ist Vorsicht bei anfangs glückhaften Unternehmungen angesagt, um Erreichtes später nicht noch zu gefährden.

Spica (1) bei 23° Waage:
Venus-Mars-Natur; in Verbindung mit Venus künstlerische Talente, mit Jupiter geistige Würden und/oder weitreichende Erkenntnisse sowie eventueller Reichtum, mit Aszendenten oder

MC öffentliche Anerkennung, mit Sonne oder Mond Berühmtheit, mit Merkur oder Uranus intuitives Denken; insgesamt eine positive Wirkung.

Rechter Fuß der Jungfrau bei 9° Skorpion:
Venus-Mars-Strahlung; wirkt sexuell anregend oder aufreizend.

Acrux (1) bei 11° Skorpion:
Jupiter-Wesen; förderlich für Bewußtseinsentwicklung wie auch idealistische Ziele.

Unk Elhaija (Unukalhai) (2–3) bei 21° Skorpion:
Mars-Kraft; auch Saturn wirkt dort sehr stark; insgesamt zerstörerische Wirkung.

Alpha Centauri bei 23° Skorpion:
Venus-Jupiter-Natur; fördert Aufstieg und Anerkennung und hat allgemein eine sehr günstige Wirkung.

Beta Centauri bei 29° Skorpion:
Venus-Jupiter-Natur; wie oben.

Yed I (Yed Prior) (3) bei 2° Schütze:
Saturn-Charakter mit Einschlag Neptun und Venus; Ausschreitungen und Exzesse bei impulsiven, unbeherrschten Menschen.

Akrab (2) bei 2° Schütze:
Mars-Kraft, mit geistiger Saturn-Strahlung; mit Mond materiell ungünstig, mit Sonne unter Umständen fördernd.

Zwerchfell des Skorpions bei 7° Schütze:
Mars-Jupiter-Charakter; mit Mars, Saturn oder Uranus »zersprengende« Wirkung, sonst weniger gefährlich.

Antares (1) bei 9° Schütze:
Mars-Saturn-Natur mit schwacher Merkur-Jupiter-Komponente; oft aggressive Einstellung, dabei geistige Wachheit und gutes Gedächtnis.

Bauch des Skorpions bei 11° Schütze:
Mars-Jupiter-Natur; impulsive oder plötzlich und energisch aufbrechende Kräfte, die in Verbindung mit Mars, Saturn oder Uranus eher zerstörerisch wirken könnten.

Ras Algethi bei 15° Schütze:
Mars-Venus-Charakter; Kühnheit und Streben nach Macht sowie geistige Fähigkeiten werden verstärkt.

Ras Alhague (2) bei 22° Schütze:
Saturn-Venus-Neptun-Natur; in Verbindung mit dem Mond Neigung zu Mißbrauch von Genußgiften, sonst eher zwiespältige Wirkungen; bei geistig entwickelten Menschen Ansporn zur disziplinierten und opferbereiten Erforschung neuer äußerer und innerer Räume.

Lesath (3) bei 24° Schütze:
Mars-Merkur-Natur; heißt auf arabisch »Stachel des Skorpions«; wirkt aufpeitschend und verwirrend auf das Gemüt, vor allem im Zusammenhang mit Massenbewegungen oder kollektiven Verhaltensweisen.

Stachel des Skorpions (Aculeus) bei 25° Schütze:
Mond-Mars-Strahlung; bei schlechter Mars-Stellung Gefahren durch Gewalttätigkeit.

Ettanin (Etamin) bei 27° Schütze:
Saturn-Jupiter-Natur; gute Konzentra-

tionsfähigkeit und Offenheit für geistige Studien.

Bogen des Schützen bei 5° Steinbock:
Jupiter-Mars-Wesen; Menschenliebe sowie Tatkraft verbinden sich zu wohltuender Wirkung, falls das Grundhoroskop keine illusionären Tendenzen aufweist; unter Umständen auch Fülle durch Jupiter-Kraft, die immer wieder voreilig und/oder zu freigebig weitergegeben beziehungsweise »verschenkt« wird.

Gesicht des Schützen bei 13 Grad Steinbock:
Jupiter-Sonne-Natur; im allgemeinen sehr positive Wirkung, die allerdings meist nicht materiell, sondern nur spirituell spürbar wird.

Wega (1) bei 14° Steinbock:
Venus-Merkur-Neptun-Natur, bei den Babyloniern war die Wega der »Stern der Lebensherrin«, in China »Königin-Mutter«; stark künstlerische und lebensschöpferische Wirkung, besonders intensiv in Verbindung mit Sonne, Mond, Venus und Jupiter.

Schwanz des Adlers (Deneb) (3) bei 19° Steinbock:
Mars-Jupiter-Wesen (eventuell richtiger Mars-Venus-Charakter); in Konjunktion mit Mond oder Venus Neigung zu Exzessen.

Albireo (Schwanenkopf) (2–3) bei 30° Steinbock:
Venus-Merkur-Charakter; für sensible Menschen positiv wirksam.

Unteres Pfeilende bei 30° Steinbock:
Mars-Venus-Charakter; »Saturn auf

diesem Fixstern erzeugt grausame Menschen ... Taten der wildesten Zerstörungswut ... spielt daher mundan bei großen, blutigen Umwälzungen und in den Horoskopen der Führer solcher Bewegungen eine Rolle!« (Zitat VEHLOW).

Atair (Altair; Der fliegende Adler) (1) bei 1° Wassermann:
Mars-Kraft mit schwächerer Jupiter-Strahlung; fördert den Aktivitätstrieb, besonders auf geistigen und kommerziellen Gebieten; unter Umständen Ehrungen.

Giedi (4) bei 3° Wassermann:
Venus-Merkur-Charakter; Aktivierung aber erst durch Mars-Konjunktion; Neigung zur Oberflächlichkeit.

Brust des Steinbocks (Armus) (5) bei 12° Wassermann:
Merkur- und Marskraft mit geringem Saturn-Einfluß; spürbar vor allem entweder bei einem dieser Planeten, falls diese drei Planeten im Geburtshoroskop besonders hervorgehoben sind, oder bei Sonne.

Schwanz des Delphins bei 13° Wassermann:
Mars-Saturn-Neptun-Natur; veränderliches Glück, eigentümliches Schicksal, eigenwillige Verhaltensweisen.

Rücken des Steinbocks (Dorsum) (5) bei 13° Wassermann:
Wirkung ähnlich wie Saturn und Jupiter, wird eher als ungünstig angesehen.

Kopf des Delphins bei 16° Wassermann:
Mars-Saturn-Natur; in etwa ähnlich dem »*Schwanz des Delphins*«.

Bauch des Steinbocks bei 19° Wassermann:
Mars-Merkur-Natur; geistige Ruhelosigkeit oder ungezügelter Tatendrang bei unbewußt lebenden Menschen; Verständnis für strategische und technische Herausforderungen und ihre Umsetzung in die Realität bei Menschen mit entwickeltem Bewußtsein.

Deneb Algedi (1) bei 21° Wassermann:
Saturn-Jupiter-Natur; bei den Arabern gilt dieser Stern als »Glücksstern«!

Sadalmelek (3) bei 2° Fische:
Saturn-Kraft; reine, vergeistigte Saturn-Strahlung; im Arabischen heißt dieser Stern »Glücklicher König«!

Fomalhaut (1) bei 3° Fische:
Merkur-Venus-Natur; in finanzieller und intellektueller Hinsicht stark merkurische Wirkung.

Deneb im Schwan (1) bei 5° Fische:
Venus-Merkur-Natur; Talente und Erfolge auf künstlerischem Gebiet, vor allem auch durch kommerzielle Auswertung von Kunst.

Achernar (1) bei 14° Fische:
Jupiter, mit Einschlag Mars-Uranus; gibt geistliche Würden, besonders mit Jupiter

Markab (2) bei 23° Fische:
Mars-Merkur-Natur; mehr mentale als physische Wirkungen, eventuell propagandistische Begabung; macht insgesamt eher rastlos, vor allem in Verbindung mit Mars, Mond und Merkur, besonders wenn diese im Grundhoroskop disharmonisch gestellt sind.

Scheat (2) bei 29° Fische:
Saturn-Kraft (nach ROBSON Mars-Merkur); Wassergefahren, Schiffbruch, jedoch auch Anregung zur Vergeistigung.

Stellen Sie in der folgenden Tabelle fest, bei wieviel Grad Ihre Geburtssonne steht. Die Angaben sind auf ein Grad genau. Sehen Sie dann in der Fixsternübersicht nach, ob sich Ihre Geburtssonne in einer Konjunktion (also ganz nah) oder in einer Opposition (also genau gegenüber) zu einem der Fixsterne befindet.

Konjunktionen gelten bei bis zu einem Grad Abweichung. Ist Ihre Sonne also bei 22° Fische, so kann man noch von einer Konjunktion mit *Markab* ausgehen, der bei 23° Fische steht. Oppositionen gelten vermutlich nur bei genauem 180°-Winkel.

Das letzte Wort zum Orbis, dem Umkreis beziehungsweise der Abweichung, bis zu der eine Konjunktion oder Opposition noch gilt, haben Sie selbst und Ihre eigene Erfahrung!

Der ungefähre Sonnenstand bei Ihrer Geburt
(Die tatsächlichen persönlichen Daten weichen nicht mehr als
höchstens 1 Grad von den angegebenen Gradzahlen ab!)

1.1. 10-11 Grad Steinbock	7.2. 17-18 Grad Wassermann
2.1. 11-12 Grad Steinbock	8.2. 18-19 Grad Wassermann
3.1. 12-13 Grad Steinbock	9.2. 19-20 Grad Wassermann
4.1. 13-14 Grad Steinbock	10.2. 20-21 Grad Wassermann
5.1. 14-15 Grad Steinbock	11.2. 21-22 Grad Wassermann
6.1. 15-16 Grad Steinbock	12.2. 22-23 Grad Wassermann
7.1. 16-17 Grad Steinbock	13.2. 23-24 Grad Wassermann
8.1. 17-18 Grad Steinbock	14.2. 24-25 Grad Wassermann
9.1. 18-19 Grad Steinbock	15.2. 25-26 Grad Wassermann
10.1. 19-20 Grad Steinbock	16.2. 26-27 Grad Wassermann
11.1. 20-21 Grad Steinbock	17.2. 27-28 Grad Wassermann
12.1. 21-22 Grad Steinbock	18.2. 28-29 Grad Wassermann
13.1. 22-23 Grad Steinbock	19.2. 29-30 Grad Wassermann
14.1. 23-24 Grad Steinbock	20.2. 30 Grad Wassermann –
15.1. 24-25 Grad Steinbock	1 Grad Fische
16.1. 25-26 Grad Steinbock	21.2. 1-02 Grad Fische
17.1. 26-27 Grad Steinbock	22.2. 2-03 Grad Fische
18.1. 27-28 Grad Steinbock	23.2. 3-04 Grad Fische
19.1. 28-29 Grad Steinbock	24.2. 4-05 Grad Fische
20.1. 29-30 Grad Steinbock	25.2. 5-06 Grad Fische
21.1. 30 Grad Steinbock –	26.2. 6-07 Grad Fische
1 Grad Wassermann	27.2. 7-08 Grad Fische
22.1. 1-02 Grad Wassermann	28.2. 8-09 Grad Fische
23.1. 2-03 Grad Wassermann	29.2. 9-10 Grad Fische
24.1. 3-04 Grad Wassermann	
25.1. 4-05 Grad Wassermann	1.3. 10-11 Grad Fische
26.1. 5-06 Grad Wassermann	2.3. 11-12 Grad Fische
27.1. 6-07 Grad Wassermann	3.3. 12-13 Grad Fische
28.1. 7-08 Grad Wassermann	4.3. 13-14 Grad Fische
29.1. 8-09 Grad Wassermann	5.3. 14-15 Grad Fische
30.1. 9-10 Grad Wassermann	6.3. 15-16 Grad Fische
31.1. 10-11 Grad Wassermann	7.3. 16-17 Grad Fische
	8.3. 17-18 Grad Fische
1.2. 11-12 Grad Wassermann	9.3. 18-19 Grad Fische
2.2. 12-13 Grad Wassermann	10.3. 19-20 Grad Fische
3.2. 13-14 Grad Wassermann	11.3. 20-21 Grad Fische
4.2. 14-15 Grad Wassermann	12.3. 21-22 Grad Fische
5.2. 15-16 Grad Wassermann	13.3. 22-23 Grad Fische
6.2. 16-17 Grad Wassermann	14.3. 23-24 Grad Fische

15.3. 24-25 Grad Fische
16.3. 25-26 Grad Fische
17.3. 26-27 Grad Fische
18.3. 27-28 Grad Fische
19.3. 28-29 Grad Fische
20.3. 29-30 Grad Fische
21.3. 30 Grad Fische – 1 Grad Widder
22.3. 1-02 Grad Widder
23.3. 2-03 Grad Widder
24.3. 3-04 Grad Widder
25.3. 4-05 Grad Widder
26.3. 5-06 Grad Widder
27.3. 6-07 Grad Widder
28.3. 7-08 Grad Widder
29.3. 8-09 Grad Widder
30.3. 9-10 Grad Widder
31.3. 10-11 Grad Widder

1.4. 11-12 Grad Widder
2.4. 12-13 Grad Widder
3.4. 13-14 Grad Widder
4.4. 14-15 Grad Widder
5.4. 15-16 Grad Widder
6.4. 16-17 Grad Widder
7.4. 17-18 Grad Widder
8.4. 18-19 Grad Widder
9.4. 19-20 Grad Widder
10.4. 20-21 Grad Widder
11.4. 21-22 Grad Widder
12.4. 22-23 Grad Widder
13.4. 23-24 Grad Widder
14.4. 24-25 Grad Widder
15.4. 25-26 Grad Widder
16.4. 26-27 Grad Widder
17.4. 27-28 Grad Widder
18.4. 28-29 Grad Widder
19.4. 29-30 Grad Widder
20.4. 30 Grad Widder – 1 Grad Stier
21.4. 0-01 Grad Stier
22.4. 1-02 Grad Stier
23.4. 2-03 Grad Stier
24.4. 3-04 Grad Stier
25.4. 4-05 Grad Stier
26.4. 5-06 Grad Stier

27.4. 6-07 Grad Stier
28.4. 7-08 Grad Stier
29.4. 8-09 Grad Stier
30.4. 9-10 Grad Stier

1.5. 10-11 Grad Stier
2.5. 11-12 Grad Stier
3.5. 12-13 Grad Stier
4.5. 13-14 Grad Stier
5.5. 14-15 Grad Stier
6.5. 15-16 Grad Stier
7.5. 16-17 Grad Stier
8.5. 17-18 Grad Stier
9.5. 18-19 Grad Stier
10.5. 19-20 Grad Stier
11.5. 20-21 Grad Stier
12.5. 21-22 Grad Stier
13.5. 22-23 Grad Stier
14.5. 23-24 Grad Stier
15.5. 24-25 Grad Stier
16.5. 25-26 Grad Stier
17.5. 26-27 Grad Stier
18.5. 27-28 Grad Stier
19.5. 28-29 Grad Stier
20.5. 29-30 Grad Stier
21.5. 30 Grad Stier – 1 Grad Zwillinge
22.5. 0-01 Grad Zwillinge
23.5. 1-02 Grad Zwillinge
24.5. 2-03 Grad Zwillinge
25.5. 3-04 Grad Zwillinge
26.5. 4-05 Grad Zwillinge
27.5. 5-06 Grad Zwillinge
28.5. 6-07 Grad Zwillinge
29.5. 7-08 Grad Zwillinge
30.5. 8-09 Grad Zwillinge
31.5. 9-10 Grad Zwillinge

1.6. 10-11 Grad Zwillinge
2.6. 11-12 Grad Zwillinge
3.6. 12-13 Grad Zwillinge
4.6. 13-14 Grad Zwillinge
5.6. 14-15 Grad Zwillinge
6.6. 15-16 Grad Zwillinge
7.6. 16-17 Grad Zwillinge

8.6. 17-18 Grad Zwillinge	20.7. 28-29 Grad Krebs
9.6. 18-19 Grad Zwillinge	21.7. 29-30 Grad Krebs
10.6. 19-20 Grad Zwillinge	22.7. 30 Grad Krebs – 1 Grad Löwe
11.6. 20-21 Grad Zwillinge	23.7. 0-01 Grad Löwe
12.6. 21-22 Grad Zwillinge	24.7. 1-02 Grad Löwe
13.6. 22-23 Grad Zwillinge	25.7. 2-03 Grad Löwe
14.6. 23-24 Grad Zwillinge	26.7. 3-04 Grad Löwe
15.6. 24-25 Grad Zwillinge	27.7. 4-05 Grad Löwe
16.6. 25-26 Grad Zwillinge	28.7. 5-06 Grad Löwe
17.6. 26-27 Grad Zwillinge	29.7. 6-07 Grad Löwe
18.6. 27-28 Grad Zwillinge	30.7. 7-08 Grad Löwe
19.6. 28-29 Grad Zwillinge	31.7. 8-09 Grad Löwe
20.6. 29-30 Grad Zwillinge	
21.6. 30 Grad Zwillinge –	1.8. 9-10 Grad Löwe
1 Grad Krebs	2.8. 10-11 Grad Löwe
22.6. 0-01 Grad Krebs	3.8. 11-12 Grad Löwe
23.6. 1-02 Grad Krebs	4.8. 12-13 Grad Löwe
24.6. 2-03 Grad Krebs	5.8. 13-14 Grad Löwe
25.6. 3-04 Grad Krebs	6.8. 14-15 Grad Löwe
26.6. 4-05 Grad Krebs	7.8. 15-16 Grad Löwe
27.6. 5-06 Grad Krebs	8.8. 16-17 Grad Löwe
28.6. 6-07 Grad Krebs	9.8. 17-18 Grad Löwe
29.6. 7-08 Grad Krebs	10.8. 18-19 Grad Löwe
30.6. 8-09 Grad Krebs	11.8. 19-20 Grad Löwe
	12.8. 20-21 Grad Löwe
1.7. 9-10 Grad Krebs	13.8. 21-22 Grad Löwe
2.7. 10-11 Grad Krebs	14.8. 22-23 Grad Löwe
3.7. 11-12 Grad Krebs	15.8. 23-24 Grad Löwe
4.7. 12-13 Grad Krebs	16.8. 24-25 Grad Löwe
5.7. 13-14 Grad Krebs	17.8. 25-26 Grad Löwe
6.7. 14-15 Grad Krebs	18.8. 26-27 Grad Löwe
7.7. 15-16 Grad Krebs	19.8. 27-28 Grad Löwe
8.7. 16-17 Grad Krebs	20.8. 28-29 Grad Löwe
9.7. 17-18 Grad Krebs	21.8. 29-30 Grad Löwe
10.7. 18-19 Grad Krebs	22.8. 30 Grad Löwe – 1 Grad Jungfrau
11.7. 19-20 Grad Krebs	23.8. 0-01 Grad Jungfrau
12.7. 20-21 Grad Krebs	24.8. 1-02 Grad Jungfrau
13.7. 21-22 Grad Krebs	25.8. 2-03 Grad Jungfrau
14.7. 22-23 Grad Krebs	26.8. 3-04 Grad Jungfrau
15.7. 23-24 Grad Krebs	27.8. 4-05 Grad Jungfrau
16.7. 24-25 Grad Krebs	28.8. 5-06 Grad Jungfrau
17.7. 25-26 Grad Krebs	29.8. 6-07 Grad Jungfrau
18.7. 26-27 Grad Krebs	30.8. 7-08 Grad Jungfrau
19.7. 27-28 Grad Krebs	31.8. 8-09 Grad Jungfrau

1.9.	9-10 Grad Jungfrau	14.10.	21-22 Grad Waage
2.9.	10-11 Grad Jungfrau	15.10.	22-23 Grad Waage
3.9.	11-12 Grad Jungfrau	16.10.	23-24 Grad Waage
4.9.	12-13 Grad Jungfrau	17.10.	24-25 Grad Waage
5.9.	13-14 Grad Jungfrau	18.10.	25-26 Grad Waage
6.9.	14-15 Grad Jungfrau	19.10.	26-27 Grad Waage
7.9.	15-16 Grad Jungfrau	20.10.	27-28 Grad Waage
8.9.	16-17 Grad Jungfrau	21.10.	28-29 Grad Waage
9.9.	17-18 Grad Jungfrau	22.10.	29-30 Grad Waage
10.9.	18-19 Grad Jungfrau	23.10.	30 Grad Waage –
11.9.	19-20 Grad Jungfrau		1 Grad Skorpion
12.9.	20-21 Grad Jungfrau	24.10.	1-02 Grad Skorpion
13.9.	21-22 Grad Jungfrau	25.10.	2-03 Grad Skorpion
14.9.	22-23 Grad Jungfrau	26.10.	3-04 Grad Skorpion
15.9.	23-24 Grad Jungfrau	27.10.	4-05 Grad Skorpion
16.9.	24-25 Grad Jungfrau	28.10.	5-06 Grad Skorpion
17.9.	25-26 Grad Jungfrau	29.10.	6-07 Grad Skorpion
18.9.	26-27 Grad Jungfrau	30.10.	7-08 Grad Skorpion
19.9.	27-28 Grad Jungfrau	31.10.	8-09 Grad Skorpion
20.9.	28-29 Grad Jungfrau		
21.9.	29-30 Grad Jungfrau	1.11.	9-10 Grad Skorpion
22.9.	30 Grad Jungfrau – 1 Grad Waage	2.11.	10-11 Grad Skorpion
23.9.	0-01 Grad Waage	3.11.	11-12 Grad Skorpion
24.9.	1-02 Grad Waage	4.11.	12-13 Grad Skorpion
25.9.	2-03 Grad Waage	5.11.	13-14 Grad Skorpion
26.9.	3-04 Grad Waage	6.11.	14-15 Grad Skorpion
27.9.	4-05 Grad Waage	7.11.	15-16 Grad Skorpion
28.9.	5-06 Grad Waage	8.11.	16-17 Grad Skorpion
29.9.	6-07 Grad Waage	9.11.	17-18 Grad Skorpion
30.9.	7-08 Grad Waage	10.11.	18-19 Grad Skorpion
		11.11.	19-20 Grad Skorpion
1.10.	8-09 Grad Waage	12.11.	20-21 Grad Skorpion
2.10.	9-10 Grad Waage	13.11.	21-22 Grad Skorpion
3.10.	10-11 Grad Waage	14.11.	22-23 Grad Skorpion
4.10.	11-12 Grad Waage	15.11.	23-24 Grad Skorpion
5.10.	12-13 Grad Waage	16.11.	24-25 Grad Skorpion
6.10.	13-14 Grad Waage	17.11.	25-26 Grad Skorpion
7.10.	14-15 Grad Waage	18.11.	26-27 Grad Skorpion
8.10.	15-16 Grad Waage	19.11.	27-28 Grad Skorpion
9.10.	16-17 Grad Waage	20.11.	28-29 Grad Skorpion
10.10.	17-18 Grad Waage	21.11.	29-30 Grad Skorpion
11.10.	18-19 Grad Waage	22.11.	30 Grad Skorpion –
12.10.	19-20 Grad Waage		1 Grad Schütze
13.10.	20-21 Grad Waage	23.11.	1-02 Grad Schütze

24.11.	2-03 Grad Schütze		13.12.	21-22 Grad Schütze
25.11.	3-04 Grad Schütze		14.12.	22-23 Grad Schütze
26.11.	4-05 Grad Schütze		15.12.	23-24 Grad Schütze
27.11.	5-06 Grad Schütze		16.12.	24-25 Grad Schütze
28.11.	6-07 Grad Schütze		17.12.	25-26 Grad Schütze
29.11.	7-08 Grad Schütze		18.12.	26-27 Grad Schütze
30.11.	8-09 Grad Schütze		19.12.	27-28 Grad Schütze
			20.12.	28-29 Grad Schütze
1.12.	9-10 Grad Schütze		21.12.	29 Grad Schütze –
2.12.	10-11 Grad Schütze			1 Grad Steinbock
3.12.	11-12 Grad Schütze		22.12.	1-02 Grad Steinbock
4.12.	12-13 Grad Schütze		23.12.	2-03 Grad Steinbock
5.12.	13-14 Grad Schütze		24.12.	3-04 Grad Steinbock
6.12.	14-15 Grad Schütze		25.12.	4-05 Grad Steinbock
7.12.	15-16 Grad Schütze		26.12.	5-06 Grad Steinbock
8.12.	16-17 Grad Schütze		27.12.	6-07 Grad Steinbock
9.12.	17-18 Grad Schütze		28.12.	7-08 Grad Steinbock
10.12.	18-19 Grad Schütze		29.12.	8-09 Grad Steinbock
11.12.	19-20 Grad Schütze		30.12.	9-10 Grad Steinbock
12.12.	20-21 Grad Schütze		31.12.	10-11 Grad Steinbock

Stichworte zu Sonne, Mond und Planeten

Sonne: Lebenskraft, Lebensziel, Selbst, Vitalität, Selbstverwirklichung, Bewußtheit; betont im Zeichen Löwe.

Mond: Lebensrhythmus, Seelisches, Gefühle, Hingabe, Anima; betont im Zeichen Krebs.

Merkur: Austausch, Vermittlung, Verstand, Handel und Kommerz, Wendigkeit, Offenheit; betont im Zeichen Zwillinge.

Venus: Harmoniestreben, Schönheitssinn, Anziehung, Liebe, Beziehungswunsch; betont in den Zeichen Stier und Waage.

Mars: Energie, Triebkraft, Initiative, Sinneskraft, Durchsetzungsfähigkeit, Risikobereitschaft; betont im Zeichen Widder.

Jupiter: Sinnsuche, Optimismus, Glaube, Religion, Weisheit, Erkenntnisstreben, Expansion, Wachstum; betont im Zeichen Schütze.

Saturn: Sicherheitsbedürfnis, Struktur, Pflichtgefühl, Konzentration, Prüfung, Trennung, Begrenzung, Verantwortung; betont im Zeichen Steinbock.

Uranus: Originalität, Reformstreben, Freiheitsstreben, Kreativität, Plötzlichkeit, Schock, Innovation; betont im Zeichen Wassermann.

Neptun: Einfühlung, Hingabe, Auflösung, Meditation, Vertrauen, Ahnungen, Träume, Vereinigung, Imagination; betont im Zeichen Fische.

Pluto: Tiefgreifende Wandlung, Macht, Sexualität, Magie, Erneuerung; betont im Zeichen Skorpion.

Aszendent: Ich-Punkt, Auffassung der Umwelt, Persona, Rollenspiel, »Maske«, Selbstwert.

Deszendent: Du-Punkt, Einstellung zum Partner, zu anderen.

MC: Öffentlichkeit, Beruf(serfolg), Anerkennung.

IC: Wurzeln, Heim, Heimat.

Drachenkopf (aufsteigender Mondknoten): neue Aufgaben und neues Karma, erfreulicher Umgang mit Gruppen; nach B. A. MERTZ Jupiter-Sonne-Charakter.

Drachenschwanz (absteigender Mondknoten): alte Aufgaben, Probleme im Umgang mit Gruppen, ungelöstes Karma; nach MERTZ Saturn-Mond-Charakter.

Nostradamus hat neben der Interpretation der Fixsterne mit Sonne, Mond und den Planeten bis Saturn gearbeitet sowie mit der Mondknotenachse und den vier »Ecken«, also den beiden Hauptachsen AC–DC und MC–IC. Soweit wir es handfest überprüfen können, hat er Uranus, Neptun und Pluto nicht verwendet (sie sind oben der Vollständigkeit halber dennoch aufgeführt).

Im Sinne eines »Quellenbuchs« sind die Überlegungen und Hinweise in diesem Kapitel als Anregungen zu verstehen, der »Nostradamus-Astrologie« mehr Beachtung zu schenken. Hier liegt ein Feld brach, das sicherlich noch manch überraschenden Forschungsfund hervorbringen wird. In den nächsten Abschnitten möchten wir Sie mit Gedanken zur Nostradamus-Astrologie bekanntmachen, die von anderen Autoren stammen.

Merkur und Venus bei Nostradamus nach der Methode von Dimde

Merkur- und Venus-Konjunktionen zur Sonne, die sich direkt in der Achse zwischen Sonne und Erde befinden, besitzen nach DIMDES Nostradamus-Interpretation eine besondere Bedeutung, wie er in einem seiner Nostradamus-Vierteljahresbriefe ausführte. Immer dann, wenn sich einer der beiden Planeten oder sogar beide nahe bei der Sonne und gleichzeitig zwischen Erde und Sonne befinden, beeinflussen sie den »Kraftstrom« von der Sonne zur Erde auf ungünstige Weise. Sie »zerstreuen«, »verdunkeln« oder »schmälern« den Zustrom der Energien der Sonne beziehungsweise lenken ihre Strahlen ab. Auch in der heute üblichen Astrologie gelten die beiden »inneren« Planeten Merkur und Venus – die der Sonne am nächsten sind und deren Umlaufbahnen sich innerhalb der Umlaufbahn der Erde um die Sonne befinden – als geschwächt oder sogar als »verbrannt«, wenn sie zu dicht bei der Sonne stehen.

Allerdings war für Nostradamus, soweit wir es wissen, eine solche Position von Merkur und/oder Venus nahe der Sonne nur dann »bedenklich«, wenn diese »Konjunktion« erdnah zustande kam, wenn also der Planet auf seiner Umlaufbahn zwischen Erde und Sonne geriet, sozusagen »vor« die Sonne. Bei einer Konjunktion »hinter« der Sonne, also auf der von der Erde aus betrachtet gegenüberliegenden Seite, gab es keinen Einfluß für die Erde, denn die Strahlung der Sonne auf ihrer der Erde abgewandten Seite spielt für uns ja keine erkennbare Rolle!

Ein Vorüberziehen von Merkur und Venus direkt vor der Sonne ist astrologisch-astronomisch gesprochen eine »Finsternis«, auch wenn diese Planeten zu klein sind, um unser Zentralgestirn so sichtbar zu verdunkeln, wie es durch den Mond bei einer »Sonnenfinsternis« geschehen kann.

Beide Planeten können bekanntlich als »Morgenstern« wie auch als »Abendstern« wirken. Beide Planeten regieren ja auch zwei astrologische Tierkreiszeichen. Der Merkur »herrscht« über die Zeichen Zwillinge und Jungfrau, die Venus über Stier und Waage. Der bekannte Astrologe BERND A. MERTZ hat den Unterschied zwischen Merkur und Venus als Morgen- beziehungsweise als Abendstern am deutlichsten herausgearbeitet.

Im Innenhof der alten Universität von Fes in Marokko, die einst die älteste und bedeutendste Fakultät für Astrologie beherbergte, läßt sich noch heute betrachten, wie die Zusammenhänge zwischen Sonne und Merkur sowie Venus zur Erde symbolisch dargestellt wurden. Man sieht dort, wie aus der Sonne ein sich öffnender Strahlenkegel auf die Erde herniederscheint, links und rechts »begrenzt« durch Morgen- und Abendstern. Manche Nostradamus-Forscher gehen davon aus, daß Nostradamus auch arabische Länder wie Ägypten und Marokko aufgesucht hat.

Offensichtlich galt auch Nostradamus diese Konstellation der nahen, aber nicht zu nahen Position von Merkur und Venus links oder rechts von der Sonne als »günstig«. So wurden die Sonnenkräfte gebündelt und durch den Einfluß des Merkurs mit Vernunft und Kommunikation und durch den der Venus mit Harmonie und Liebe freundlich unterstützt und »gefärbt«. DIMDE geht davon aus, daß Nostradamus zwei wichtige Merkur-/Venus-Konstellationen gewertet habe:

1. Wenn Merkur oder Venus in Konjunktion mit der Sonne und direkt vor ihr stehen (von der Erde aus betrachtet), so müssen wir mit einem ungünstigen Einfluß auf die Weltläufte rechnen. Wenn Merkur oder Venus ebenfalls in Konjunktion mit der Sonne stehen, aber nicht direkt in der Achse zwischen Sonne

und Erde, ist der Einfluß gleichfalls ungünstig, allerdings abge-
schwächt.

Bei Merkur sind Wirtschaft und Handel, Verträge und Geldan-
gelegenheiten, Kommunikation und Austausch stark gebremst,
behindert oder wirken sich direkt negativ aus.

Bei Venus werden das Zusammenleben unter den Menschen,
die Harmonie im Alltag, aber auch Liebesdinge und künstlerische Kreativität allgemein stark gebremst, behindert oder wirken sich sogar negativ aus.

In unserer Zeit wird es nicht geschehen, daß beide Planeten
am selben Tag direkt vor der Sonne stehen, es sei denn, daß
uns kosmische Umwälzungen bevorstünden.

2. Wenn Merkur und Venus rund 5 bis 15 Grad von der Sonne
entfernt sind und auf dem Teil ihrer Umlaufbahnen, die zwischen Sonne und Erde liegen, so können wir eine positive
Tendenz erwarten. Dann werden die belebenden Sonnenkräfte
positiv verstärkt von den positiven Energien dieser beiden Planeten. Einzelne und Gemeinschaften erfahren mehr Harmonie,
ein konstruktives Miteinander, eine günstige Wirtschaftsent-
wicklung sowie eine klare Kommunikation untereinander.
Individuelle astrologische Faktoren, etwa Vorprägungen nach
dem Geburtshoroskop, können die zuvor genannten Einflüsse
noch verstärken oder teilweise oder ganz abschwächen.

Sehr ungünstige *Merkur-Positionen* direkter »Sonnenverdunke-
lung«:

10. 11. 1973	15. 11. 1999	9. 05. 2016
13. 11. 1986	7. 05. 2003	11. 11. 2019
6. 11. 1993	8/9. 11. 2006	13. 11. 2032

Es gibt in jedem Jahrhundert übrigens nicht mehr als 13 bis 14
solcher Merkur-Konjunktionen direkt vor der Sonne.

Sehr ungünstige *Venus-Positionen* direkter »Sonnenverdunke-
lung«:

8. 06. 2004	5. 06. 2012

Venus-Konjunktionen direkt zwischen Sonne und Erde gab es
im zwanzigsten Jahrhundert überhaupt nicht; sie sind insgesamt
noch seltener als die Merkur-Stellungen direkt vor der Sonne.

Zeitschlüssel und Astrologie nach Methode Dimde

Ein Zeitschlüssel für die Vierzeiler und die astronomisch-astrologischen Angaben des Nostradamus müßten irgendwie in Übereinstimmung gebracht werden können, falls beide zutreffend sind. Dieser »Abgleich« würde neue Perspektiven eröffnen und Nostradamus als Astrologen noch interessanter machen.

DIMDE weist auf folgende Beispiele mit Angaben des Nostradamus in seinen Versen zu gleichzeitigen Mars- und Jupiter-Aufenthalten (nicht unbedingt Konjunktionen!) im Zeichen Löwe hin.

Nostradamus schreibt im Vers 35, Zeile zwei und drei der VI. Centurie (= 1635 der Zeitordnung): »... Widder, Stier, Krebs, Löwe, Jungfrau / Mars, Jupiter, die Sonne verbrennt die große Ebene ...«

1635 sind Mars und Jupiter gleichzeitig im Löwen. Dieses Jahr markierte auch den Wendepunkt im Dreißigjährigen Krieg, nachdem WALLENSTEIN im Jahr zuvor entlassen und ermordet wurde.

Dimde deutet Nostradamus so, daß gleichzeitige Aufenthalte von Jupiter und Mars in den Zeichen Widder, Stier, Krebs, Löwe und Jungfrau »gegen das Gesetz der Sonne« seien und negative Ereignisse nach sich zögen.

Es falle auf, daß Nostradamus das Zeichen Zwillinge nicht erwähnt. Entweder gelte dafür eine noch zu entdeckende Ausnahme, oder er habe nicht genug Platz in der Verszeile gehabt.

Der Autor führt weiter aus: »400 Jahre später müssen wir allerdings wegen der Ungenauigkeiten der Sternentafeln des Nostradamus und wegen der Kalenderverschiebung vom julianischen zum gregorianischen Kalender bestimmte Korrekturfaktoren einführen.«

Von Mai bis Juli 1991 hielten sich Mars und Jupiter gleichzeitig im Zeichen Löwe auf. Im Sommer 2002 ergibt sich dieselbe Planetenkonstellation etliche Wochen lang erneut und dann wiederum einige wenige Tage um den 10. August 2015 herum. Für 2002 deuten die Nostradamus-Texte nach Dimde auf eine Weltwirtschaftskrise und die Spaltung der Vereinten Nationen hin, 2015 werden die Folgen des dritten Weltkriegs noch schwieriger zu bewältigen sein als das unmittelbare Kriegsgeschehen zuvor.

Ein weiterer Hinweis auf das Zeichen Löwe findet sich im 96. Vers der III. Centurie, also laut Zeitschlüssel Dimde im Vierzeiler für 2396:»... Saturn im Löwen 13. des Februar ...« 2396 steht Saturn allerdings nach Computerberechnung keineswegs im Februar im Tierkreiszeichen Löwe. Ein Rechenfehler des Nostradamus? Eine falsche Sternentafel des Nostradamus? Eine Fälschung des Textes durch Außenstehende? Oder: Ist der Vers nicht für das Jahr 2396 bestimmt und die Zeitmethode Dimde falsch? Dimdes Recherche ergibt eine erstaunliche »Lösung« für das Problem. Demnach wurde die Angabe des Datums »13. Februar« von Nostradamus bewußt in den Text als Markierung eingearbeitet. Wie hat Nostradamus seine Texte veröffentlicht? Die erste Partie erscheint 1555 mit Versen der ersten drei Centurien und zusätzlichen 53 Versen. Dann erscheint ein Buch mit den ersten sieben Centurien und 42 Versen, dem noch sechs Verse später nachgeschoben werden. Also sind 748 Verse veröffentlicht. Nach seinem Tode erscheinen die Centurien VIII bis X. Es fehlen 58 Verse der VII. Centurie.

Dimde überlegt weiter: Da 52 Verse der VII. Centurie fehlen, müßte die gesamte Versfolge zwischen III,53 und VII,48 vielleicht nach hinten verschoben werden (können, müssen?). Vers VII,48 wäre dann also der 100. Vers der VII. Centurie. Wichtig bei dieser Betrachtung ist, daß wir analog Vers III,96 zum Vers IV,48 (396 + 52) machen müssen. Der 48. Vierzeiler der IV. Centurie würde dann für das Jahr 2448 gelten; die Bemerkung des Nostradamus, daß der Planet Saturn am 13. Februar im Löwen stehe, müßte für das Jahr 2448 überprüft werden. Ein Blick in den Computer ergibt, daß Saturn an diesem Tag im Löwen steht.

In der V. Centurie, Vers 14, heißt es unter anderem:»... Saturn und Mars im Löwen – Spanien gefangen ...«

Berücksichtigt man die zuvor genannte Verschiebung der Vierzeiler um 52 Stellen und zählt zur ursprünglichen Datierung dieses Vierzeilers auf 1514 52 Jahre hinzu, so gelangt man zum Jahr 1566. Saturn und Mars stehen im Juni 1566 tatsächlich im Löwen.

Gedanken zu den Sternentafeln des Nostradamus

Auf dem Sterbebett übergab der Seher seinem ältesten Sohn César wertvolle astronomische Sternentafeln aus Gold. Dies ist in den Überlieferungen aus seiner unmittelbaren Umgebung ausdrücklich schriftlich festgehalten worden. Die Tafeln sind seither verschollen. César wußte wohl um ihre Bedeutung. Es steht aber zu vermuten, daß er selbst sie weiter nicht nutzen konnte oder wollte. In den Jahrzehnten nach dem Tode von Nostradamus dürften sie dem Wert des Goldes wegen verkauft worden oder in andere Hände gelangt sein: Hätten wir die Tafeln, könnten wir schnell nachrechnen, um wieviel Grad die Berechnungen des Nostradamus von unseren heutigen genauen Computerberechnungen abweichen. So müssen wir in den nächsten Jahren das Problem von systemimmanenten Ungenauigkeiten und Kalenderumstellung durch intensive Computerrecherche lösen. Die Fehler kumulieren mit den Jahrhunderten. Nach Dimde hat Nostradamus ein in sich geschlossenes System hinterlassen, so daß die Fehler erkannt und die Ungenauigkeiten nachträglich berechnet und anschließend korrigiert werden könnten.

Nostradamus ist am 2. Juli 1566 gestorben. Falls er seinen Tod voraussah oder vorausberechnete, könnte er eine Information über sein Sterbejahr 1566 im 18. Vers der VI. Centurie hinterlassen haben (1566 = V. Centurie, Vers 66, plus 52 Verse Verschiebung). Sehen wir uns diesen Vers an.

VI,18

»Durch die Ärzte der große König aufgegeben wurde
Durch Kraft nicht durch die Kunst des Priors war er am Leben.
Er und seinesgleichen zum Herrschen in die Höhe versetzt
werden.
Verzeihung denjenigen gewährt wird, die in Christus leben.«
Dimdes Interpretation: »Nostradamus hinterläßt, daß er unheilbar krank war. Vermutlich dürfte dies die Folge des Giftanschlags in Paris im Jahre 1555 sein. Er ist durch eine geheimnisvolle Kraft, nicht durch damals bekannte medizinische Kunst, als Vorsteher seines Geheimbundes am Leben geblieben. Er wird in den Kreis der Propheten aufgenommen. Er gewährt allen Menschen Verzei-

hung, sofern sie in Christus leben. Die Besonderheit liegt in der Formulierung: der Begriff ›Christus‹ darf nicht gleichbedeutend mit ›Jesus von Nazareth‹ interpretiert werden.«

Die Beschreibung der Recherchen des Autors Dimde gibt sicher manchen astrologisch interessierten Lesern den Impuls, selbst weiterzuforschen und zu prüfen, was Nostradamus gemeint haben mag. Dimdes »Korrektur« seines eigenen Zeitschlüssels mit der Verschiebung um 52 Jahresstellen hat übrigens für die zeitliche Zuordnung und demnach auch die Deutung für die Jahre des 19., 20., 21. und 22. Jahrhunderts keine Bedeutung!

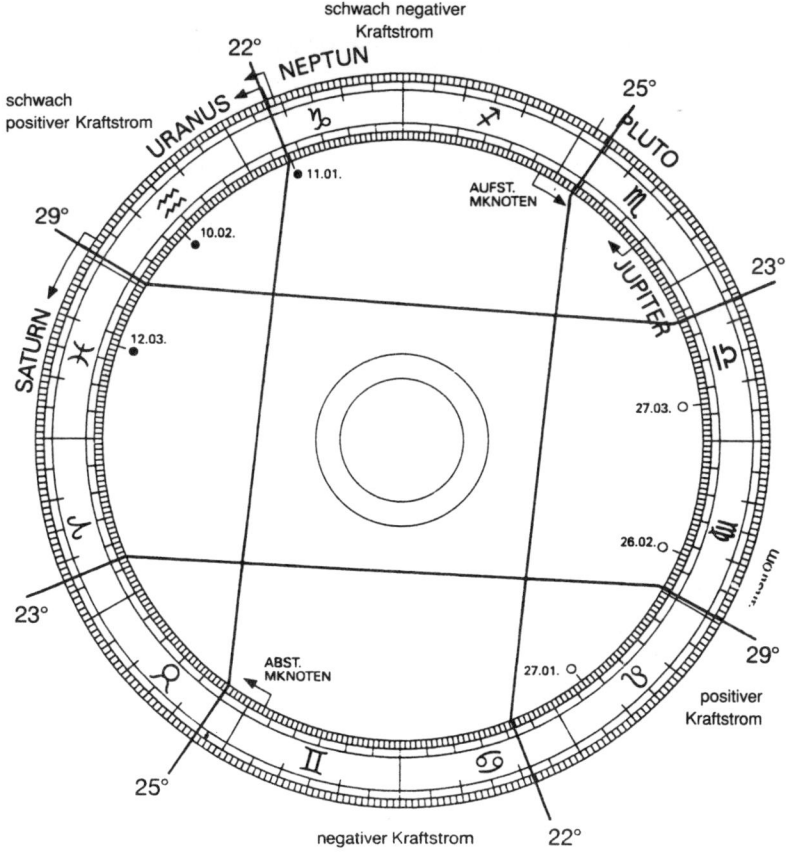

Fixsternkorridore nach Nostradamus und Dimde

Nostradamus' Fixstern-Korridore

DIMDE beschreibt (im *Nostradamus-Jahrbuch 1994*, siehe Literaturhinweise) einen weiteren astrologischen Faktor, der für Nostradamus eine Rolle gespielt habe: die sogenannten »Fixstern-Korridore«. Demzufolge gäbe es zwei Kraftströme, einen positiven und einen negativen. Planeten, die sich im Geburtshoroskop dort befinden, werden positiv oder negativ »angeregt«, wenn ihr jeweiliger Transitlauf sie wieder in diese Zonen bringt. Mundan, also weltpolitisch, spielen auch die Transite allein eine Rolle.

Die »Fixstern-Korridore« sind laut diesem Autor:
29° Löwe bis 23° Waage (also etwa die Strecke auf dem Tierkreis zwischen den Fixsternen *Regulus* und *Spica*) ist ein stark positiver Abschnitt; genau gegenüber davon ist der Abschnitt zwischen 29° Wassermann und 23° Widder schwach positiv.

25° Stier bis 22° Krebs (die Strecke auf dem Tierkreis zwischen den Fixsternen *Algol* und *Pollux*) ist ein negativer Abschnitt; genau gegenüber zwischen 25° Skorpion und 22° Steinbock ist ein schwach negativer Abschnitt (siehe Abbildung auf Seite 139).

Auch die Überlegungen von Dimde zur astrologischen Grundlage des Nostradamus-Werks stellen zwar willkommene Anregungen dar, harren aber noch ihrer systematischen Überprüfung.

Zeitepochen nach Wöllner

Der Nostradamus-Forscher CHRISTIAN WÖLLNER hat zu Beginn unseres Jahrhunderts eine astrologische Studie vorgelegt unter dem Titel *Das Mysterium des Nostradamus*, worin er sich mit den »astrologisch-chronologischen Grundlagen der Zenturien« beschäftigt. Wöllner meinte, 36jährige und 360jährige Zyklen aus dem Nostradamus-Werk errechnen zu können, die jeweils unter der »Regentschaft« eines bestimmten Planeten stehen.

Demnach regiert jeweils 36 Jahre lang ab
- 1540, 1792 und 2044: Mond
- 1576, 1828 und 2080: Sonne
- 1612 und 1864: Saturn

- 1648 und 1900: Venus
- 1684 und 1936: Jupiter
- 1720 und 1972: Merkur
- 1756 und 2008: Mars

In sogenannten Orbes Magni, also Großen Umläufen, »beginnt« die Welt und damit die Zeit im Jahr 4832 vor Christus mit Wassermann und Sonne als Herrschern; von 152 vor Christus bis 208 nach Christus herrschen Wöllners Interpretation von Nostradamus zufolge Widder und Sonne; von 1648 bis 2008 Löwe und Saturn; von 2008 bis 2368 Jungfrau und Jupiter. Die Reihung ergibt sich, indem Wöllner/Nostradamus die Tierkreiszeichen mit Wassermann beginnen und sich dann über Fische, Widder und so fort immer wiederholen lassen, während gleichzeitig die Reihung der sieben Planeten bei der Sonne anfängt; dann folgen Venus, Merkur, Mond, Saturn, Jupiter und Mars; danach beginnt die Reihe in derselben Folge von neuem.

Zum Vers I,52 bemerkt Wöllner, daß sich die angesprochene Zusammenkunft von Mars und Saturn im Skorpion unter anderem 1925, 1953, 1955, 1984, 2014 und 2044 ereignet. Er stellt fest, daß kein bis zu seiner Niederschrift bekanntes Ereignis auf den Nostradamus-Text (und umgekehrt) passe.

Den Vierzeiler I,62 interpretiert der Autor so:

»Weh über den großen Verlust, den die Wissenschaften erleiden, bevor der Zyklus Latonas vollendet ist. Feuer, große Überschwemmungen (und mehr Schaden noch) durch unwissende Lenker. In langem Zeitlauf wird das nicht wieder geschehen.«

Wöllner weist dann darauf hin, daß der Orbis Magnus des Mondes 1648, am Ende des Dreißigjährigen Krieges, zum Abschluß kam.

Vers VIII,49 überträgt Wöllner folgendermaßen:

»Saturn im Stier, Jupiter im Wassermann, Mars im Schützen am 6. Februar gibt Sterblichkeit. [Das betrifft] die von Sardinien. In Brügge sehr großer Riß, wie am Roten Meer. Das Haupt [des Stammes] Barberini stirbt.«

Der Autor erläutert dann:

»Die Konstellation Saturn im Stier, Jupiter im Wassermann, Mars im Schützen hat sich vor Nostradamus' Zeit an dem ...

6. Februar … 1499 ereignet. Sie wiederholte sich darauf – aber nicht exakt … am 6. Februar 1559. Die Konstellation kehrte noch einmal wieder: am 6. Februar 1736. Später, bis 3797 (und weit darüber hinaus), findet die betrachtete Konstellation an keinem 6. Februar mehr statt. … Der letzte des alten Stammes der BARBE-RINI, FRANCESCO III. … starb 1738.«

Weiter zitiert Wöllner Quellen, aus denen hervorgeht, daß in den Jahren um 1736 überall in Europa und sogar in Übersee hervorhebenswerte Krankheiten und Seuchen unter Mensch und Tier beobachtet worden seien.

Bei der Bestimmung der Zeitepochen meint Wöllner auf die Datierung des Anbruchs des »goldenen Zeitalters« gestoßen zu sein. Dazu dienen neben weiteren die Vierzeiler II,75 und IV,55, welche der Autor in seinem Kommentar zusammenfaßt. In beiden ist neben Schreckensvisionen von besonderen Vogelschreien die Rede. Wöllner erinnert an die Worte der JOHANNES-Offenbarung 8,13: »Und ich sah und hörte einen Adler fliegen im Mittelhimmel und rufen mit lauter Stimme: Wehe, wehe, wehe über die Bewohner der Erde.« Dann bringt er drei Jahreszahlen, die Ereignisse betreffen, bei denen seltsame Vogelschreie eine besondere Rolle spielten:

571 zieht der jemenitische König ABRAHA gegen Mekka, um es zu zerstören. Es erscheinen merkwürdige Vögel, aus deren Schnäbeln glühende Steine herunterfallen. Eine Seuche kommt auf, das Heer des Abraha wird vernichtet. In der 105. Sure des Korans findet sich eine Beschreibung dieser Geschehnisse.

Dieselben seltsamen Vögel sollen 1186 aufgetaucht sein, um glühende Kohlen und Pest zu bringen. Chroniken aus Prag, Polen, Rußland, Deutschland und England berichten von Pest, Viehseu-chen und Hungersnöten.

1226 ist erneut von diesen Vögeln die Rede: »1226 fiel ein kalther rother Schnee in Steiermark. Es fielen viele Meteore (Vögel); auch sah man einen feurigen Drachen.«

In den Jahren 571, 1186 und 1226 gab es jeweils eine sogenannte große Konjunktion, also die Zusammenkunft von Jupiter und Saturn; 571 im Januar bei 27° Waage, 1186 im August bei 29° Jungfrau und 1226 im Mai bei 5° Wassermann. Wöllner holt weiter aus und kommt schließlich zu folgendem Ergebnis: »Die Zeit, da die von Nostradamus verkündigten seltsamen Vögel wiederkommen, ist nach der Epistel die Zeit gegen Anbruch des Goldenen Zeitalters (2795-3797) und läßt sich nunmehr genauer bestimmen: es wird entsprechend dem Jahre 1186 die Zeit der letzten in den irdischen Trigon fallenden Konjunktion sein. Diese findet statt am 30. April 2775 bei 27° Jungfrau nach mittlerer Länge, bzw. am 22. August 2775 bei 6° Waage nach wahrer Länge.«

Wöllner arbeitete mit einer Reihe weiterer Zyklen, über den 36- und den 360jährigen hinaus. Er suchte in den Nostradamus-Versen nach Spuren von Zyklen von 207, 252 und 962 Jahren, die auf bestimmte antike astrologische Auffassungen zurückgehen. Seine Forschungen haben viele andere Nostradamus-Deuter inspiriert; ein klar erkennbares System oder gar ein eindeutiger »Schlüssel« zu den Centurien blieb auch ihm versagt.

Das Horoskop des Nostradamus

Nostradamus wurde um zwölf Uhr mittags zum Glockenschlag in Saint-Rémy-en-Provence am 14. Dezember 1503 geboren – nach dem julianischen Kalender –, am 23. Dezember nach dem heute gültigen gregorianischen Kalender. Gestorben ist er am 2. Juli 1566 »früh«, also zu einem unbestimmten Zeitpunkt, in Salon-en-Provence. Ich nehme zwei bis drei Uhr morgens an für unser Horoskopbild, und zwar das Datum vom 11. Juli nach dem gregorianischen Kalender.

Es wäre für einen psychologisch geschulten Astrologen verhältnismäßig einfach, nachträglich alle möglichen wunderbaren Deutungen in das Horoskop des Nostradamus hineinzugeheimnissen. Wir wollen uns deshalb auf solche Deutungen beschränken, die man schwarz auf weiß in verschiedenen Büchern als »Standardinterpretationen« für bestimmte Planetaspekte nachlesen kann.

Der Ort der Geburt ist unumstritten Saint-Rémy-en-Provence. In allen Überlieferungen heißt es, daß die Geburt zum Glockenschlag um Mittag, also um zwölf Uhr, erfolgte. Wir können

im nachhinein nicht seriös und schlüssig feststellen, ob Nostradamus einige Minuten vor Mittag, genau um Punkt zwölf Uhr oder
einige Minuten danach geboren wurde. Das wäre wegen der
genauen Berechnung des Aszendenten wichtig.

Selbst Computerprogramme, die weit in die Vergangenheit
zurück- oder in die Zukunft vorausrechnen, weichen teilweise
erheblich voneinander ab, nicht selten um etliche Grade! Mit
diesen wichtigen Einschränkungen nun die Daten zum Horoskop,
die auf Berechnungen des amerikanischen Matrix-Computerpro-
gramms von 1989, des Astrodata-Computerprogramms von 1993,
der Berechnung von Bruno Noah von 1928 (siehe Literaturhinweise) sowie jener von Johannes Vehlow aus dem Vehlow-
Kalender 1935 entstammen.

Nostradamus-Geburtshoroskop

Sonne	1° oder 2°30 oder 9° Steinbock
Mond	17° oder 3° Skorpion oder 13° Wassermann
Merkur (R)	26° oder 27° Schütze oder 5° Steinbock
Venus	2° oder 14° Wassermann
Mars (R)	16° oder 19° Krebs oder 2° Löwe
Jupiter (R)	10° oder 11° oder 14° Krebs
Saturn (R)	15° oder 16° oder 17° Krebs
Uranus	8° oder 9° Fische
Neptun	21° oder 23° Steinbock
Pluto	4° oder 6° Schütze
Aszendent	1° oder 2° oder 5°30 Widder (oder Ende Fische!)
MC	1° oder 2°30 Steinbock
Aufsteigender Mondknoten	28° oder 29° Fische

Das (R) bedeutet bekanntlich, daß dieser Planet rückläufig ist.
Sie werden auch beim Todeshoroskop große Abweichungen feststellen können. Ich hatte bislang leider noch nicht die Gelegenheit,
einen wissenschaftlich hieb- und stichfesten astronomisch-astrologischen Abgleich der unterschiedlichen Angaben durchführen
zu lassen und wäre für entsprechende Hinweise dankbar.

Allein diese Feststellung der wirklich exakt zutreffenden Gradzahlen für die Planetenpositionen im Nostradamus-Horoskop

wäre des Schweißes der Edlen wert. Vielleicht kommt es ja bei künftigen Nostradamus-Kongressen zu einer Klärung. Dann ließe sich Nostradamus als Persönlichkeit zumindest astrologisch betrachtet besser verstehen!

Aussagen zu den Planetenpositionen – die nicht auf Nostradamus gemünzt waren! –, wie sie bei den Autoren BERND A. MERTZ *(Das Grundwissen der Astrologie)* und ERNST-GÜNTER PARIS *(Der Schlüssel zum Horoskop;* siehe Literaturhinweise) nachzulesen sind.

Sonne im Steinbock
»Steht wie ein Fels im Sturm, Unbeirrbarkeit« (Mertz).
»Strenge, etwas nüchtern denkende und urteilende Menschen. Starke Konzentration verbindet sich mit Zähigkeit und Festigkeit in den Anschauungen. Ausgeprägter Wirklichkeitssinn. Ehrgeiz. Vorsicht in den Handlungen. Überlegenheit, doch auch etwas dogmatische Einstellung. Beharrungsvermögen« (Paris).
HALL sagt zu Nostradamus' Sonne im Steinbock: «... gibt Nachdenklichkeit, Ernsthaftigkeit, Studierinteresse, Würde, ein höfliches Gebaren und einen tiefen religiösen Geist.«

Mond im Skorpion
»Verletzbarkeit, Unsicherheit, Todeswissen; leidenschaftliches Gemüt, aufgebrochene Seele. Verwundbares Innere. Seelische Aufbäumung gegen den Tod. Hinwendung zu Grenzfragen ...« (Mertz).
»Kämpferische Einstellung der Gefühle. Seelische Reizbarkeit. Selbstschätzung und Selbstüberschätzung. Starke Sinnlichkeit. Egoistische Neigungen ...« (Paris).

Welche Einschätzung ergäbe sich bei *Mond im Wassermann?*
»Suchende Grundeinstellung, esoterisches Interesse« (Mertz).
»Waches Gefühls- und Empfindungsleben. Sehr gute Beobachtungsgabe und starkes Einfühlungsvermögen ... Neigung zu ausgefallenen Studien und absonderlichen Dingen. Sinn für Mystik ...« (Paris).

Merkur im Schützen (die Rückläufigkeit wäre gesondert zu beachten!)
»Sinnvolles Handeln und Denken, Verantwortung tragen. Missionarisches Grunddenken. Überzeugungsarbeit ...« (Mertz).
»Soziales und philosophisches Denken. Verlangen nach Auszeichnung. Vielseitige Interessen. Leichte seelische Erregbarkeit. Unabhängigkeitsdrang ...« (Paris).

Merkur im Steinbock
»Warten können, Überlegtheit, Ruhe« (Mertz).
»Kritisch bis nörgelnd. Eigensinn. Vertiefte Studien. Fleiß und Ausdauer ... Konzentration« (Paris).

Venus im Wassermann
»Wagnis der Gefühle, wechselnde Liebe, Abenteuer, geistige Erotik, exzentrische Äußerungen des Empfindens ...« (Mertz).
»Neigung zur unabhängigen, freien Liebe. Sinn für moderne, extreme Kunstformen ...« (Paris).

Mars im Krebs (die Rückläufigkeit wäre gesondert zu beachten!)
»Schöpferische Energie, Beschützertrieb, Verführbarkeit, schnell reagierendes Unterbewußtsein, launische Willensrichtung ...« (Mertz).
»Instinktives Handeln, Gefühlsimpulse, leichte Reizbarkeit ...« (Paris).

Denken Sie bitte bei den nächsten Zitaten zu den Planetenstellungen in den Zeichen daran, daß die Umlaufzeiten immer langsamer werden, die Planeten damit immer länger in einem Zeichen verweilen und daß es sich deshalb nicht mehr so sehr um individuelle, sondern um kollektive, für viele Menschen einer Zeitspanne gültige Aussagen handelt. Hier wird die Hausposition der Planeten, auf die wir an dieser Stelle aus Platzgründen leider nicht näher eingehen können, wichtiger.

Jupiter im Krebs (die Rückläufigkeit wäre gesondert zu beachten!)
»Hilfsbereitschaft, innere Sinnsuche, Wachstumshilfe, aus dem

Unterbewußtsein sich entfalten, Irrwege dabei nicht ausschließen ...« (Mertz).
»Starker Familiensinn, Lebensgenuß, Zuverlässigkeit, soziale Einstellung ...« (Paris).

Saturn im Krebs (die Rückläufigkeit wäre gesondert zu beachten!)
»Verantwortungsbereitschaft, schöpferische Konzentration, sehr traditionsbewahrend, das Wesentliche erkennen, beherrschtes Unterbewußtsein ...« (Mertz).
»Neigung zur Unabhängigkeit, Erschwerungen durch Familie, Mißtrauen, Unzufriedenheit, empfindliches Gefühlsleben« (Paris).

Uranus in Fische
»Hilfsbereitschaft, okkulte Einfallskraft, Esoterik, intuitive Hingabe für andere, Elend erkennend, geniale Einfälle ...« (Mertz).
»Sinn für Mystik und Metaphysik, Medialität. Visionen. Beziehung zum Geheimnisvollen. Gesteigertes Traumleben. Unverstandensein« (Paris).

Zum »aufsteigenden Uranus« im Horoskop des Nostradamus fügt HALL hinzu: »der Planet des Astrologen, der den Horoskopinhaber mit dem Strahl des Vorauswissens erleuchtet«.

Neptun im Steinbock
»Inspiration für das Mögliche, Ehrgeiz aus dem Instinkt ...« (Mertz).
»Übersinnliche Einstellung. Sinn für religiöse Problematik. Meditation. Mangelnder Wirklichkeitssinn« (Paris).

Pluto im Schützen
»Glaubensdogma, Macht der Lehre, kollektive Überzeugungskraft ...« (Mertz).
»Vorstoß in höhere geistige Regionen. Neue Erkenntnisse. Eigenwillige Philosophie. Reiseabenteuer« (Paris).

Aufsteigender Mondknoten in den Fischen, absteigender in der Jungfrau
»Neigung zu heimlichen Verbindungen und Zusammenkünf-

ten, Glaubensgemeinschaft. Die Allgemeinheit schädigende Verbindungen ...« (Das entstammt, wie die nächsten beiden Zitate,
dem Buch *Kombination der Gestirneinflüsse* von REINHOLD EBER-
TIN.)

Aszendent im Widder
»Durchsetzungskraft, Selbstbewußtsein, Ehrgeiz, Leidenschaft-
lichkeit, Fanatismus ...« (Ebertin).
    Laut HALL ist der Aszendent Fische, wozu dieser Autor in
bezug auf Nostradamus bemerkt: »Dieses Zeichen wurde seit
langem mit Mystik und Seherschaft in Verbindung gebracht, mit
außerordentlicher Hellsichtigkeit, dem ›zweiten Gesicht‹ und
solch merkwürdigen Gaben, wie sie mit Orakeln und Weissagungen zusammenhängen.«

MC im Steinbock
»Selbstvertrauen, konzentriertes Streben zur Erreichung der
Ziele, Vereinsamung ...« (Ebertin).

Als Aspekte gesichert scheinen die Konjunktion von Jupiter,
Saturn und Mars mit dem Trigon zum Uranus, die weite Opposition von Mars und Neptun sowie das »Generationsquadrat« zwischen Uranus und Pluto. Diese Aspekte sollen nun durch Stichworte aus Deutungen beschrieben werden, die ebenfalls in der
astrologischen Literatur bereits in einem allgemeinen Zusammenhang zu finden sind und nicht etwa auf Nostradamus »zurecht-
gebogen« wurden.

*Konjunktion von Jupiter, Saturn und Mars mit Trigon zum Ura-
nus:*
Geduld, durch Ausdauer zum Erfolg, Unzufriedenheit mit sich
selbst und anderen, eine Veränderung der Verhältnisse erzwingen
wollen, starke seelische Spannungen, plötzliches »Aussetzen« des
Normalbewußtseins und dergleichen; Sorgfalt, Zuverlässigkeit,
Festhalten an gefaßten Plänen, Zielstrebigkeit, Selbstvertrauen;
starke Antriebskräfte zur realistischen und gleichzeitig geistig
orientierten Verwirklichung von Plänen und Zielen, dabei plötz-

liche oder unerwartete Hilfen, die nichts mit der eigenen Person zu tun haben müssen.

Opposition von Mars und Neptun:
Gefühlstäuschungen, seelische Verwirrung, Sinnlichkeit, Neigung zu Genußgiften (oder Rauschmitteln und Bewußtseinsdrogen?); Gefühle und Leidenschaften werden durch die geistige Haltung bestimmt, eventuell auch fehlgeleitete Kraft.

Quadrat zwischen Uranus und Pluto:
Unbeherrschtheit, Ungeduld, Starrköpfigkeit, Zersplitterung, Nervenstörungen; Transformation, Revolution, außergewöhnliche Schaffenskraft, rastloser Geist.

Entsteht durch die oben aufgeführten Aussagen nicht ein faszinierendes und vermutlich recht wirklichkeitsnah schillerndes Bild des Sehers, der ja keineswegs eine »einfache« Persönlichkeit darstellte, sondern vielmehr ein sehr komplexer Mensch mit strahlend hellen und sicher auch manch abgründigen Wesenszügen und Fähigkeiten war?

Zur Anregung Ihrer eigenen weiteren Überlegungen erlaube ich mir nun einige kurze Deutungen im Zusammenhang mit den Fixsternen.

Damit begebe ich mich auf das Glatteis, nicht hundertprozentig gesicherte Daten zu verwenden. Das ist, wie ich ausdrücklich einräume, wegen des kleinen Orbis von Fixsternkonstellationen noch problematischer als bei umstrittenen Planetenaspekten.

Man muß übrigens beachten, daß auch die Fixsterne wandern, im Durchschnitt in rund 60 Jahren etwa ein Grad.

Sonne und MC dürften beim Bogen des Schützen gestanden sein: »Menschenliebe und Tatkraft verbinden sich zu wohltuender Wirkung, falls das Grundhoroskop keine illusionären Tendenzen aufweist ...« (vollständiger Text siehe Fixsternübersicht auf den Seiten 118 ff.).

Falls die Sonne bei etwa 9° Steinbock stand, wäre sie in Konjunktion mit dem Gesicht des Schützen. Dazu heißt es: »Jupiter-

Sonne-Natur; grundsätzlich sehr positive Wirkung … nur spirituell spürbar«.

Jupiter stand (je nach Berechnung) bei Alhena, Sirius oder Canopus. Alle drei gelten als stark fördernde Fixsterne. »Förderung auf vielen Gebieten«, »Ehrgeiz und Erfolgsstreben, Aufstieg unter Anstrengungen oder Gefahren« und »Hilfen für geistige Disharmonie« sind Stichworte, die wir den Kurztexten zu den Fixsternen entnehmen können.

Mars und Saturn standen bei Wasat und Castor. Wasat: »bei geistig bewußten Menschen bewußtseinserweiternd«; Castor: »Merkur-Jupiter-Natur«, laut ROBSON mit Saturn »… exzentrisch, origineller Geist …, besserer Schreiber als Redner, beträchtliches intellektuelles Vermögen … Gewinne am Ende des Lebens durch harte Arbeit«.

Ist vielleicht Ihr Interesse daran geweckt, selbst mehr nachzuforschen, zu untersuchen und zu vergleichen?

Der Vollständigkeit halber hier nun auch die Angaben zum Todeshoroskop vom 11. Juli 1566 für Salon-en-Provence; links die Berechnung des Matrix-Programms (auf 2:30 Uhr früh), rechts die Berechnung des Astrodata-Programms (auf drei Uhr früh), jeweils auf die vollen Gradzahlen aufgerundet.

Sonne	27° Krebs	19° Krebs
Mond	25° Widder	3° Steinbock
Merkur	8° Krebs	6° Krebs
Venus	12° Zwillinge	5° Zwillinge
Mars	8° Jungfrau	2° Jungfrau
Jupiter	4° Waage	3° Waage
Saturn	30° Löwe	29° Löwe
Uranus (R)	14° Schütze	14° Schütze
Neptun	14° Zwillinge	14° Zwillinge
Pluto (R)	19° Fische	19° Fische
AC	21° Zwillinge	29° Zwillinge
MC	24° Wassermann	2° Fische
Mondknoten	19° Skorpion	19° Skorpion

Wieder zeigen die Computerprogramme in ihren Ergebnissen doch recht erhebliche Differenzen. (Da die angenommene Todeszeit sich um eine halbe Stunde unterscheidet, weicht natürlich der Aszendent ab.) Nostradamus und die Astrologie: Das ist wirklich noch ein weites Forschungsfeld!

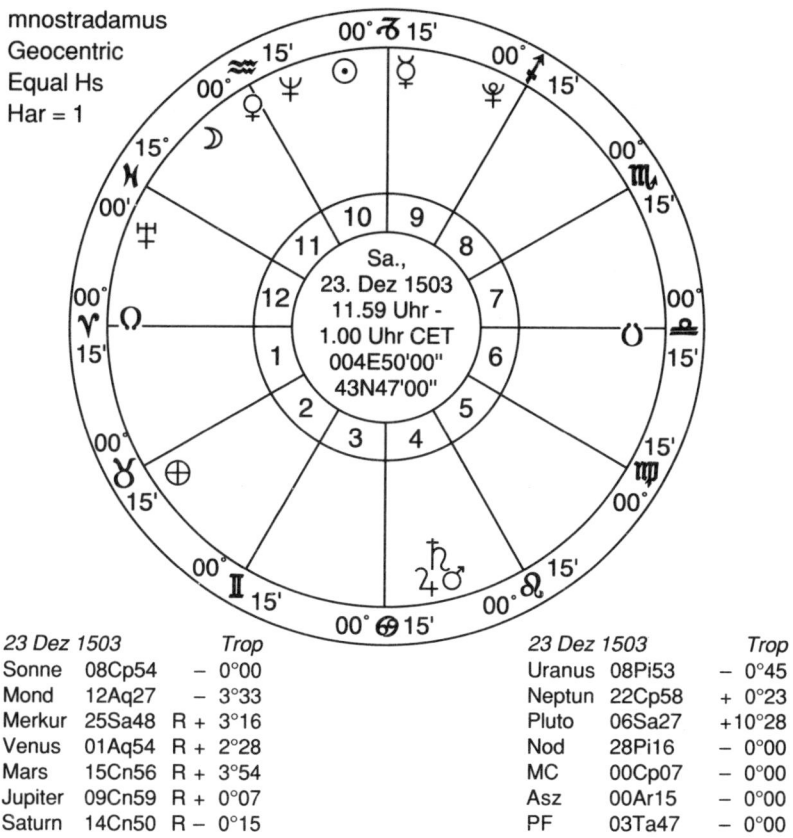

23 Dez 1503		Trop	
Sonne	08Cp54	–	0°00
Mond	12Aq27	–	3°33
Merkur	25Sa48	R +	3°16
Venus	01Aq54	R +	2°28
Mars	15Cn56	R +	3°54
Jupiter	09Cn59	R +	0°07
Saturn	14Cn50	R –	0°15

23 Dez 1503		Trop	
Uranus	08Pi53	–	0°45
Neptun	22Cp58	+	0°23
Pluto	06Sa27	+	10°28
Nod	28Pi16	–	0°00
MC	00Cp07	–	0°00
Asz	00Ar15	–	0°00
PF	03Ta47	–	0°00

Wir sind noch nicht bei einer eindeutigen Klärung der Nostradamus-Astrologie angelangt, noch nicht einmal bei der genauen Bestimmung seiner eigenen Geburts- und Todesdaten. Aber wir haben mit diesem Kapitel hoffentlich einen wesentlichen Anstoß dazu gegeben, daß den astrologischen Aspekten des Nostradamus-Werks in Zukunft stärkere Beachtung geschenkt wird. Schon

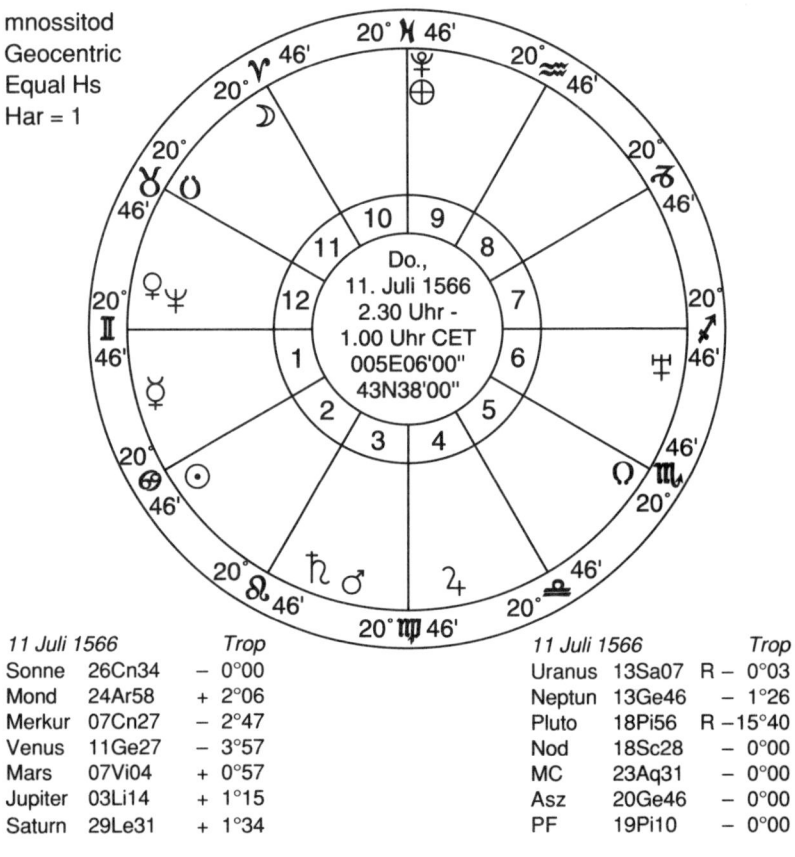

11 Juli 1566		Trop
Sonne	26Cn34	– 0°00
Mond	24Ar58	+ 2°06
Merkur	07Cn27	– 2°47
Venus	11Ge27	– 3°57
Mars	07Vi04	+ 0°57
Jupiter	03Li14	+ 1°15
Saturn	29Le31	+ 1°34

11 Juli 1566		Trop
Uranus	13Sa07	R – 0°03
Neptun	13Ge46	– 1°26
Pluto	18Pi56	R –15°40
Nod	18Sc28	– 0°00
MC	23Aq31	– 0°00
Asz	20Ge46	– 0°00
PF	19Pi10	– 0°00

Die Horoskope von Nostradamus' Geburt (Seite 151) und Tod nach den Berechnungen des Matrix-Programms. Auch wenn etliche Positionen umstritten sind, ergibt sich doch ein gutes erstes Bild.

die oben gemachten Ausführungen unterstreichen, daß – wie vermutet – die Nostradamus-Astrologie ein sehr ergiebiges und weitgehend noch unbearbeitetes Forschungsterrain darstellt.

Überlegungen zur individuellen und kollektiven Funktion von Angst und Hoffnung im Hinblick auf die Zukunft und zum sinnvollen Umgang mit Prophezeiungen sollen uns im nächsten Kapitel beschäftigen.

9

Archetypen von Katastrophengesichten und Paradiesvisionen

Auseinandersetzung mit der Zukunft, das kann eine Flucht vor der Verantwortung in der Gegenwart sein, vielleicht Sensationsgier oder Fatalismus, jedoch auch sinnvolle Vorausschau. Die Literatur kennt berühmte Werke, die sich mit der Zukunft befassen, von THOMAS MORUS' *Utopia* über JULES VERNES *In achtzig Tagen um die Welt* zu GEORGE ORWELLS *1984* und JOHANNES VON BUTTLARS *Die Wächter von Eden*.

LEONARDO DA VINCI »prophezeite«, daß Menschen sich besuchen werden, ohne sich vom Platz zu bewegen, daß sie mit Menschen sprechen werden, die nicht da sind. Er sah technische Erfindungen der Zukunft voraus, so das Unterseeboot und den Hubschrauber.

In den Monaten der Arbeit an diesem Buch standen zwei Zukunftsbücher auf den Bestsellerlisten: *Der Popcorn Report – Trends für die Zukunft* von der New Yorker Marketing- und Life-Style-Forscherin FAITH POPCORN und *In Vorbereitung auf das 21. Jahrhundert* von dem Historiker PAUL KENNEDY, der an der Yale University forscht und lehrt. Der »*Spiegel*« brachte ein Sonderheft heraus mit dem Titel »Trends 2000«. Einige Überschriften lauteten: »Nationalismus – Droht ein Weltbürgerkrieg?«, »Islam – Der lange Marsch der Fundamentalisten«, »Die neue B-Bombe – Verkraftet der Planet 10 Milliarden Menschen?« und »Biotechnik und High-Tech-Medien – Die Welt wird zum Versuchslabor«. Das »Worldwatch Institute« in Washington D.C. veröffentlichte soeben die Schrift »Lebenszeichen: Trends, die unsere Zukunft bestimmen«. Darin wird unter anderem festgestellt, daß sich die Ernährungssituation für die derzeit etwa 5,5 Milliarden Menschen

von Jahr zu Jahr verschlechtert, weil die Böden ausgelaugt, über-
düngt und überweidet sind und die Meere überfischt. Auch um
das Ende der Welt machen sich naturwissenschaftlich arbeitende
Forscher Gedanken. Unter dem Arbeitstitel »Die Zukunft des
Universums« untersuchen Professor HYWEL WHITE und seine
Kollegen in den Forschungsstätten von Los Alamos, wann und
auf welche Weise sich zunächst unser Sonnensystem und – später? – das gesamte All auflösen wird.

Neben den erwähnten literarischen Zukunftsentwürfen und den
gesellschaftswissenschaftlichen und astrophysikalischen Prognosen spielen Visionen und Gesichte, religiös motivierte Prophezeiungen und mediale Eingaben eine ebenso große Rolle für das
Bewußtsein der Allgemeinheit. Man denke an JEANNE DIXONS
Voraussagen über die Ermordung von JOHN F. KENNEDY (die
übrigens von RANDI bestritten werden) oder an die Prognosen
des »Trance-Propheten« EDGAR CAYCE, der unter anderem einen
Polsprung und gewaltige Zerstörungen auf allen Kontinenten aufgrund der folgenden Flutwellen weissagte.

Die völlige Vernichtung von Paris wurde übrigens von verschiedenen Nostradamus-Deutern anhand unterschiedlicher Basis-
verse der Centurien sowohl für 1789 als auch für 1848, 1870,
1914, 1939, 1940 und zuletzt für 1983 prophezeit.

Das »Lied von der Linde« (siehe auch Seite 80 f.) verheißt uns
allen genausoviel Schrecken wie die Voraussagen des »MÜHL-
HIASLS« und des ALOIS IRLMAIER.

Katastrophenängste haben meist mehr Konjunktur als Paradiesvisionen wie JEAN-JACQUES ROUSSEAUS Aufruf »Zurück zur
Natur« oder die Hoffnungen der Jünger vom Monte Verità in
Ascona. Der Verfasser erinnert sich noch, wie anfangs der achtzi-
ger Jahre ein Möchtegern-Guru einen Großteil seiner Anhänger
und Anhängerinnen in Ängste stürzte ob einer angeblich kurz
bevorstehenden Weltkatastrophe. Er sammelte reichlich Geld und
andere gute Gaben ein und erklärte hinterher alles als »abgewen-
det« aufgrund der vielen hehren meditativen Bemühungen und
guten Gedanken seiner Schar. Wir werden Ähnliches zum Aus-
klang dieses Jahrhunderts und Jahrtausends weltweit »im Dut-

zend billiger« erleben können. Man denke nur an die Weltuntergangspropheten von Kiew im Spätherbst des Jahres 1993.

Eine Variante der Endzeit-Szenarios lautet, daß zunächst eine schlimme Katastrophe eintritt, danach aber die »Eingeweihten« beziehungsweise die moralisch »Guten« überleben; eine andere Variante kündigt weltweit ein »goldenes Zeitalter« ohne vorherige dramatische Katharsis an, weil die Einsicht zur generellen Umkehr auf die Mehrheit der Menschen niederkommt.

Mir scheint es sich um immer wieder auftauchende und aktuelle Archetypen zu handeln, wenn wir mit kollektiven und individuellen Umbruch- und Weltende-Ängsten konfrontiert werden oder wenn ein Trend zu himmlischen Hoffnungen auf das Paradies auf Erden an Gewicht gewinnt.

Der Begriff »Archetyp« bezeichnet ein »Urbild«, etwas »zuerst Geprägtes«. Philosophisch definiert er eine Urform des Seins. Nach C. G. JUNG steht der Terminus für eine Komponente oder »Energie« des kollektiven Unbewußten im Menschen, die sich in bestimmten, klar begrenzbaren Bildern und Urformen zeigt.

Im *Herder-Lexikon der Symbole* heißt es dazu: »Urtypen, in der geistigen Welt existierende Urbilder oder Ideen ... (nach C. G. Jung) Bezeichnung von menschheitlich-allgemeinen Symbol-Figuren und -Bildern, die sowohl in Träumen wie in Mythen, Märchen usw. begegnen können und den Menschen die Einsicht in stets wiederkehrende Grundstrukturen der Individualentwicklung auf bildhafte Weise nahebringen.«

Haben wir es bei apokalyptischen Visionen und Paradieshoffnungen mit Archeytpen, mit mythischen Bildern aus dem kollektiven Unbewußten zu tun, die von Zeit zu Zeit immer wieder einmal auftauchen, sozusagen »akut« werden? Sintflutartige Überschwemmungen, Feuer, das vom Himmel regnet, glühende Steine, die alles verdunkelnde Finsternis, der verführerische Satan, der strahlende, von Gott gesandte oder doch zumindest von ihm beseelte starke Prinz, der weise Herrscher, der Messias, das goldene Zeitalter, die eine Kirche, der gute Mensch an sich, die Götterdämmerung, der Neubeginn ... Wir finden viele mehr oder weniger archetypische Bilder in bald allen alten Schöpfungsmythen und Endzeitprophezeiungen, denn solche Berichte stellen zumeist Anfang wie auch Ende eines ganzen Zyklus dar.

Für jeden Menschen sind Endzeitgedanken und die damit verbundenen Ängste psychologisch ebenso verständlich, wie es die Sehnsucht nach einem irgendwie gearteten »Paradies« ist. Denn jeder bewußte Mensch setzt sich mit seinem Ableben, seiner Endlichkeit, seinem Tod auf ganz persönliche Weise auseinander – oder er verdrängt das Thema. Beides führt zum zeitweiligen Auftauchen von archeytpischen Bildern aus dem kollektiven Unbewußten, die individuell unterschiedlich »gefärbte« Formen annehmen mögen. Welche Bilder auftauchen, hat nach meiner Ansicht, aufgrund einer fast zwanzigjährigen intensiven theoretischen und praktischen Beschäftigung mit Bewußtseinsprozessen, Meditation und Spiritualität, vor allem etwas mit der Bewußtseinsentwicklung des einzelnen zu tun. Je gleichermaßen bewußter, offener, kritischer, nüchterner und spiritueller ein Mensch ist, desto weniger spielen archaische Urmuster diverser Todesschrecken oder fromm-einfache Jenseits- und Himmelsvorstellungen eine Rolle. Je bewußter jemand in diesem Sinn ist, desto umfassendere und »absolutere«, damit auch »abstraktere« Formen bilden sich, um den psychischen Energien einen bildhaft geprägten Ausdruck zu verleihen. Nicht ein »Paradiesgarten« winkt dann in unserer Vorstellung und im psychischen Erleben, keine »Teufelsgestalt« erregt dann unser (eingebildetes) Grauen, sondern wir empfinden oder erleben Licht oder Dunkel, Offenheit oder Enge.

Dieses interessante und wichtige Thema kann ich – auch aus Platzgründen – nicht detaillierter behandeln. Vielleicht geht von den angestellten Überlegungen aber ein Anstoß aus, weiter zu untersuchen, inwieweit die Individualentwicklung der Persönlichkeit »schubweise« Energien hervorbringt, die sich auf die Auseinandersetzung mit der Zukunft richten. Diese Energien können aus verschiedenen Gründen freigesetzt werden: aufgrund von Angst vor dem Tod und/oder Angst vor dem »Danach«, aufgrund von Sehnsucht nach Weltflucht wegen erlittener Enttäuschungen oder Unfähigkeit zur Realitätsbewältigung, aufgrund von Einsicht in die relative Zeitlichkeit des Lebens.

Vermutlich wird es immer wieder Stadien geben, in denen sich diese Energien Bahn brechen. Wie wir mit ihnen umgehen, ob wir unsere Motivationen dahinter verstehen, ob wir neurotisch oder ekstatisch oder gelassen auf positive und negative Zukunftsvisionen reagieren, das hat etwas mit unserer spirituellen Reife zu tun.

Geschichtlich betrachtet zeigt sich, daß kollektive Endzeithysterien oder messianische beziehungsweise paradiesische Hoffnungen vor allem in instabilen Phasen, in Wendezeiten, in Umbruchsituationen, während wirtschaftlicher, gesellschaftlicher und kultureller Krisen, im Zusammenhang mit Kriegen und kurz vor historischen Daten wie Jahrhundert- und Jahrtausendwenden auftreten. Inwieweit entsprechende kollektive psychische Energien eventuell mit dazu beitragen, daß dramatische Ereignisse dann auch wirklich geschehen, vermögen wir nicht einigermaßen objektiv einzuschätzen. Zumindest ist es durchaus denkbar, daß eine innere Erwartungshaltung und eine Verdichtung geistiger Energien auf ein Thema eine »Feldresonanz« auslösen und zur »sich selbst erfüllenden Prophezeiung« führen. Ich meine, daß auch so etwas wie eine »kollektive Persönlichkeit« der Menschheit existiert. In ihr tauchen ebenfalls im Rahmen der Kollektiventwicklung Archetypen der Angst und der Hoffnung in bezug auf die Zukunft auf.

Es sei auch die Frage gestellt, ob nicht die »Beschäftigung mit der Zukunft« oder sogar »Zukunft« selbst einen Archetypus repräsentiere. Zukunft ist eben (noch) nicht Wirklichkeit, sondern – erinnern wir uns an die obengenannten Definitionen – »eine Komponente des kollektiven Unbewußten im Menschen, die sich in bestimmten klar begrenzbaren Bildern und Urformen zeigt« beziehungsweise »Urtypen, in der geistigen Welt existierende Urbilder oder Ideen«. Der Begriff Zukunft ist definiert als eine »Idee«. Zukunft kann solange nie mehr als eine Idee sein, als sie zur Gegenwart und damit zur Wirklichkeit wird. Diese Idee ist durch bestimmte, kollektiv gültige Urbilder »besetzt«, die in fast allen Zukunftsmythen, Visionen, prophetischen Texten und Zukunftsträumen auf gleiche oder zumindest ähnliche Weise geschildert werden.

Zwischen angstgesteuerten und rosig verklärten Umgangsformen mit der Zukunft und ihren unterschiedlichen Ausprägungen liegt ein konstruktiver, wacher, »vor-sichtiger« und »rück-sichtsvoller« sowie gelassen-lebendiger Umgang mit dem, was kommen wird. Eng mit der Frage, wie wir mit Zukunft umgehen, ist die Frage nach dem freien Willen verbunden. Es würde zu weit führen, gingen wir an dieser Stelle näher darauf ein. Hier soll es genügen festzustellen, daß ein Teil der »Zukunft« durch unsere individuellen und kollektiven Verhaltensweisen und Einstellungen sowie durch schöpferische »Grundtatsachen« festgelegt zu sein scheint, es aber auch einen Raum für die Neubestimmung und Veränderung durch den freien Willen gibt.

Welcher »Prozentsatz« determiniert sein mag und »wieviel« der Gestaltung durch den freien Willen zugänglich ist, muß hier offenbleiben. Wer unter den Leserinnen und Lesern sich mit der »Karmalehre« etwas auskennt, mit dem Gesetz von Ursache und Wirkung, wird sich darüber klar sein, daß unser Leben ein kontinuierlicher Bewußtseins- und Energiefluß ist. Wie bei einem Fluß gibt es einen Zusammenhang zwischen Anfang, Mitte und Ende, eine bestimmte Bedingtheit, aber keine absolute Festlegung, ob und wann und wo etwas dazukommt oder verdunstet, etwas verschmutzt oder wieder gereinigt wird und so fort.

Angst vor der Zukunft ist sowohl für das Individuum als auch für das Kollektiv unsinnig, unnötig und kontraproduktiv. Angst ist bekanntlich ein schlechter Ratgeber. Angst hat mit Enge zu tun; sie führt meist zur Blockade von Energien, zur Unbeweglichkeit, zum untätigen Schrecken. Zukunftsprognosen und prophetische Visionen, die Angst auslösen, ob sie nun vom Club of Rome oder von Nostradamus stammen, sind nur dann sinnvoll, wenn diese Angst als »heilsamer Schock« wirken würde, der alle Energien aktiviert, um die düster ausgemalte Zukunft eben so nicht zu erleben.

Zukunftsschau, die sich als geschlossenes System präsentiert und die Zukunft als praktisch unabänderlich festgelegt hinstellt, wobei dem freien Willen also keine Möglichkeit der Mitwirkung zugestanden wird, ist aus zweierlei Gründen abzulehnen:

o Sie ist unmoralisch, weil sie seelisch bedrückt, positive Kräfte hemmt und den Menschen quasi entmündigt.

o Sie ist faktisch falsch, weil kein Mensch für sich in Anspruch nehmen kann, das Wissen und/oder die seherische Gabe und göttliche Offenbarung zu besitzen, die Entwicklung der Schöpfung zu kennen. Wissenschaftlich gesehen deshalb nicht, weil wir die Natur und das Leben nicht annähernd umfassend erforscht haben. Theologisch betrachtet deshalb nicht, weil Gott oder das All-Bewußtsein immer größer und überraschender und »kreativer« ist als das begrenzte Einzelbewußtsein.

Wenn die Zukunftsschau mehr eine Trendprognose als ein Diktum darstellt, die möglicherweise sogar explizit dazu auffordert, durch angemessene Einstellungsänderungen und neue Verhaltensweisen die Zukunft frei und besser zu gestalten, dann – und nur dann – können auch negative Prophezeiungen durchaus ihren Wert haben.

Das Ausmalen von schönen Zukunftsillusionen ist dann ebenfalls problematisch, wenn sich damit Glückshoffnungen verbinden, die sich angeblich ohne weiteres eigenes selbstverantwortliches Zutun so realisieren sollen wie ein Lottogewinn.

Die Beschäftigung mit – guten oder schlechten – Prophezeiungen kann bekanntlich auch »süchtig« machen. Man liest, denkt, fühlt, plant und hofft oder bangt nur noch im Hinblick auf das, was für bald oder später verheißen wird.

Grundsätzlich erscheint mir jegliche Förderung fatalistischer Einstellungen wenig humanistisch und aufgeklärt. Wie können wir also mit Prophezeiungen sinnvoll umgehen, zumal mit jenen des Sehers von Salon?

Weltuntergangs-Szenarios haben sich bekanntlich bisher immer noch als falsch erwiesen. Wir brauchen derlei Prophezeiungen nicht ernst zu nehmen. Katastrophenvisionen – entweder Natur- und Umweltdramen oder Kriege – enthalten zwar meistens einen echten Kern, der vergangene und gegenwärtige Ereignisse widerspiegelt. Wenn sie als Mahnung gedacht (und auch so formuliert) sind, mögen sie vielleicht eine gewisse Funktion erfüllen. Sind

sie aber sensationsheischend aufgemacht und wirken angsteinflö-
ßend, dürfen wir sie getrost beiseite lassen. Falls Zukunftsaussagen bestimmte Menschengruppen als »gut« bezeichnen aufgrund
ihrer religiösen, nationalen oder rassischen Zugehörigkeit, und
den anderen Verdammnis prophezeien, wenn Gegnerschaften auf-
gebaut statt abgebaut werden, können wir ebenfalls davon ausgehen, daß hier ein kleiner Geist seine Vorurteile zu »Visionen«
aufgeblasen hat.

LEROY schreibt über die Tatsache, daß Nostradamus' Centurien
voller Katastrophenbilder sind, unter anderem folgendes:

»Man kann selbst bei oberflächlicher Lektüre der Centurien
leicht feststellen, daß sie viel ihrer unglaublichen Berühmtheit der
Tatsache zu verdanken haben, daß sie zumeist Katastrophen
behandeln. Wir neigen meistens dazu, uns sehr wenig an glückliche Zeiten in der Vergangenheit zu erinnern, während wir starke
und genaue Erinnerungen an vergangenes Unglück hegen ... Die
Leser nehmen sehr deutlich wahr – erstaunlich, wenn man sich
die verwendete dunkle Sprache ansieht –, daß noch mehr Nöte
und noch mehr Kataklysmen angekündigt werden. So sind die
Prophezeiungen von Nostradamus. Je mehr Tragödien sie voraussagen, desto wahrscheinlicher erscheinen sie.«

Neben Einschätzungen anderer Autoren möchte ich Ihnen auch
meine eigene Meinung, wie die Persönlichkeit des Nostradamus
und seine Prophezeiungen einzuschätzen seien und wie wir mit
seinen Texten positiv und nutzbringend umgehen können, im
folgenden Kapitel vorstellen.

10

Wer war Nostradamus?
Versuch einer Wertung

War Nostradamus ein Scharlatan oder ein begnadeter Seher, ein Geschäftemacher oder ein von innen beauftragter Visionär, ein Magier oder ein RASPUTIN – oder gar alles? Die Urteile gehen sehr weit auseinander. Einige Beispiele, zunächst für sehr kritische, dann für positive Bewertungen des Menschen Nostradamus und seines Prophezeiungswerks durch andere Autoren, seien vorangestellt.

1553 traf Nostradamus im südfranzösischen Agen auf CÉSAR DE L'ESCALLE, genannt SCALIGER – eine herausragende und dabei durchaus schillernde Renaissancepersönlichkeit –, der sich unter anderem rühmte, ERASMUS VON ROTTERDAM durch »Fernmagie« an Kummer sterben gelassen zu haben. Nostradamus arbeitete mit Scaliger zeitweise zusammen (wir erwähnten das im 3. Kapitel) und lernte von ihm immerhin so viel, daß er ihn »Julius Cäsar Scaliger« titulierte. LEROY beschreibt beide, Scaliger und Nostradamus, nüchtern als »reichlich unangenehme Personen, eitel und aufgeblasen und immer in irgendwelchen Streitigkeiten mit den berühmtesten ihrer Zeitgenossen«. Während Nostradamus aber Scaliger zeitlebens in Ehren hielt, blieben César Scaliger (oder sein Sohn) dem »provenzalischen Magus« später indes nicht mehr wohlgesonnen, denn einer von beiden schrieb – aus Neid auf den Erfolg der Centurien? – nach deren Erscheinen 1555:
»Leichtgläubiges Frankreich, was tust du, dich an die Worte des Nostradamus zu hängen? Welche Art jüdischer Zauberei beschränkt deinen Zorn? Duldest du, daß seine Vergehen dein illustres Zepter lächerlich machen [deine Ehre beflecken]? Hast

du nicht begriffen, daß dieser unsaubere Gauner nichts als dumme Unverschämtheiten prophezeit? Man fragt sich schließlich, wer peinlicher ist, der böse Scharlatan oder du, indem du seine Hochstapelei unterstützt« (übertragen nach Leroy).

Nostradamus wurde offensichtlich auch zu Lebzeiten nichts geschenkt. Etwa ein Jahrhundert später notierte ein französischer Historiker über Nostradamus' Todesjahr 1566: »In diesem Jahr starb jener nichtige Wichtigtuer Michel Nostradamus, der in der ganzen Welt so berühmt ist, der sich damit aufspielte, daß er die Zukunft kenne und Ereignisse aufgrund der Einflüsse der Sterne voraussagen könne, in dessen Namen später viele schlaue Männer ihre eigenen Einbildungen vorgebracht haben ...« (übertragen nach RANDI). Randi fährt fort und beschließt damit sein Nostradamus-Buch: »Diesem Kommentar kann ich nichts mehr hinzufügen.«

CHARLES WARD, ein prominenter Nostradamus-Experte und -Befürworter seiner Zeit, wies 1891 eine Vermutung zurück, die offensichtlich genügend Widerhall in der Öffentlichkeit fand, um auf sie eingehen zu müssen. Darin heißt es: »Nostradamus tat so, als ob er sich einer prophetischen Gabe bediente, die er in Wirklichkeit gar nicht besaß, und fand bald heraus, daß diese Hochstapelei sehr viel lukrativer war als die langweilige medizinische Routine, da im ausgehenden Mittelalter der Aberglaube unter dem Volk grenzenlos war.«

LEROY kommt zu einem ganz anderen, freundlicheren Urteil als die zuvor genannten Nostradamus-Kritiker. Er beendet seine gründliche Studie mit den Worten: »Er [Nostradamus] hatte viel gelesen, viel gesehen, viele Kranke behandelt und war, für seine Zeit, ein gelehrter und sogar hervorragender ärztlicher Praktiker. ... seine ganze historische und medizinische Wissenschaft verließ sich auf Beobachtungen und Berechnungen der Astrologie, die für ihn und seine Zeit eine avantgardistische Wissenschaft darstellte. ... Er war kein Nekromane, kein Magier, kein Scharlatan ... Nostradamus liebte sein Heimatland, sein kleines liebliches Städtchen Saint-Rémy ... das alte Kloster von Saint-Paul-de-

Mausole so sehr, daß er ihnen Asyl in seinen geheiligten Strophen gab und sie dort unterbrachte! Ein getreuer Sohn der Stadt Saint-Rémy, ein Arzt, ein Humanist, ein Mann, ein Mensch: das war, wie man glaubt reell sagen zu können, Michel Nostradamus wirklich!«

DAVID PITT FRANCIS beurteilt Nostradamus so: »Nostradamus war kein Scharlatan. Sein Beruf als Arzt verlangte einen hohen Grad an Altruismus, Beharrlichkeit und Genialität. Man kann ihm nicht anlasten, daß er alle ihm verfügbaren Quellen als Grundlage seiner Zukunftsschau benutzt hat (einschließlich biblischer Prophezeiungen). Man kann ihn auch dafür entschuldigen, daß er auf Nummer sicher ging und sich eines konfusen symbolischen Stils bediente, der die Einbildungskraft zukünftiger Interpreten anzufeuern wußte. Obwohl sie uns auf die Gefahren ›falscher‹ Prophezeiungen hinweisen [und uns damit auf das Potential echter Zukunftsschau aufmerksam machen], sind die Centurien keineswegs einfach ›Fälschungen‹, sondern sind anscheinend im wesentlichen mit ›den höchsten Motiven geschrieben worden« (Seite 276 f., siehe Literaturhinweise).

HALL meinte: »Für mich besteht das Hauptinteresse überhaupt nicht an Nostradamus' Prophezeiungen, sondern in der ›Mechanik‹ der universalen Natur, die es möglich macht, das Morgen zutreffend vorauszusagen. Dafür gibt es nur eine mögliche Antwort – irgendwo, auf irgendeine Weise, existiert das Morgen JETZT, sonst könnte es keiner finden und daraus prophezeien.«

Dazu gibt es ein GOETHE-Zitat aus einem Schreiben an ECKERMANN: »So viel ist gewiß, daß in besonderen Zuständen die Fühlfäden unserer Seele über ihre körperlichen Grenzen hinausreichen können, und ihr ein Vorgefühl, ja auch ein wirklicher Blick in die nächste Zukunft gestattet ist.«

CENTURIO würdigt Nostradamus mit den Worten: »Auch für unsere Generation und weit über sie hinaus enthält das prophetische Werk des südfranzösischen Pestarztes eine Fülle wunderbarer, in die Zukunft weisender Substanz. Wir finden hier wissenschaftliche Angaben und ein Wissen auf historischem, politischem, kirchlichem, medizinischem, sprachwissenschaftlichem, astrologischem und kabbalistischem Gebiet, von denen noch vieles der Klärung und Aufhellung harrt.« In anderem Zusammenhang schreibt Centurio: »In jedem Jahrhundert erweckt Gott Propheten als Mahner und Lehrer auf unseren Erdenwegen. ... Die Willensfreiheit des Menschen, ein großes, aber gefährliches Geschenk, hat da eine Grenze, wo der Menschenwille nicht mit dem Willen Gottes übereinstimmt. Darum gehört das Lichtbündel der Centurien in die Hände der Mächtigen und Verantwortlichen, damit sie den richtigen und schmalen Weg zum Leben und zum Wohle der Völker finden« (Seiten 7, 26; siehe Literaturverzeichnis).

BOSSARD stellt fest: »Mit den antiken Orakeln hat Nostradamus gemein, daß er wie ihre Priester die Visionen sorgfältig in gebundener Form derart in Worte setzt, daß meist mehrere Deutungen möglich sind. Seine ausgedehnte humanistische Bildung erleichtert ihm die gewünschten Verschlüsselungen und Verschleierungen. Nostradamus ist nicht nur in bezug auf die Tragweite seiner Prognosen eine Ausnahmeerscheinung, er hebt sich auch in bezug auf Beruf und Bildung stark von den meisten anderen Visionären ab.«

STEWART schreibt in *The Elements of Prophecy*: »Der Schlüssel zu einer solchen Bewertung [von Prophezeiungen] liegt nicht in der Korrelation einzelner Voraussagen, so faszinierend das sein mag, sondern in den philosophischen, metaphysischen und praktischen Angaben, die er [Nostradamus] für künftige Generationen hinterlassen hat. Zukunftsschau, die aus ihrem Kontext herausgerissen ist, ist wertlos. ... Die von Nostradamus benutzte Technik ist seit den Zeiten der Klassik bekannt; man findet sie in IAMBLICHOS' *De Mysteriis Egyptorum*, zitiert auf den Seiten 44–45. ... Der Text [die Centurien] hat die typische verdichtete vielfältige Schichtung von Sinn und Bedeutungen, die man in anderen seherischen und magischen Versen findet ... Zu Recht oder zu Unrecht hatten [die Centurien] eine nachhaltige Wirkung auf europäische Fürsten und Politiker, bis ins 20. Jahrhundert hinein.«

PUTZIEN berichtet, daß der germanische Seher und Eingeweihte ODIN, der später als »Gott« verehrt wurde, mit dem »einen Auge der Seele – mit jenem dritten Auge der Mystiker und Okkultisten, von dem viele alte Berichte Zeugnis ablegen«, sah. Er spricht über das innere Licht, das nur mit diesem »dritten Auge« wahrgenommen werden kann, und kommt zu folgendem Schluß über Nostradamus: »Das innere Licht, das sich in jenen Menschen, die von Begierden und Wünschen unbeschwert sind, stärker offenbart, erleuchtete und verklärte ihn [Odin]. Dieses innere Licht erleuchtete auch den Seher Michael Nostradamus. Seine Weissagungen geben davon Ausdruck, doch wird die Deutung erschwert durch den Umstand, daß die prophetischen Gesichte nicht in zeitlicher Reihenfolge hintereinander stehen. Der Seher hat sie nach einem bisher noch nicht entdeckten Schlüssel bewußt durcheinandergewürfelt« (Seite 18, siehe Literaturhinweise).

Wer also war Nostradamus, und wie kann man seine Prophezeiungstexte einschätzen? Nach meiner persönlichen Meinung war Nostradamus neben seinen beruflichen Tätigkeiten als Arzt und Astrologe vor allem ein Suchender.

Er forschte zunächst intensiv nach Methoden, der Pest Einhalt zu gebieten. Er suchte ganz erdnah nach Pulvern und Kügelchen, nach Medizin und Mittelchen, die gesünder oder zumindest weniger krank machten und womöglich auch noch schöner und anziehender aussehen ließen.

Nostradamus suchte nach Zusammenhängen und Sinn zwischen Krankheitssymptomen und Charakter und Himmelszeichen, zwischen Gesellschaft, Politik und Himmelszeichen, zwischen Ahnungen, Visionen und Himmelszeichen.

Er studierte und reiste und lernte und sammelte große Schätze an alten Büchern anderer und eigenen neuen Erfahrungen.

Er suchte nach dem Geheimwissen der Antike und experimentierte zugleich mit neuartigen Anwendungen.

Und Nostradamus fand – er fand so viel, daß er selbst möglicherweise von der Fülle überwältigt wurde und es ihm schwerfiel, alles einzuordnen. Er fand sehr viel, aber bei weitem nicht all das, was spätere Interpreten ihm zuschreiben wollten. Nostradamus empfand offensichtlich einen Drang, all das weiterzutragen, was er an meist düsteren Visionen über eine vermeintlich aus den Fugen geratene Menschheitsgeschichte phantasievoll erahnte, astrologisch berechnete und visionär empfing. Die Tatsache, daß er nach eigener Auskunft gerade jene alten Bücher verbrannte, die ihm halfen, Einblick in die Zukunft zu gewinnen, spricht nach meiner Ansicht nicht unbedingt für ihn, sondern weist eher darauf hin, daß er seine Quellen bewußt verschleiert hat – vermutlich, weil Nostradamus zu offensichtliche Anleihen bei antiken Autoren aufgenommen hat.

Seine Methoden der Inspiration lassen sich recht eindeutig nachzeichnen: Er bediente sich altbekannter Orakelverfahren und wandte altertümliche Rituale an. Er öffnete sich für übersinnliche Bewußtseinsebenen und versuchte aufzuschreiben, was er von dort empfing. Heute würde man einen Teil seiner prophetischen Arbeit »Channeln« beziehungsweise »automatisches Schreiben« nennen. Daß man bei dieser nicht ungefährlichen Weise, sich inspirieren zu lasssen, auch mit furchterregenden, angsteinflößenden Bildern des eigenen Unterbewußtseins, des kollektiven Unbewußten oder der sogenannten Astralebene in Kontakt kommen kann, ist bekannt. Daraus entstammen nach meiner Auffassung doch recht viele, wenn auch nicht alle der Schreckensgesichte, die in den Vierzeilern auftauchen.

Ich stimme jenen Autoren zu, die meinen nachweisen zu können, daß Nostradamus methodisch und symbolisch bei der JOHANNES-Offenbarung gewichtige Anleihen gemacht hat. Ich bin auch der Ansicht, daß jene Autoren richtig liegen, die davon ausgehen, daß Nostradamus von antiken Urhebern Methoden und Inhalte sowie ganze Prophezeiungspassagen übernommen hat, zum Beispiel aus den sibyllinischen Orakelbüchern.

Und wer wollte nicht auf Katastrophengedanken kommen und sie – wenn er dazu sprachgewaltig genug ist und sich womöglich als von innen »beauftragt« hält – auch mahnend hinaustragen angesichts der moralischen Schwächen von uns Menschen, unserer Grausamkeit und Gewalttätigkeit untereinander, unserer Orientierungslosigkeit, unserer morbiden Gesellschaft, in der Politik, Kultur und Religion mehr von Macht und Geld als von Idealen bestimmt ist und auch fast nur noch so funktionieren?

Eine geistige Begrenzung ist festzustellen, wenn man seine Warnungen vor dem Islam nachliest, in denen nicht etwa nur die geopolitische Machtbedrohung durch sich islamisch nennende Potentaten eine Rolle spielt, sondern in denen die islamische Religion als solche mit dem Beelzebub gleichgesetzt wird. Es muß offenbleiben, ob Nostradamus aus taktischen Gründen – um sich als aufrechter Katholik zu geben – oder aus echter Überzeugung diese ständigen Anwürfe gegen eine andere Hochreligion macht.

Sicherlich hatte er es darauf angelegt, mit seinen prophetischen Jahresalmanachen die kleinen und großen Schwächen seiner Zeitgenossen trefflichst für sich zu nutzen. Wer wäre denn nicht interessiert zu lesen, was morgen und übermorgen angeblich passiert, wie man mehr Glück in Liebe und Geschäft erlangen und schließlich, wie man akute Gebrechen heilen und kosmetische Wünsche erfüllen kann. Natürlich wird es Nostradamus geschmeichelt haben, daß er das geneigte Ohr der KATHARINA VON MEDICI fand und zeitweise in die Rolle eines RASPUTINS am französischen Hofe zu schlüpfen vermochte.

Und wenn man einmal in der Rolle des Propheten steckt, anfangs vielleicht aufgrund von echten inneren Offenbarungen, dann ist es ja keinesfalls leicht, dem ohne großen Verlust an Ansehen und Einkunftschancen wieder zu entsagen. Es entsteht ein Zwang, sich immer wieder aufs neue zu beweisen. Dann müssen aus einigen Versen viele werden, aus drei oder vier Centurien mit jeweils hundert Vierzeilern zuletzt volle zehn Centurien, um durch den Nimbus eines solch kolossalen Gesamtwerks auch selbst mehr an Bedeutung zu gewinnen. Wir kennen solche »Karrieren« ja auch heute, vor allem unter den »Channel-Medien« in den USA.

Man kann nachträglich, wenn schon nicht alles, so doch vieles so hinbiegen, daß in obskure Texte Sinn gedeutet wird. Die Nostradamus-Vierzeiler halte ich nur in einem geringen Umfang für Prophezeiungstexte im politisch-gesellschaftlich realen Sinn; ihr

Wahrheitswert wird von der »Fangemeinde« weit überschätzt und
unzulässig überinterpretiert. Verse aus seiner Feder zu Gescheh-
nissen seiner eigenen Lebenszeit sind fast nie erkennbar eingetroffen. Seine Auskünfte auf konkrete Anfragen in seiner Lebenszeit,
die er mittels Astrologie oder Sehergabe beantworten sollte, fielen
praktisch immer unklar und vor allem wenig hilfreich aus. Die
Jahres- und Monatssprüche seiner Almanache sowie sein Brief-
wechsel über Horoskopfragen beweisen das.

Welche der Verse echte innere Visionen waren, die sich auf
konkrete irdische Ereignisse beziehen, ist und bleibt weitgehend
umstritten. Ich zweifle nicht daran, daß es manche echte Voraussagen in den Centurien gibt, den Großteil halte ich indes für eher
von literarischem als von prophetischem Interesse. Jedoch
schließe ich mich der Ansicht von STEWART an, daß es mehr um
die philosophische und metaphysische Botschaft geht als um die
Zahl der Ereignisse, die zutreffend vorausgesagt wurden. Nostradamus hatte eine mystische Botschaft, die bislang übersehen
wurde. Zum Schluß dieses Buchs möchte ich darauf noch kurz
eingehen.

War Nostradamus ein Mystiker im eigentlichen Sinn dieses Wortes? War er also ein Mensch, der eigene und unmittelbare Gottes-
erfahrungen gemacht hatte? Ich meine, ja! Allerdings scheint für
Nostradamus die Grenze zwischen glaubwürdigen Vorstellungen,
visionären Träumen und astraler Schau einerseits und höchsten
göttlichen Offenbarungen andererseits – wie sie zum Beispiel
HILDEGARD VON BINGEN erlangte – nicht oder nicht immer
erkennbar gewesen zu sein.

Zwei Vierzeiler, die ich Ihnen hier in einer deutschen Übertragung vorstelle, werfen Licht auf den Seher von Salon als Mystiker.

II. Centurie, Vers 2:
»Der Körper ohne Seele wird nicht mehr geopfert,
der Todestag wird zum Geburtstag:
Der göttliche Geist wird die Seele glücklich machen,
die das Wort in seiner Ewigkeit sieht.«

Wie kann der Todestag zum Geburtstag werden? Wie kann man das »Wort in seiner Ewigkeit« sehen?

III. Centurie, Vers 2:
»Das göttliche Wort wird zur Substanz geben,
Eingeschlossen Himmel, Erde, okkultes Gold [oder: okkulte
　　Tatsache] in der mystischen Milch:
Körper, Seele, Geist, die alle Macht haben,
So viel unter seinen Füßen wie am himmlischen Sitz.«

Welches »göttliche Wort« wird welcher Substanz etwas geben? In welcher »mystischen Milch« sind Himmel, Erde und der Stein der Weisen (das »okkulte Gold«) enthalten? Welche Macht beherrscht sowohl Körper, Seele und Geist als auch die Erde »unter seinen Füßen« und gleichzeitig noch den Himmelssitz?

Nostradamus spricht hier meiner Meinung nach eine (die?) älteste Methode der Innenschau an, nämlich die Verbindung mit dem inneren Wort, mit jener schöpferischen Urkraft, aus der alles entsprungen ist und in die alles eines Tages zurückkehrt. Bekanntlich beginnt das JOHANNES-Evangelium mit den Worten: »Im Anfang war das Wort, und das Wort war bei Gott, und Gott war das Wort.« Damit sind selbstverständlich nicht die gesprochenen oder geschriebenen Wörter gemeint – aus Geschichte und Auslegung von Bibel und Centurien wissen wir zur Genüge, daß Wörter meist zu Verwirrung und Streit führen. Es geht vielmehr um eine Kraft, die nicht sichtbar und nicht greifbar ist und dennoch existiert, die man nicht mit den physischen Augen, sondern nur mit dem inneren Auge sehen kann – siehe auch Zitat über das innere Licht von PUTZIEN, Seite 165.

Der Mystiker ANGELUS SILESIUS hat im *Cherubinischen Wandersmann* dazu gedichtet:
»Du reisest, vielerlei zu seh'n und auszuspäh'n.
Hast du nicht Gott erblickt, so hast du nichts geseh'n.«
»Wer seine Sinne ins Inn're hat gebracht,
der hört, was man nicht hört und siehet in der Nacht.«
Es geht um eine Kraft, die uns die Augen des Geistes für unseren göttlichen Ursprung und unsere göttliche Bestimmung öffnen

kann, wenn wir damit in Verbindung gelangen. In der sogenannten
Sant-Mat-Lehre der Meditationsmeister des inneren Licht- und
Tonstroms ist die Kraft des Wortes wohlbekannt. HAZUR SAWAN
SINGH schrieb zu Beginn dieses Jahrhunderts in einem Brief nach
Amerika: »Ohne das WORT kann niemand Seelenfrieden erlan-
gen, obwohl man Millionen von Büchern lesen mag. Das Wort
ist universell in der ganzen Welt. Es gibt zweierlei Arten des
Wortes, das eine, das man spricht oder schreibt, das andere, das
weder gesprochen noch geschrieben werden kann. Wenn das
Bewußtsein des Menschen sich mit dem ungeschriebenen und
ungesprochenen WORT verbindet, zieht das WORT den
Menschen zu sich selbst, und die [innere] Tür [des dritten Auges]
ist geöffnet« (aus »*Spiritual Gems*«, Brief 161).

Nostradamus hat meiner Meinung nach von dieser Kraft
gewußt, er hat sie beschrieben, vielleicht wurde er sogar selbst
von einem lebenden Meister des Wortes »initiiert«. Nostradamus
als Mystiker: das ist ein Aspekt, der noch ein ähnlich großes
Reservoir an ungehobenen geistigen Schätzen bietet wie Nostradamus als Astrologe. Nostradamus als angeblicher Wahrsager
konkreter Ereignisse jedoch ist zu unklar, zu widersprüchlich, zu
angstbeladen, zu wenig überprüfbar und zu wenig konstruktiv,
um ihn heutzutage als Künder von Weltkriegen, Kirchenumbrü-
chen und Gesellschaftskatastrophen ernst zu nehmen.

Wer war Nostradamus? Nostradamus war ein ungewöhnlicher,
mutiger und erfolgreicher Heiler, aber kein Heiliger; ein intensiver
Sucher und geduldiger Forscher, aber kein Erleuchteter; ein her-
ausragender geistiger Kopf, aber nicht ohne menschliche Schwächen; ein genial beobachtender Astrologe und ein beseelter Visionär, aber kein unfehlbarer Prophet. Ist das nicht schon sehr viel
und sehr viel mehr Positives, als über uns selbst und die meisten
anderen Menschen gesagt werden könnte?

DARSHAN SINGH, ein Dichter und Mystiker unserer Tage,
betete:

»Diese Welt mag nicht mehr als ein andauernder Traum sein,
aber schenke uns die Verwirklichung des wahren Sinns des Lebens,
o Träger des WORTES.«

11

Was Nostradamus wirklich sagte

Vorwort des Nostradamus an César
in deutscher Übertragung

(Interpunktion und Abschnitte sind vom Verfasser hinzugefügt,
um eine etwas bessere Übersichtlichkeit des Textes zu gewähren.)

An meinen Sohn Cäsar Nostradamus – Leben und Heil
Deine späte Ankunft, mein Sohn César Nostradamus, hat mich
veranlaßt, in den langen Stunden meiner durchwachten Nächte
zum gemeinen Nutz und Frommen der Menschheit schriftlich
für dich aufzusetzen, was die Gottheit durch astronomische
Umwälzungen mir kundgegeben, um dir nach dem körperlichen
Erlöschen deines Erzeugers eine Erinnerung zu hinterlassen, weil
es dem unsterblichen Gott nicht gefallen hat, dich mit dem natürlichen Lichte ausgerüstet auf diesen Weltenstrich zu setzen, und –
ich will nicht sagen, deine Märzjahre, die noch vereinzelt dastehen,
sondern – deine Märzmonate nicht imstande sind, in dein schwaches Verständnis aufzunehmen, was ich erst nach dem Schlusse
meiner Tage werde vollenden können.
 Dieweilen es nun nicht möglich ist, dir schriftlich zu hinterlassen, was durch die Unbilden der Zeit verwischt würde, da das
vererbte Wort der verborgenen Weissagung in meiner Brust verschlossen bleiben wird; in Anbetracht auch, daß die Ereignisse
entschieden ungewiß sind, und daß alles von der unberechenbaren
Macht Gottes regiert und geleitet wird, der uns nicht im bacchantischen Furor noch in der emphatischen Bewegung, sondern in der
Schrift der Gestirne inspiriert – »nur die vom göttlichen Hauche
angehaucht und mit dem Geiste der Weissagung erfüllt sind,

schauen die Ereignisse« –, wiewohl ich seit vielen Jahren mehrere
Male lange Zeit vorausgesagt, was sich nachher begeben hat in
besonderen Regionen, alles der göttlichen Kraft und Inspiration
zuschreibend, und andere glückliche und unglückliche Begebenheiten mit beschleunigter Geschwindigkeit ausgesprochen, welche sich nachher in den Klimaten der Welt begeben haben; indem
ich aus Grund der Unbill, nicht allein der gegenwärtigen Zeit,
sondern auch des größten Teiles der Zukunft, schweigen und
nichts schriftlich aufsetzen wollte, weil die Reiche, Sekten und
Regionen eine so entgegengesetzte, nämlich in diametralem
Gegensatze zu der Gegenwart stehende Veränderung erleiden werden, daß, wenn ich berichten wollte, was sich begeben wird, die
vom Reiche, von der Sekte, von der Religion und vom Glauben
Widerspruch genug mit ihrer Ohrenphantasie darin finden würden, um zu verwerfen, was man im Laufe der Zeit erfahren und
wahrnehmen wird; in Anbetracht auch, daß der wahrhafte Erlöser
gesagt hat: »Gebet das Heilige nicht den Hunden hin und werfet
eure Perlen nicht den Schweinen vor, damit sie nicht mit ihren
Füßen sie zertreten, sich umwenden und euch zerreißen« – so
habe ich aus diesen Gründen meine Zunge vom Volke und die
Feder vom Papier zurückgezogen, und hierauf, wenn ich für das
Allgemeine die Zukunft erklärte, über die künftigen, selbst die
am meisten dringenden Ursachen, die mir, mag eine menschliche
Veränderung eintreten, welche da will, die Schwäche des Hörers
nicht zu ärgern schienen, in dunklen und verworrenen Sätzen
mich ausgedrückt und alles mehr in nebelhaften Umrissen als in
reiner prophetischer Sprache gegeben, wiewohl »du dies den Weisen und Gewaltigen verborgen hast und es geoffenbart den Einfäl-
tigen und Geringen«, sowie den Propheten.
    Mittelst des unsterblichen Gottes und der guten Engel haben
sie empfangen den Geist der Weissagung, mit welchem sie die
entfernten Dinge erkennen und die künftigen Ereignisse voraus-
sehen; denn nichts kann vollendet werden ohne ihn, der eine so
große Macht hat und Güte gegen die Geschöpfe, daß, solange sie
in ihm bleiben, obgleich den übrigen Einflüssen unterworfen, ob
der Verwandtschaft mit dem guten Genius, diese Wärme und
Gabe der Weissagung sich uns mitteilt, wie es bei den Strahlen

der Sonne der Fall ist, welche ihren Einfluß auf die elementarischen Körper ausüben und auf die nichtelementarischen.

Wir für uns, die wir Menschen sind, können nichts aus unserer natürlichen Erkenntnis und Wurmnatur erkennen von den dunklen Geheimnissen Gottes, des Schöpfers, »denn uns ist nicht gegeben die Zeit zu erkennen und die Stunde«, wiewohl auch immerhin Personen kommen und sein können, denen Gott der Schöpfer durch imaginative Eindrücke einige der judiziellen Astrologie zugestandenen Geheimnisse der Zukunft, sogar der Vergangenheit geoffenbart hat, und daß eine gewisse Macht und selbsttätige Erkenntnis daraus hervorging, wie die Flamme aus dem Feuer hervortritt, so daß man bei seinen Eingebungen die göttlichen Inspirationen von den menschlichen unterscheiden lernte.

Denn die göttlichen Werke, welche durchaus absolut sind, vollendet Gott, das Mittel die Engel, das Dritte die Bösen. Aber, mein Sohn, ich spreche hier ein wenig zu dunkel mit dir; jedoch was die verborgenen Weissagungen betrifft, so empfängt man sie durch den feinen Geist des Feuers, der bisweilen durch das erregte Verständnis, bis zu den höchsten Höhen der Gestirne sich erhebend, als aufmerksam selbst auf die Aussprache, wenn überrascht das Geschriebene ohne Furcht aussprechend, eine unbefangene Redseligkeit erlangt; was aber alles von der göttlichen Macht des großen ewigen Gottes kam, von welchem alles Gute kommt.

Wenn ich, mein Sohn, auch den Namen Weissagungen, was soviel ist wie Prophetengesichte, vorangestellt habe, so will ich einen Titel von solcher Erhabenheit nicht für die gegenwärtige Zeit anwenden, denn »wer heutzutage Prophet genannt wird, hieß ehedem Seher«; denn der eigentliche Prophet, mein Sohn, ist derjenige, der entfernte Dinge vermöge der natürlichen Erkenntnis aller Kreatur sieht. Und den Fall angenommen, daß dem Propheten mittelst des vollkommenen Lichtes der Weissagung göttliche wie menschliche Dinge offenbar werden, so kann jenes nicht geschehen, dieweil die Wirkungen der Vorhersagung des Zukünftigen sich in die Ferne erstrecken. Denn die unbegreiflichen Geheimnisse Gottes und die wirkende Kraft stehen in einer sehr entfernten Berührung mit der natürlichen Erkenntnis, welche ihre nächste Quelle in dem freien Willen hat, und die Ursachen an sich selbst können nie zu der Gabe der Erkennbarkeit gelangen, weder durch die menschlichen Vorwahrnehmungen noch durch irgendeine andere Erkenntnis oder verborgene Kraft im ganzen Umkreise des Himmels, ja der ganzen Ewigkeit, welche alle Zeit in sich schließt.

Aber mittelst einer, wenngleich unteilbaren, Ewigkeit lassen sich bei der sie begleitenden herakleischen Agitation die Ursachen durch die himmlische Bewegung erkennen. Auf daß du mich wohl verstehst, mein Sohn, ich sage nicht, daß die Erkenntnis dieses Gegenstandes sich nicht in dein schwaches Gehirn prägen könne, obgleich die weit entfernten zukünftigen Ursachen nicht der Erkenntnis der vernünftigen Kreatur zustehen, wenn anders das Erkenntnisvermögen der erschaffenen Seele für die entfernten gegenwärtigen Dinge nicht entgegensteht und sie ihr überhaupt nicht zu dunkel und zu relativ sind, sondern ich sage nur, die vollkommene Erkenntnis der Ursachen läßt sich nicht ohne jene göttliche Inspiration erwerben, weil jede prophetische Inspiration ihr hauptsächlichstes bewegendes Prinzip aus Gott dem Schöpfer und dann aus der Stunde und der Natur schöpft.

Weil denn die Ursachen indifferent sind, ohne Unterschied hervorgebracht oder nicht hervorgebracht, tritt teils die Vorbedeutung ein oder ist vorhergesagt worden. Denn das intellektuell erschaffene Verständnis kann auf verborgenem Wege nur durch die mittelst der dünnen Flamme an ihren Strahlenkranz ergangene Stimme sehen, auf welche Seite sich die künftigen Ursachen neigen mögen.

Auch bitte ich dich inständigst, mein Sohn, deinen Verstand nie jenen eitlen Träumen zuzuwenden, welche den Körper vertrocknen und die Seele ins Verderben stürzen, indem sie die schwache Vernunft verwirren; oder gar der eitlen, mehr als fluchwürdigen Magie dich hinzugeben, welche schon von der Heiligen Schrift und von den kanonischen Gesetzen verworfen wurde, die das Urteil der judiziellen Astrologie ausnehmen, nach welcher und mittelst göttlicher Inspiration und Offenbarung wir unter fortwährenden Berechnungen unsere Prophezeiungen niedergeschrieben haben. Und obwohl diese geheime Philosophie nicht verdammt worden, wollte ich doch ihre ausschweifenden Enthüllungen nicht vorlegen, wiewohl mir mehrere Bände, welche lange Jahrhunderte verborgen gewesen, geoffenbart worden.

Aber weil ich ahnte, was da kommen würde, weihte ich sie, nachdem ich sie gelesen, dem Vulkan, dessen leckende Flamme, während sie dieselben verzehrte, einen ungewöhnlichen Glanz verbreitete, weit strahlender als die natürliche Flamme, das Haus mit einem plötzlichen Strahlen erleuchtend, als stünde es auf einmal im Brande.

Daß du doch in Zukunft nie getäuscht würdest in Erforschung der vollkommenen, sowohl salinischen als solitarischen Verwandlung, und der unter der Erde und in den Wassern verborgenen unzerstörbaren Metalle. Was aber das Judizium betrifft, welches mittelst des himmlischen Judiziums vollendet werden soll, so will ich dir dies offenbaren: Wir erlangen Kenntnis von den künftigen Ursachen, indem wir, die phantastischen Bilder der Imagination durchaus verwerfend, die besonderen Verhältnisse der Örtlichkeiten durch übernatürliche göttliche Inspiration in Übereinstimmung mit den himmlischen Figuren, die Örtlichkeiten und einen Teil der ihrer Natur nach dunklen Zeit durch die göttliche Kraft, Macht und Fähigkeit bestimmen, in deren Angesicht die drei Zeiten von Ewigkeit her umschlungen sind, ihren Umschwung an die vergangene, gegenwärtige und zukünftige Ursache bindend: denn »alles liegt nackt und offen vor Dir, o Herr«, etc.

Darum kannst du, mein Sohn, ungeachtet deines zarten Gehirns, leicht begreifen, daß die Dinge, die da kommen sollen, aus den himmlischen Lichtern der Nacht, welche natürlich sind, und aus dem Geist der Prophezeiung prophezeit werden können; nicht als ob ich mir eine prophetische Benennung oder Wirkung zuschreiben wollte, sondern aus geoffenbarter Inspiration, die einem sterblichen Menschen zuteil geworden, der mit dem Verstande ebensowenig dem Himmel fernsteht wie mit den Füßen der Erde.

»Ich kann mich nicht irren noch täuschen«, [wiewohl] ich bin ein größerer Sünder als irgendein anderer in der Welt, unterworfen allen menschlichen Gebrechen.

Aber bisweilen in der Woche lymphatisch [ekstatisch] angeregt und mittelst langer Berechnung die nächtlichen Studien versüßend, habe ich Bücher mit Prophezeiungen entworfen, von denen jedes astronomische Strophen von Prophezeiungen enthält, die ich absichtlich etwas dunkel gegeben habe; und es sind ewig dauernde Weissagungen von jetzt an bis zum Jahre 3797; worüber etliche die Stirne runzeln werden, wenn sie einen so langen Zeitraum unter dem Monde gegeben sehen mit seinen Ursachen, erkannt im ganzen Umfang der Erde.

Wenn du das natürliche Alter des Menschen erreichst, wirst du um dein Klima im Gebiete des deiner Geburt eigentümlichen Himmels die vorausgesehenen künftigen Ereignisse erleben. Obwohl der Eine ewige Gott allein derjenige ist, der die Ewigkeit mittelst seines aus ihm selbst hervorkommenden Lichtes erkennt, sage ich doch offen, daß, wenn er seine unermeßliche Größe, die ohne Maß ist und unbegreiflich, durch lange melancholische Inspiration offenbaren wollte, daß mittelst dieser göttlich geoffenbarten verborgenen Ursache – wobei besonders von zwei grundsätzlichen Ursachen, welche enthalten sind in dem Verständnisse des Inspirierten, welcher prophezeit, die eine es ist, die, das übernatürliche Licht erhellend, der Person eingießt, welche nach der Belehrung der Gestirne voraussagt und nach der inspirierten Offenbarung prophezeit, die da ist eine gewisse Beteiligung an der göttlichen Ewigkeit – der Prophet sein Urteil aus demjenigen schöpft, was ihm sein göttlicher Geist durch Gott den Schöpfer und durch seine natürliche Anregung gegeben hat: das heißt, daß das, was vorausgesagt, wahr ist und von oben stammt und solches Licht und solcher Glanz doch gering sind gegen seine Erhabenheit; daß die natürliche Klarheit und das natürliche Licht die Philosophen ihrer Sache so gewiß macht, daß sie mittelst der Prinzipien der ersten Ursache die tiefsten Tiefen der erhabensten Lehren ergründet haben.

Aber damit ein Ende, auf daß ich nicht zu tief ausschweife, mein Sohn, für die zukünftige Fassungskraft deines Verstandes, und dieweil ich finde, daß die Wissenschaften einen so großen und unvergleichlichen Wurf tun, daß ich finde, es werden vor der allgemeinen Verbrennung der Welt solche Fluten und so hohe Überschwemmungen über sie kommen, daß nicht leicht ein

Gebiet sein werde, welches nicht mit Wasser bedeckt wäre, und zwar so lange, daß außer Ethnographien und Topographien alles untergehe. Auch vor und nach solchen Überschwemmungen werden mehrere Gegenden so wenig Regen haben und eine solche Fülle von Feuer und weißglühenden Steinen wird vom Himmel fallen, daß nichts übrigbleibt, was nicht verzehrt ist; und dieses wird sich in kurzem ereignen und vor der letzten Verbrennung, obgleich der Planet sein Säkulum vollendet und am Ende seiner letzten Periode, wenn er es wieder aufnimmt; aber versammelt die einen im Wassermann mehrere Jahre, die andern im Krebs längere und andauernde Zeit.

Und jetzt, wo wir vom Monde geleitet werden, ehe er seinen ganzen Umlauf vollendet hat, wird mittelst der Allmacht des ewigen Gottes die Sonne kommen und nachher der Saturn. Denn zufolge der himmlischen Zeichen wird das Reich Saturns wiederkehren, daß, alles berechnet, die Welt einer »anaragonischen« Umwälzung sich nähert und daß von diesem Augenblick an, wo ich schreibe, bevor 177 Jahre, 3 Monate und 11 Tage [herum] sind, durch Pestilenzen, lange Hungersnot und Kriege und mehr noch durch Überschwemmungen die Menschheit zwischen jetzt und der bestimmten Frist, vor und nach zu mehreren Malen so sehr verringert werden, und es so wenige Menschen geben wird, daß man niemanden findet, der die Felder bestellt, welche so lange frei bleiben, als sie in Knechtschaft gewesen.

Und was das sichtbare himmlische Judizium betrifft, stehen wir in dem siebenten Tausend, das alles vollendet, und nähern uns dem achten, wo das Firmament der achten Sphäre ist, in einer ungeheuren Dimension, wo der große ewige Gott die Veränderung vollenden wird und die himmlischen Zeichen sich wieder neu bewegen werden und die höhere Bewegung eintritt, welche uns die Erde stabil und fest macht, »sie wird sich nicht wandeln von Ewigkeit zu Ewigkeit«, außer daß sein Wille erfüllt werde, aber durchaus nichts anders; wiewohl nach zweideutigen Meinungen, welche alle natürliche Vernunft mit »mahomedanischen« Traumbildern überschreiten, Gott der Schöpfer bisweilen auch durch den Dienst seiner Feuerboten den äußeren Sinnen und selbst unseren Augen die Ursachen einer Vorhersagung des

Zukünftigen im Bilde des künftigen Ereignisses darlegt, das sich
auf denjenigen bezieht, welchem die Vorbedeutung geoffenbart
wird.

Denn die Vorbedeutung, die aus dem äußeren Lichte kommt,
urteilt untrüglich bei und nach dem äußeren Lichte; wiewohl
zwar der Anteil, den das Auge an der Wahrnehmung zu haben
scheint, nicht mit Verletzung des Imaginationsvermögens verbunden
ist, wovon der Grund zu sehr einleuchtet, da alles durch den
Hauch der Gottheit und durch Vermittlung des dem prophezeienden
Menschen inspirierten engelhaften Geistes vorhergesagt wird,
der ihm Weissagungen eingibt, ihn erleuchtend, die Fernsicht der
Phantasie durch verschiedene Erscheinungen der Nacht in ihm
erregend, die er in der Vergewisserung des Tages prophezeit durch
den Dienst der Astronomie, verbunden mit der allerheiligsten
Vorhersage der Zukunft, die übrigens lediglich auf dem freien
Geiste beruht.

Höre denn in dieser Stunde, mein Sohn, daß ich durch meine mit
der geoffenbarten Inspiration übereinstimmenden Veränderungen
finde, daß uns jetzt der Tod mit seinem Schwerte naht durch Pest,
Krieg, schrecklicher als seit drei Menschenaltern, und Hungersnot,
welche über die Erde kommen und wiederkommen wird;
denn die Gestirne stimmen darin überein, und Er hat auch gesagt:
»Ich will ihre Missetaten mit eiserner Rute heimsuchen und will
sie mit Schlägen züchtigen«, denn die Barmherzigkeit Gottes wird
nicht ausgestreut werden zu einer Zeit, mein Sohn, bis die meisten
meiner Weissagungen erfüllt sind und durch die Erfüllung vollendet
werden.

Alsdann wird während der bösen Zeitläufte der Herr zu mehreren
Malen sprechen: »Zerschlagen will ich und zerbrechen, und
ich will mich nicht erbarmen«; und tausend andere Ereignisse
werden kommen, Gewässer und fortwährende Regengüsse, wie
ich weitläufiger beschrieben habe in meinen anderen Weissagungen,
die ich des weiten und breiten in ungebundener Rede abgefaßt
habe, Ort und Zeit bestimmend und den voraus festgesetzten
Termin, was die Nachwelt erleben wird, untrüglich erkennend
die eingetretenen Ereignisse, wie wir für die übrigen bemerkt

haben, in deutlicherer Sprache, obgleich die Intelligenzen unter den Wolken gefangen sein werden; aber, »wenn die Unwissenheit entfernt sein wird, dann wird es hell werden.«

Schließlich denn empfange, mein Sohn, dieses Geschenk deines Vaters Michel Nostradamus, der dir eine jede Weissagung der vorliegenden Vierzeiler zu erklären hofft, und zum unsterblichen Gotte betet, daß er dir langes Leben und Glück und Gesundheit verleihen möge. Salon, den 1. März 1555

Diese deutsche Übertragung folgt hauptsächlich der von EDUARD RÖSCH vorgelegten Fassung, ebenso wie jene der folgenden »Epistel« an HEINRICH II. Weitere, teilweise erheblich abweichende, aber durchaus ebenso interessante und »richtige« Übertragungen sind beispielsweise bei EILENBERG/KRAUS und Leoni nachzulesen (siehe Literaturhinweise). Lateinische Einsprengsel in dem sonst mittelfranzösischen Text sind mit An- und Abführungszeichen gekennzeichnet.

Epistel an König Heinrich in einer deutschen Übertragung

(Einfügungen in eckigen Klammern bezeichnen einige weitere – bei weitem nicht etwa alle denkbaren! – Lesarten.)

Dem unüberwindlichsten großmächtigen und allerchristlichsten König von Frankreich, Heinrich dem Zweiten, Michel Nostradamus, sein allerunterwürfigster und gehorsamster Diener und Untertan, Sieg und Heil!

Seitdem infolge jener Allerhöchsten Aufmerksamkeit, die mir zuteil geworden ist, o allerchristlichster und siegreichster König, mein Angesicht, nachdem es lange Zeit umwölkt gewesen, vor Eurer maßlosen göttlichen Majestät erschienen, seit jenem Augenblicke bin ich fortwährend geblendet gewesen und habe nimmer aufgehört, jenen Tag, an welchem ich derselben als einer so einzig dastehenden und doch so menschenfreundlichen Majestät zum

ersten Male mich nahte, nach Verdienst zu preisen und zu verehren.

Indem ich nun irgendeine Gelegenheit suchte, frei und offen
meine unbegrenzte Dankbarkeit gegen Eure durchlauchtigste
Majestät an den Tag zu legen, wobei ich aber sah, daß es mir
unmöglich war, sie durch Taten sprechen zu lassen, verbunden
mit meinem heißen Verlangen, meine so lange Finsternis und
Nacht plötzlich erleuchtet und vor das Allerhöchste Auge des
ersten Monarchen der Welt gestellt zu sehen, so daß ich lange
Zeit im Zweifel war, wem ich diese drei Centurien des Restes
meiner Prophezeiungen, welche das Tausend vollenden, widmen
sollte, und nachdem ich lange an eine verwegene Keckheit gedacht,
wandte ich mich damit an Eure Majestät, ohne darum zu erschrek-
ken, wie der gewichtige Autor Plutarch in seinem »Leben Lycur-
gus« erzählt, daß beim Anblicke der Opfer und Geschenke, welche man in den Tempeln der unsterblichen Götter zu jener Zeit
darbrachte, die Leute, um nicht zu sehr über die besagten Kosten
und Ausgaben zu erschrecken, oft nicht in den Tempeln zu
erscheinen wagten.

Dessenungeachtet, weil ich Euren königlichen Glanz mit einer
unvergleichlichen Menschenfreundlichkeit verbunden sah, wandte ich mich an dieselbe, nicht wie an die Könige von Persien, vor
denen man nie erscheinen durfte; sondern einem hochverständigen und hochweisen Fürsten habe ich meine nächtlichen prophetischen Berechnungen gewidmet, die mehr nach natürlichem
Instinkt, begleitet von poetischer Begeisterung, als nach den
Regeln der Poesie entworfen sind, und zwar größtenteils entworfen nach der astronomischen Berechnung, entsprechend den Jahren, Monaten und Wochen der Regionen, Länder und der meisten
größeren Städte ganz Europas einschließlich Afrikas und eines
Teiles von Asien, nach dem Wechsel der Regionen, welche sich
größtenteils allen diesen Klimaten [Ereignissen] nahen, und entworfen nach einem natürlichen Verfahren; wiewohl einer, dem es
besser anstünde zu schweigen, einwenden könnte, die Zahl sei so
leicht als die Einsicht des Verstandes schwer.

Und darum, o allermenschenfreundlichster König, sind die meisten meiner prophetischen Vierzeiler dermaßen holprig, daß man

weder einen Weg darin finden noch sie interpretieren kann, wiewohl ich noch schriftlich zu hinterlassen hoffe die Jahre, Städte, Ortschaften und Regionen, in welchen der größere Teil sich ereignen wird, zumal die vom Jahre 1585 und vom Jahre 1606, beginnend mit dem gegenwärtigen Datum, welches ist der 15. März 1557 [RÖSCH schreibt fälschlich 1547], und weitergehend, tief in die Ferne, bis zu dem Ereignis, welches nachher eintreten wird im Anfange des siebenten Tausend, gründlich berechnet, soweit sich meine astronomische Berechnung und anderes Wissen erstrecken konnte, wo die Gegner Jesu Christi und seiner Kirche sich stärker zu vermehren anfangen werden; und alles ist entworfen und berechnet worden in auserwählten und wohlgestimmten Tagen und Stunden, und so genau, wie es immer möglich war.

Und alles mit freiem und ungezwungenem Geiste, beinahe ebenso viele Ereignisse der Zukunft berechnend als der vergangenen Zeiten mit Einschluß des Gegenwärtigen und dessen, was man im Laufe der Zeiten in allen Regionen erleben wird, alles so nämlich, wie es geschrieben steht, nichts Überflüssiges mit einmischend.

Wiewohl man sagt, daß von dem Zukünftigen keine Gewißheit gegeben ist, ist es wohl wahr, Sire, daß ich nicht aus meinem von meinen Voreltern mir gegebenen natürlichen Instinkte zu weissagen meinte, sondern diesen natürlichen Instinkt mit meiner langen, fortlaufenden Berechnung in Verbindung und Einklang brachte, und Seele, Geist und Gemüt von aller Sorge, Bekümmernis und Aufregung frei machte, durch Ruhe und Stille des Innern, alles in Übereinstimmung und geweissagt zum Teil auf dem ehernen Dreifuß.

Wiewohl mehrere sind, welche mir zuschreiben, was mir ist, als ob nichts daran wäre, so ist allein der ewige Gott, der die Menschen erforschet, ob sie frommen Gemütes sind und gerecht, der Barmherzige, der wahre Richter, den ich bitte, daß er mich gegen die Verleumdung der Bösen schützen möge, welche ebenso verleumderisch fragen können, warum Eure hocherhabenen Vorfahren, die Könige von Frankreich, Kröpfe geheilt, wie dann Fürsten anderer Nationen den Biß der Schlangen unschädlich gemacht, andere eine gewisse Weissagungsgabe gehabt haben, und andere Fälle, deren Aufzählung zu lange dauern würde. Obgleich aber diejenigen, welche die Bosheit des bösen Geistes haben, nicht begreifen wollen, so wird im Laufe der Zeit, nach dem Erlöschen meines irdischen Daseins, meine Schrift mehr begriffen werden als zu meinen Lebzeiten.

Wenn ich jedoch bei meiner Berechnung der Zeitalter irrte oder sie, wie etliche wollen, nicht möglich war, gefalle es Eurer mehr als kaiserlichen Majestät, mir zu verzeihen, wenn ich vor Gott und seinen Heiligen erkläre, daß ich in der gegenwärtigen Epistel durchaus nichts zu schreiben mich unterfange, was gegen den wahren katholischen Glauben ist, wenn ich die astronomischen Berechnungen mit meinem Willen zusammenstelle; denn die Zeit-räume unserer Urväter sind, mit Vorbehalt der Berichtigung durch den Heiligen Stuhl, der Art, daß der erste Mensch, Adam, lebte vor Noah ungefähr 1242 Jahre, die Zeiten nicht nach der Zeitrech-nung der Heiden berechnend, wie sie Varro geschrieben hat, son-dern nur allein nach der Heiligen Schrift und meinem schwachen Geiste, in meinen astronomischen Berechnungen.

Nach Noah, ihm und der universellen Wasserflut kam Abraham [nach] ungefähr 1080 Jahre[n], der war der oberste Astrolog und nach einigen zuerst die chaldäischen Schriften erfand. Danach kam Mose ungefähr 515 oder 516 Jahre [später]; und zwischen der Zeit Davids und Moses sind gewesen ungefähr 570 Jahre.

Sodann nachher zwischen der Zeit Davids und der Zeit unseres Heilands und Erlösers Jesu Christi, geboren aus der Jungfrau, sind gewesen nach etlichen Chronographen 1350; könnte jemand einwenden, diese Rechnung sei nicht richtig, weil sie nicht mit Eusebius übereinstimme.

Und von der Zeit der Erlösung des Menschengeschlechts bis zur verabscheuungswürdigen Verführung [Irrlehre] der Sarazenen sind gewesen 621 Jahre ungefähr; von da an kann man leicht zusammenbringen, welche Zeiten vergangen sind, ob meine Berechnung nicht gut und gültig ist für alle Nationen, weil alles berechnet wurde nach dem Laufe des Himmels in Verbindung mit einer zu gewissen Stunden eintretenden Anregung, dem Nach-lasse meiner Urväter.

Aber die Unbilden der Zeit, durchlauchtigster König, erfordern, daß solche verborgenen Ereignisse nur in rätselhafter Sprache geoffenbart werden, nicht bloß einen Sinn zulassend und ein Verständnis, ohne Beimischung irgendeiner mehrdeutigen »amphibologischen« Berechnung, sondern vielmehr in Dunkelheit gehüllt, vermöge natürlicher Anregung sich nähernd der Sprache eines jener 1002 Propheten, die es seit Erschaffung der Welt gegeben hat nach Joels Berechnung und Chronik – »Ich will meinen Geist ausgießen über alles Fleisch, und es werden weissagen eure Söhne und eure Töchter.«

Aber diese Prophezeiung kam aus dem Munde des Heiligen Geistes, der da war die höchste ewige Macht, mittelst der, wenn sie bei einigen aus dieser Zeit mit der himmlischen verbunden war, dieselben große und wunderbare Ereignisse vorausgesagt haben.

Ich an meiner Stelle schreibe mir diesen Vorzug [ein Prophet zu sein] keineswegs zu. Gott bewahre mich, ich bekenne, daß alles aus Gott kommt, und sage ihm Dank und Preis und Lob in Ewigkeit, ohne etwas von der Weissagung beigemischt zu haben, welche aus dem Fatum [Schicksal] kommt, sondern [ich halte mich an das] aus Gott, aus der Natur und größtenteils in Verbindung mit der Bewegung des himmlischen Laufes, so daß ich die großen, traurigen, wunderbaren Ereignisse und unglücklichen Begebenheiten, die den hervorragendsten Führern bevorstehen, wie in einem Brennspiegel, wie durch eine verschleierte Erscheinung sehe.

(Ab hier beginnt der prophetische Teil der Epistel.)

Vorerst wird den Tempeln Gottes, zum zweiten denjenigen, die hochgestellt sind, großer Verfall nahen mit tausend anderen unglücklichen Begebenheiten, wie man im Laufe der Zeit erfahren wird. Denn Gott wird die lange Unfruchtbarkeit der großen Dame ansehen, die danach zwei fürstliche Kinder empfangen wird; aber sie läuft Gefahr, durch die Verwegenheit des [jugendlichen] Alters den Tod zu erleiden im 18. [Jahr], und das 36. kann sie nicht überschreiten; sie wird drei Knäblein hinterlassen und ein Mägde-

lein, und zwei davon werden nicht ein und denselben Vater haben;
unter den drei Brüdern werden solche Zwistigkeiten sein, die
dann ausgeglichen und geschlichtet werden, daß drei Viertel von
Europa [vor ihnen] zittern [werden]; durch den Jüngsten wird
die Herrschaft Christi [christliches Königtum] erhalten und
gemehrt; Sekten erheben sich und [werden] plötzlich gestürzt,
Araber zurückgetrieben, Reiche vereinigt, neue Gesetze erlassen;
von den anderen Kindern wird das erste die gekrönten wilden
Löwen in Besitz nehmen, welche die Tatzen auf die furchtlosen
Waffen legen.

Das zweite [Kind] wird, von den Latinern begleitet, weiter und
weiter dringen, zittern und wütend den Berg Jupiters hinabstei-
gen, um die Pyrenäen zu erklimmen, in die alte Monarchie sich
versetzen, sodann alles mit Menschenblut überschwemmen, und
Mars [März] wird nicht lange Fasten halten.

Und die Tochter wird gegeben sein zur Erhaltung der christlichen Kirche, weil ihr Gebieter in die heidnische Sekte der neuen
Ungläubigen eintritt; sie wird zwei Kinder haben, das eine vom
Glauben, das andere vom Unglauben, zur Befestigung der katholischen Kirche. Und das andere wird ihr zu seiner großen Beschä-
mung und späten Reue nach dem Leben trachten.

Drei Regionen werden in ganz anderer Weise miteinander im
Bunde stehen, nämlich Romanien, Germanien, Spanien, welche
verschiedene Sekten bilden werden, hinter sich lassend den 50.
und 52. Grad der Höhe [Breitengrad], und werden alle huldigen
den entfernten Religionen in den europäischen und nördlichen
Regionen unter 48 Grad Höhe, welche zuerst zittern aus eitler
Furcht, worauf alsdann werden erzittern die entferntesten Okzidentalen, Meridionalen und Orientalen [West, Süd und Ost?],
denn so groß wird ihre Macht sein, daß unüberwindlich ist, was
sie in Verbindung und Einigkeit an kriegerischen Eroberungen
machen. Im Wesen werden sie eins sein, aber gewaltig verschieden
im Glauben.

Nach diesem wird die unfruchtbare Dame mächtiger als die
zweite, von zwei Völkern empfangen werden. Das erste wider-

spenstige ist dasjenige, das da Macht erhalten hat über alles, das
zweite und dritte dasjenige, das seine Streitkräfte nach den Marken
des östlichen Europa zu den Pannonen ausdehnen wird und
schlägt und niederwirft und seine Segel nach Trinakrien [Sizilien],
dem adriatischen Meer schickt und die Mirmidonen und die Ger-
manen unterjocht; und die barbarische Sekte wird von den Latinern gewaltig geschlagen und verjagt werden.

Dann wird das große Reich des Antichristen beginnen; Attila
und Xerxes werden herabkommen in großer unzähliger Zahl,
so daß die Herabkunft des Heiligen Geistes, ausgehend vom
48. Grade, eine Völkerwanderung bringen wird, vertreibend das
Greuel des Antichristen, der da Krieg führt gegen den Königlichen, welcher der große Vikar von Jesus Christus sein wird
[Papst?], und gegen seine Kirche und sein »zeitliches und zeitbe-
dingtes« Reich; und vorhergehen wird eine Sonnenfinsternis, die
dunkelste und schwärzeste, die von Erschaffung der Welt bis zum
Leiden und Sterben Jesu Christi und von da bis auf unsere Tage
gewesen ist; und es wird geschehen im Monat Oktober, daß eine
große Verschiebung wird eintreten, so gewaltig, daß man glauben
wird, die Wucht der Erde habe ihre natürliche Bewegung verloren
und sei in die ewigen Finsternisse hinabgestürzt, vorausgehen
werden um die Zeit des Frühlings und nachfolgen außerordentli-
che Veränderungen, Umwandlungen von Reichen, große Erdbe-
ben mit ungemeiner Vermehrung des neuen Babylon, vermehrt
die elende Tochter durch das Greuel des ersten Brandopfers; und
es wird nicht länger also bleiben denn 73 Jahre, 7 Monate; alsdann
wird diejenige aus dem Stamme hervorgehen, welche so lange
Zeit unfruchtbar gewesen, ausgehend aus dem 50. Grad, welche
die ganze christliche Kirche erneuern wird.

Und es wird entstehen großer Friede und Einigkeit zwischen den
Kindern, die durch verschiedene Reiche voneinander getrennt und
geschieden sind; und es wird ein solcher Friede entstehen, daß
im tiefsten Abgrund angekettet bleiben wird der Aufwiegler, der
die Parteien durch die Verschiedenheit der Religionen gegeneinan-
derhetzt und den Krieg unterhält, und es wird einig werden das
Reich des Narren, der den Weisen spielen wird.

Und die Länder, Städte, Flecken, Reiche und Provinzen, welche
verlasssen haben werden die ersten Wege, [um] sich zu befreien,
werden, noch tiefer geknechtet, heimlich erzürnt sein über ihre
Freiheit und den Verlust der vollkommenen Religion und werden
anfangen, auf die linke Seite sich zu schlagen, um sich auf die
rechte zu wenden; und sie werden die lange Zeit mit Füßen getre-
tene Heiligkeit in ihrem alten Geiste wiederherstellen, und nach
dem großem Hund wird hervorkommen der größere, der alles
zerstören wird, selbst dasjenige, was zuvor vollendet sein wird;
und es werden die Tempel wieder aufgerichtet werden wie in der
ersten Zeit, und wird die Geistlichkeit wieder in ihren früheren
Stand eingesetzt werden, und wird anfangen zu schwelgen in
Üppigkeit und Hurerei und begehen tausend Greueltaten.

Und, einem anderen trostlosen Zustand nahe, während sie [laut
LEONI ist die Geistlichkeit beziehungsweise die pervertierte Kirche gemeint; Nostradamus ist wieder einmal recht unklar] im
Höhepunkt ihres Glanzes steht, werden sich Potentaten und
Kriegsvölker erheben, und es werden ihr genommen werden die
beiden Schwerter, und wird ihr nichts bleiben als die Fahnen, mit
denen sie, das Volk anführend mittelst der Krümmung, die es
anzieht, während sie sich nicht zu ihm herablassen will, mit dem
entgegengesetzten Ende der spitzigen Hand die Erde berührend,
es stacheln möchte, bis von einem Zweige der Unfruchtbaren
geboren werden wird in langer Zeit [jener], der das ganze Volk
befreit von dieser milden und freiwilligen Knechtschaft, sich bege-
bend in den Schutz des Mars, und Jupiter beraubend all seiner
Ehren und Würden für die freie Stadt, die sich aufgetan und
eingerichtet in einem zweiten kleinen Mesopotamien.

Und der Führer und Statthalter aus der Mitte genommen und
hoch in die Luft gestellt werden; er weiß nichts von dem geheimen
Bunde der Verschworenen mit dem zweiten »Trasibulus«, der
lange Zeit alles geleitet haben wird; alsdann werden die unflätigen
Greuel zur großen Schmach aufgedeckt und offenbar werden in
den Finsternissen des verfinsterten Lichts; dies wird geschehen
gegen das Ende, beim Wechsel seiner Regierung.

Und die Schlüssel der Kirche werden zurück sein mit der Liebe
Gottes, und mehrere von ihnen werden abfallen vom wahren

Glauben, und drei Sekten werden sein; die mittlere wird durch ihre Oberhäupter etwas in Verfall geraten; die erste in Europa ganz, im größten Teil Afrikas zum dritten Teil ausgerottet durch die Armen im Geiste, die, durch den geistlichen Hochmut verrückt, in Schwelgerei und Wollust zu Ehebrechern werden.

Der Pöbel wird sich erheben und die Anhänger der Gesetzgeber verjagen, und es wird scheinen, als ob in den vom Orient geschwächten Reichen Gott der Schöpfer den Satan aus den Kerkern der Hölle losgelassen hätte, um den großen »Dohan« [oder Dog und Doham; oder Gog und Magog] zu rufen, welcher eine so schreckliche Verheerung in den Kirchen anrichten wird, daß die Roten und Weißen, der Augen und Hände beraubt, nicht mehr berichten werden und ihnen ihre Gewalt genommen wird. Alsdann wird eine Verfolgung über die Kirchen hereinbrechen, wie sie noch nie gewesen. Und mittlerweile wird eine so große Pest entstehen, daß von drei Teilen der Welt mehr als zwei verschwinden werden; so daß man nicht mehr erkennen wird, wem die Felder und Häuser gehören, und daß man in den Straßen bis über die Knie im Grase waten wird.

Und der Geistlichkeit wird alles genommen werden, und die Schildträger des Mars werden alles an sich reißen, was von der Sonnenstadt von Melite [Malta oder Rom?] und den Stöchaden-Inseln [Isles d'Hyères] gebracht wird, und die große Kette des Hafens wird erschlossen sein, deren Herrschaft am Seeochsen [Marseille?] ihren Anfang nimmt.

Und ein neuer Einfall wird geschehen auf den Meeresstränden, um die Gebirge Castulus [Sierra Morena] zu befreien von der ersten Wiedereroberung durch die Mahometaner [Mohammedaner]. Und sie werden nicht frei sein von aller Befleckung, und gegen die Stätte; wo dereinst die Wohnung Abrahams stand, werden Leute anstürmen, welche den Jovialisten [von Jupiter] Verehrung zollen. Und dieselbige Stadt Achem [Shechem in Israel?] wird auf allen Seiten von ungeheurer Kriegsmacht umschlossen und angegriffen werden. Ihre Seemacht wird geschwächt werden durch die Okzidentalen [die vom Westen].

Und über dieses Reich werden große Verheerungen kommen,

und die großen Städte werden entvölkert werden, und die da
hineintreten, werden von der Rache des göttlichen Zornes mitge-
troffen werden.

Und es wird das so hochverehrte Grab lange Zeit bloß liegen
vor aller Welt, den Blicken offen des Himmels, der Sonne und
des Mondes. Und es wird verkehrt werden die heilige Stätte in
eine Herberge für kleines und großes Vieh und eingerichtet für
unheilige Dinge. O welch schrecklicher Jammer wird alsdann
kommen über die schwangeren Weiber!

Und es wird das vornehmste Heer des Orients, größtenteils auf-
geregt von den Septentrionalen und Okzidentalen (Norden und
Westen), besiegt und erschlagen und die übrigen in die Flucht
getrieben, und seine Kinder und Weiber gefangen weggeschleppt
werden; und alsdann wird erfüllt werden die Weissagung des
königlichen Propheten: »Daß er höre die Seufzer der Gefangenen,
daß er löse die Söhne der Gefallenen.«

Wie werden alsdann geschlagen werden die Fürsten und Statthalter der Reiche, selbst diejenigen, die am Meere liegen und im
Morgenlande, und ihre Sprachen werden sich selbst einmengen in
die große Gesellschaft, die lateinische und die arabische durch die
punische Kommunikation, und es werden alle diese orientalischen
Könige vertrieben werden, zu Boden geschlagen und ausgerottet,
nicht ganz durch die Streitmacht der Könige des Nordens, auch
in der Nähe unserer Welt durch die drei Verbündeten, die da heimlich einander nach dem Leben trachten und Schlingen legen; und
es wird dauern die Erneuerung des Triumvirats sieben Jahre, daß
der Ruf solcher Sekte sich ausbreiten wird durch die ganze Welt
und wird aufgerichtet werden das reine und heilige Opfer; und es
werden alsdann sein der Herren zwei an der Zahl im Norden,
Sieger über die Orientalen, und wird sein bei ihnen so großer
Kriegslärm und Tumult, daß selbiger ganzer Orient erzittert aus
Schrecken ob der selbigen Brüder und Nichtbrüder des Nordens.

(Bis hierher gehen die Prophezeiungen, nun folgen vorsorgliche
Worte an den König, danach Berechnungen über die Schöpfungs-
geschichte.)

Und was das betrifft, Sire, daß ich in diesem Schreiben diese Weissagungen beinahe verworren hinstelle, und wann diese Ereignisse sich begeben werden in Betreff der Berechnung der Zeitfolge, [ich] dies gar nicht angebe, oder nicht sehr in Übereinstimmung mit dem Früheren [früheren Prophezeiungen]: so könnte dies sowohl auf astronomischem Wege als auch auf einem anderen, selbst nach der Heiligen Schrift, welche durchaus unfehlbar ist, geschehen; ich könnte, wenn ich wollte, jeder Strophe die Angabe der Zeit beisetzen, aber nicht allen wäre diese Angabe genehm, noch weniger die Auslegung, es müßte mir denn Eure Majestät zuvor ausgedehnte Vollmacht dazu gegeben haben, um den Verleumdern keinen Anlaß zu geben, mich zu beißen.

Wenn ich indessen die Jahre zähle von Erschaffung der Welt bis zur Geburt Noahs, so sind verflossen 1506 Jahre, und von der Geburt Noahs bis zur Vollendung der Arche bei Herankunft der allgemeinen Wasserflut sind verflossen 600 Jahre [es fragt sich, ob die Berechnung sich auf die Sonne oder den Mond oder auf beide zugleich gründet; ich halte dafür, daß die Heilige Schrift Sonnenjahre meint]. Und am Ende dieser 600 Jahre trat Noah in die Arche, um sich vor der Flut zu retten; und es erstreckte sich selbige Flut über die ganze Erde und dauerte 1 Jahr und 2 Monate. Und vom Ende der Flut bis zur Geburt Abrahams verflossen 295 Jahre. Und von der Geburt Abrahams bis zu der Geburt Isaaks verflossen 100 Jahre. Und von Isaak bis Jakob 60 Jahre; von seinem Eintritt in Ägyptenland bis zum Auszuge aus demselben verflossen 130 Jahre. Und vom Auszuge aus Ägypten bis zur Erbauung des Tempels durch Salomo im vierten Jahre seiner Regierung verflossen 480 Jahre. Und von der Erbauung des Tempels bis Christus verflossen nach der Berechnung der Hierographen 490 Jahre.

Und so sind es denn nach dieser Berechnung, die ich aus heiligen Büchern zusammengestellt habe, ungefähr 4173 Jahre und 8 Monate mehr oder weniger. Von Christo aber bis jetzt lasse ich es nach der Verschiedenheit der Sekten [dahingestellt]; bei den gegenwärtigen Prophezeiungen berechnete ich alles nach Ordnung der Kette, welche ihren Kreis umschließt, alles nach der Lehre der Astronomie und nach meinem natürlichen Instinkt;

und nach einiger Zeit und in derselben mitinbegriffen von der
Zeit an, daß Saturn wird wiederkehren am 7. des Monats April
bis zum 25. August, Jupiter am 14. Juni bis 7. Oktober, Mars
vom 17. April bis 22. Juni, Venus vom 9. April bis zum 22. Mai,
Merkur vom 2. Februar bis zum 24. desselben Monats, und vom
25. September bis zum 16. Oktober, Saturn im Steinbock, Jupiter
im Wassermann, Mars im Skorpion, Venus in den Fischen, Merkur
in einem Monat im Steinbock, Wassermann und Fischen, der
Mond im Wassermann, der Kopf des Drachen [aufsteigender
Mondknoten] in der Waage, während der Schweif, am entgegengesetzten Ende seines Sternbildes, einer Konjunktion Jupiters mit
Merkur folgt, mit einem Geviertschein [Quadrat] von Mars gegen
Merkur, und der Kopf des Drachen bei einer Konjunktion der
Sonne mit Jupiter.

(Ab hier setzen neue Prophezeiungsaussagen ein.)

Und das Jahr wird friedlich sein ohne Eklipse [Finsternis]; aber
nicht ganz, es wird hereinbrechen mit dem Anfange selbigen Jahres eine Verfolgung über die christliche Kirche, größer als in
Afrika gewesen, und dauern wird dieselbe bis zum Jahre 1792,
daß man glauben wird, die Welt sei in der Erneuerung begriffen;
danach wird das römische Volk anfangen, sich wiederaufzurichten
und etliche dunkle Finsternisse verjagen; es wird wieder etwas
von seinem früheren Glanze erlangen, nicht ohne große Spaltung
und fortwährende Veränderungen.
　　Danach wird Venedig mit großer Kraft und Macht seine Flügel
so hoch heben, daß es der Stärke des alten Roma nahekommt.
Und zu selbiger Zeit wird es byzantinischen Segeln, die verbündet
sind mit den ligurischen, unterstützt von der Macht »Aquilons«
[des Nordens?], durch die Quere fahren, daß von zwei Kretern
ihnen nicht Glaube gehalten wurde. Die von den alten Martialen
[Marsverehrer oder Krieger] erbauten Triumphbögen werden sie
begleiten auf den Wogen Neptuns [PATRIAN übersetzt: über den
»Bögen werden die Wellen Neptuns zusammenschlagen«]. In der
Adria wird große Zwietracht entstehen; was vereint ist, wird
getrennt werden; zum Haus wird herabsinken, was eine große

Stadt war und noch ist, das europäische Mesopotamien [Zwei-stromland] wird der »Pempotam« [Allgewaltige; oder »All-Strom«] nehmen bis zu 45 [Grad] und andere von 41, 42 und 37 [Breitengrad].

Und in selbiger Zeit und in selbigen Ländern wird die höllische Macht gegen die Kirche Christi die Macht ihrer Widersacher ihres Gesetzes aufbieten, die da sein wird der zweite Antichrist, welcher verfolgen wird selbige Kirche und den wahren Statthalter durch die Macht der weltlichen Könige, die vermöge ihrer Unwissenheit durch die Rede verführt werden, welche tiefer einschneiden wird als je ein Schwert in den Händen des Narren.

Die besagte Herrschaft des Antichristen wird nur bis zum Tode jenes dauern, der am Anfang des Zeitalters [Zeitwechsels?] gebo-ren wurde und dessen aus der Stadt Plancus [Lyon?]. Verbunden mit dem Erwählten von »Modone Fulcy« [dem Hause Modena?] und von Ferrara, erhalten von den adriatischen Liguriern [Vene-zier?] und der Nähe des großen Trinakrien [Sizilien?]. Dann wird er den Berg Jupiters überschreiten [Leoni bietet an: den Großen Sankt Bernhard]. Der gallische Herkules wird von einer so großen Zahl begleitet, daß das Reich seines großen Gesetzes sich sehr weit erstrecken wird. Einige Zeit später wird das Blut Unschuldi-ger weit und breit durch die erst kürzlich erhobenen [oder: halb-gebildeten] Schuldigen vergossen. Dann wird aufgrund großer Überschwemmungen die Erinnerung an Dinge, welche in diesen Instrumenten enthalten sind, unberechenbare Verluste erleiden, sogar Briefe. Dies wird den »Aquiloniern« durch den Willen Got-tes geschehen und Satan wird erneut gebunden [Patrian überträgt: »der bei den Nordländern ist, wird durch Göttlichen Willen Satan noch einmal bändigen«].

Universeller Friede wird unter den Menschen errichtet und die Kirche Jesu Christi wird von allen Heimsuchungen befreit, obwohl die »Azostains« [Philister?] Galle und ihre pestilenzartige Verführung in den Honig mischen möchten. Dies wird sich nahe dem siebten Jahrtausend ereignen [Leoni errechnet nach Nostra-damus' eigener Methode das Jahr 1826], wenn das Heiligtum [oder: Zuflucht] Jesu Christi nicht mehr länger mit Füßen getreten

wird von den Ungläubigen, die von »Aquilon«. Die Welt nähert
sich einer großen Feuersbrunst, obwohl nach meinen Berechnungen in meinen Prophezeiungen der Lauf der Zeit viel länger dauert
[die Welt noch überleben wird].

In der Epistel, die ich vor einigen Jahren meinem Sohn César
Nostradamus gewidmet habe, habe ich manche Dinge offen genug
dargelegt, ohne [sie in die Form von] Weissagungen [zu hüllen].
Aber hier, o Sire, sind etliche großartige und wunderbare Ereignisse enthalten, welche jene, die später kommen, sehen werden.

Und nach dieser astrologischen Berechnung, verglichen mit der
Heiligen Schrift, wird die Verfolgung der Geistlichkeit von der
Macht der Könige »Aquilons« ausgehen, im Bunde mit den Orientalen. Diese Verfolgung wird elf Jahre andauern, oder etwas kür-
zer, denn dann wird der König »Aquilons« fallen.

Danach wird sich dasselbe im Süden ereignen, wo die Kirche
drei Jahre lang sogar noch gewalttätiger durch die »apostatische
Verführung« [Gegenpapst?] verfolgt werden wird, welcher die
ganze absolute Macht in der kämpfenden Kirche innehat. Das
Heilige Volk Gottes, welches sein Gesetz einhält, wird grausam
verfolgt und sein Leiden wird so groß sein, daß das Blut der
wahren Geistlichkeit überall fließt.

Einem der schrecklichen weltlichen Könige wird von seinen
Anhängern gesagt, als höchstes Lob, daß er mehr Menschenblut
der Unschuldigen Geistlichkeit vergossen hat, als irgend jemand
hätte Wein vergießen können. Dieser König wird unglaubliche
Verbrechen gegen die Kirche begehen. Menschenblut wird auf
den öffentlichen Straßen und in den Tempeln fließen wie Wasser
nach einem Sturzregen, und es wird die nahen Flüsse rot mit Blut
färben. Das Meer selbst wird von einer weiteren Seeschlacht rot
gefärbt, so daß ein König dem anderen sagen wird, »Seeschlachten
haben das Meer zum Erröten gebracht«.

Danach wird im selben Jahre und in den folgenden Jahren die
fürchterlichste Pest hereinbrechen, die um so außerordentlicher
erscheinen wird, weil ihr die Hungersnot vorausgeht, und Drang-
sale werden alle latinischen Regionen heimsuchen, wie man sie
seit Gründung der christlichen Kirche nie erlebt hat, und Spuren
werden in einigen Gegenden Spaniens davon zurückbleiben.

Alsdann wird der dritte König »Aquilons«, wenn er die Klage seiner Hauptvölkerschaft vernimmt, ein großes Heer aufrichten und die Wege seiner letzten Väter und Vorväter wandeln, welcher wird das meiste wieder in seinen Stand zurückstellen, und der Großstatthalter der Kappe wird in seinen alten Stand gesetzt werden, aber hilflos und von allem verlassen, und das Allerheiligste wird zerstört werden vom Heidentum, und das Alte und Neue Testament wird geächtet und verbrannt werden; alsdann wird der Antichrist der höllische Fürst sein, und zum letzten Male werden alle Reiche der Christenheit, wie der Ungläubigen, zittern 25 Jahre lang, und werden Streitigkeiten, Kriege und Schlachten vorfallen, und werden Städte, Flecken, Burgen und alle übrigen Gebäude verbrannt, zerstört, vernichtet werden mit großem Blutvergießen, und es werden Jungfrauen, Weiber und Witwen geschändet werden und Säuglinge gegen die Mauern der Städte geschleudert und zerschmettert werden, und so viel Unheil wird der höllische Fürst, der Satan, ausrichten, daß schier die ganze Welt darüber zugrunde geht; und vor diesen Ereignissen werden etliche ungewöhnliche Vögel in der Luft schreien: weh, weh, und nach einiger Zeit werden sie verschwunden sein.

Und nachdem solche Zeit lange gedauert hat, wird schier ein anderes Reich Saturns sich erneuern und wieder ein goldenes Zeitalter beginnen; Gott der Schöpfer wird das Elend seines Volkes ansehen und sprechen: Satan soll geworfen werden in die Tiefe des Abgrunds und gebunden werden in der tiefen Grube; und nun wird beginnen zwischen Gott und den Menschen ein allgemeiner Frieden, und er wird gebunden bleiben ungefähr 1000 Jahre, und zu ihrer höchsten Macht wird wieder gelangen die geistliche Gewalt, und danach wird er [der Teufel] wieder losgebunden.

Alle diese Bilder der göttlichen Bücher stimmen genau mit den sichtbaren himmlischen Dingen überein, nämlich mit Saturn, Jupiter und Mars und den übrigen im Bunde, wie man des näheren aus etlichen Vierzeilern ersehen kann. Ich würde tiefer in die Rechnung eingegangen sein und diese Übereinstimmungen einzeln miteinander verknüpft haben, o durchlauchtigster König, aber dieweil etliche [Verse] bei der Zensur Schwierigkeiten finden würden, will ich meine Feder beiseite legen, um meine Nachtruhe [zu finden; der folgende Text ist im Original auf lateinisch abgefaßt]:

Viele Ereignisse, o höchstmächtigster aller Könige, der erstaunlichsten Art werden sich baldigst ereignen, aber weder konnte noch wollte ich sie alle in diese Epistel einfügen; um jedoch bestimmte fürchterliche Tatsachen zu begreifen, mußten einige wenige vorgebracht werden. So groß ist Eure Größe und Menschlichkeit vor den Menschen und Eure Frömmigkeit vor den Göttern, daß Ihr allein des großen Titels des Allerchristlichsten Königs würdig erscheint, dem die höchste Autorität in aller Religion [in allen Religionsfragen] zugeschrieben werden sollte.

Nur um das Eine bitte ich Euch, allerhuldreichster König, bei jener Eurer besonderen Einsicht und Menschenfreundlichkeit, vielmehr das Verlangen meines Gemütes anzusehen und den unbegrenzten Eifer, den ich habe, Eurer durchlauchtigsten Majestät zu gehorchen, seitdem meine Augen Eurem Sonnenglanze so nahe waren, als die Größe meiner Arbeit weder erreicht noch verlangt. Aus Salon, (an) diesem 27. des Juni 1558.

Verfaßt von Michel Nostradamus, Salon in der Provinz Petri.

Dieser Text folgt in weiten Teilen RÖSCH, berücksichtigt aber auch LEONI, PATRIAN und DIMDE.

Die französischen Texte folgen im wesentlichen den von Manfred Dimde in seinem Computerprogramm vorgelegten Fassungen (die gegenüber seinen Buchveröffentlichungen inzwischen überarbeitet worden sind!).

Französischer Originaltext: Vorrede des Nostradamus an seinen Sohn César

Ad Caesarem Nostradamum filium Vie et felicite.

Ton tard advenement, Cesar Nostradame mon fils, m'a faict mettre mon long temps par continuelles vigilations nocturnes referer par escript toy delaisser memoire, apres la corporelle extiction de ton progeniteur, au commun profit des humains, de ce que la divine essence par Astronomiques revolutions m'ont donne cognoissance. Et depuis qu'il a plu au Dieu immortel que tu ne sois venu en naturelle lumiere dans ceste terreine plaige, et ne veux dire tes ans qui ne sont encores accompaignez, mais tes mois Marti aux incapables a recevoir dans ton debile entendement ce que ie seray contraint apres mes iours definer: veu qu'il n'est possible te laisser par escrit, ce que seroit par l'iniure du temps oblitere: car la parole hereditaire de l'occulte prediction sera dans mon estomach intercluse: considerant aussi les adventures definiment estre incertaines; et que le tout est regy et gouverne par la puissance de Dieu inestimable, nous inspirant non par bacchante fureur ne par limphatique mouvement, mais par astronomi ques assertions. Soli numine divino afflari praesaguint et spiritu prophetico particularia. Combien que de long temps par plusieurs fois i'aye predict long temps auparavant ce que depuis est advenu, et en particulieres regions attribuant le tout estre faict par la vertu et inspiration divine, et autres felices et sinistres adventures de acceleree promptitude pronocees que depuis sont advenues par les climats du monde: ayant voulu taire et delaisser pour cause de l'iniure, et non tant seulement du temps present, mais aussi de la plus grand part du futur, de mettre par escrit, pource que les regnes, sectes, et regions feront changes si opposites; voire au respect du present diametralement, que si ie venois a referer ce qu'a l' advenir sera ceux du regne, secte, religion, et foy, trouveroient si mal accordant a leur fantasie auriculaire, qu'ils viendroyent a damner ce que par les siecles advenir on cognoistra estre veu et apperceu. Considerant aussi la sentence du vray Sauveur. Nolite sanctum dare canibus, nec mittratis margaritas ante porcos, ne conculcent pedibus et conversi dirumpant vos. Qui a esté la cause de faire retirer ma langue au populaire, et la plume au papier, puis me suis voulu estendre declarant pour le commnn advenement, par obstruses et perplexes sentences des causes futures, messmes les plus urgentes, et celles que j'ay apperceu, quelque humaine mutation qu'advienne ne scandaliser l'auriculaire fragilité, et le rout escrit soubz figure nubileuse, plus que du tout prophetique, combien que, Abscondisti haec à sapiendibus, et prudentibus, id est, potentibus et regibus, et enucleasti ea exiguis et tenuibus: et aux Prophetes par le moyen de Dieu immortel, et des bons Anges ont receu lèsprit de

vaticination, par lequel ils voyent les
choses loingtaines, et viennent à
prevoir les futurs advenemens: car
rien ne se peut parachever sans luy,
ausquels si grande est la puissance; la
bonté aux subiects, que pendant
qu'ils demeurent en eux, toutesfois
aux autres effects subiects pour la
similitude de la cuase du bon genuius;
effects subiects pour la similitude de
la cause du bon genius; celle chaleur
et puissance vatic inatrice s'approche
de nous: comme il nous advient des
rayons du Soleil, qui viennent iettant
leur influence aux corps elementaires,
et non elementaires. Quant a nous
qui sommes humains, ne pouvons
rien de nostre naturelle cognoissance
et inclination d'engin, cognoistre des
secrets obsturses de Dieu le Createur.
Quia non est nostrum noscere
tempora, nec momenta etc. Combien
qu'aussi de present peuvent advenir
et estre personnages, que Dieu le
Createur aye volureveler par
imaginatives impressions, quelques
secrets de l'advenir, accorder a
l'astrologie iudicielle, comme du
passé, que certaine puissance et
volontaire faculté venoit par eux,
comme flambe de feu apparoit, que
luy inspirant on venoit à iuger les
divines et humaines inspirations. Car
les oeuvres divines, que totalement
sont absolues, Dieu les vient
parachever: la moyenne qui est au
milieu les Anges: la troisiesme les
mauvais. Mais mon fils, ie te parle icy
un peu trop obstrusement: mais
quant aux occultes vaticinations
qu'on vient a revecoir par le subtil
esprit du feu, qui quelquesfois par l'
entendement agité contemplant le
plus haut des astres, comme estant

vigilant, mesme qu'aux pronon-
ciations, estant surprins escrits
prononcant sans craincte moins
attainct d'inverecande loquacité: mais
quoy tout procedoit de la puissance
divine du grand Dieu eternel de qui
toute bonte procede. Encores mon
fils, que i'ye inseré le nom de
Prophete, te ne me veux attribuer
tiltre de si haute sublimité pour le
temps present: car qui Propheta
dicitur hodie, olim vocabatur videns:
car Prophete proprement mon fils,
est celuy quit voit choses loingtaines
de la cognoissance naturelle de toute
creature. Et cas advenant que le
Prophete moyennant la parfaicte
lumiere de la prophetie luy appaire
manifestement des choses divines,
comme humaines, que ce ne se peut
faire, veu que les effects de la future
prediction s'estendent loing. Car les
secrets de Dieu incomprehensibles, e
la vertu effectrice contigent de longue
estendue de la cognoissance naturelle,
prenant leur plus prochain origine du
liberal arbitre, faict apparoir les
causes qui d'elles mesmes ne peuvent
acquerir celle notice pour estre
cogneues, ne par les humains augures
ne par autres cognoissance, ou vertu
occulte, comprinse, soubs la concavité
du Ciel mesme, du faict present de la
totale eternité, qui vient en soy
embrasser tout le temps. Mais
moyennant quelque indivisible
eternité, par comitiale agitation
Hiraclienne, les causes par les celeste
mouvement sont cogneues. Ie ne dis
pas, mon fils, afin que bien
l'entendez, que la cognoisance de
ceste matiere ne se peut encores
imprimer dans ton debile cerveau,
que les causes futures bien loingtaines

ne soient à la cognoissance de la creature raisonnable: si sont nonobstant bonnement la creature de l'ame intellectuelle des choses presentes longtaines ne luy sont du tout ne trop occultes, ne trop referees: mais la parfaicte des causes notices ne se peut acquerir sans celle divine inspriation: veu que toute inspiration prophetique recoit prenant son prinipal principe mouvant de Dieu le Createur, puis de l'heur et de nature. Parquoy estant les causes indifferentes indifferemment produictes, et non produictes, le presage partie advient, ou a este predict. Car l'entendement crée intellectuellement ne peut voir occultement, sinon par la voix faicte au lymbe, moyennant la exigue flamme entlaquelle partie les causes futures se viendront a incliner. Et aussi mon fils, ie te supplie que jamais tu ne vueilles employer ton entendement à telles refveries et vanitez qui seichent le corps et mettent a perdition l'ame, donnant trouble au foible sens mesmes la vanité de la plus qu'execrable magie reprouvee iadis par les sacrees escritures, et par les divins canons, au chef duquel est excepté le iugement de l'Astrologie iudicielle: par laquelle et moyennant inspiration et revelation divine par continuelles supputations, avons nos prophéties redigé par escrit. Et combien que celle occulte Philosophie ne fusse réprouvee, n'ayy oncques voulu presenter leurs effrenees persuasions, combien que plusieurs volumes qui ont esté cachez par longs siecles me sont esté manifestez. Mais doubtant ce qui adviendroit, en ay faict apres

la lecture present à Vulcan que cependant qu'il les venoit a devorer, la flamme leschant l'air rendoit une clarté insolite, plus claire que naturelle flamme, comme lumiere de feu de clystre fulgurant, illuminant subit la maison, comme si elle fut esté en subite conflagration. Parquoy afin qu'á l'advenir ne fussiez abuze, perscrutant la parfaicte transfor-mation tant seline que solitaire, et soubz terre metaux incorruptibles, et aux ondes occultes, les ay en cendres convertis. Mais quant au iugement qui se vient parachever, moyennnant le iugement celeste, cela te veux ie manifester: parquoy avoir cognoissance des causes futures, reiettant loing les phantastiques imaginations qui adviendront limitant la particularité des lieux par divine inspiration supernaturelle. Accordant aux celestes figures, les lieux, et une partie du temps de proprieté occulte par vertu, puissance, et faculté divine, en presence de laquelle les trois temps sont comprins par eternité, revoulution tenent a la cause passe, presente et future: Quia omnia sunt nuda et aperta, etc. Parquoy, mon fils, tu peux facilement, nonobstant ton tendre cerveau, comprendre que les choses qui doivent advenir, se peuvent rophetizer par les nocturnes et celestes lumieres, qui sont naturelles, et par l'esprit de prophetie: non que ie me vueille attribuer nomination ny effect prophetique, mais par revelee inspiration, comme homme mortel, esloigné non moins de sens au Ciel, que des pieds en terre. Possum non errare, falli, decipi suis pecheur plus grand que nul de ce monde, subiet à toutes humaines afflictions. Mais estant surprins par fois la sepmaine imphatiquant, et par longue calculation, rendant les estudes nocturnes de souave odeur, i'ay composé Livres de propheties contenant chacun cent quatrains astronomiques de propheties, lesquelles i'ay un peu voulu rabouter obscurement: et sont perpetuelles vaticinations, pour d'icy à l'annee 3797. Que possible fera retirer le front à quelques uns, en voyant si longue extension, par soubsz toute la concavité de la Lune aura lieu et intelligence: et ce entendant universellement par toute la terre les causes mon fils. Que si tu vis l'aage naturel et humain, tu verras devers ton climat, au propre Ciel de ta nativité, les futures adventures prevoir. Combien que le seul Dieu eternel soit celuy seul qui cognoist l'eternité de sa lumiere, procedant de luy mesme, et ie dis franchement qu'a ceux à qui sa magnitude immense, qui est sans mesure et incomprehensible, a voulu par longue inspiration melancolique reveler, que moyennant icelle cause occulte manifestee divinement, principalement de deux causes principales, qui son comprinses à lentendement de celuy inspiré qui prophetise, l'une est qui vient à infuser, esclarissant la lumiere supernaturelle, au personnage qui predit par la doctrine des Astres, et prophetise par inspiree revelation, laquelle est une certaine participation de la divine eternité, moyennant laquelle le Prophete vient à iuger de cela que son divin esprit luy a donné par le moyen de Dieu le Createur, et par une naturelle instigation: c'est à scavoir que ce que predit, est vray, et a prins son origine et hereement: et

telle lumiere et flamme exige est de toute efficace, et de telle altitude non moins que la naturelle clarité, et naturelle lumiere rend les Philosophes si asseurez, que moyennant les principes de la premiere cause ont attainct à plus profondes abysmes des plus hautes doctrines. Mais à celle fin mon fils, que ie ne vague trop pronfondement pour la capacité future de ton sens, et aussi que ie treuve que les lettres feront si grande et incomparable iacture, que ie treuve le monde avant l'universelle conflagration advenir tant de deluges et si hautes inundations, qu'il ne sera guiere terroir qui ne soit couvert d'eau: et sera par si longtemps, que hors miseenographies et topographies que le tout ne soit pery: aussi avant et apres telles inundations, en plusieurs contrees, les pluyes seront si exigues, et tombera du Ciel si grande abondance de feu et de pierre candantes, qui n'y demeurera rien qu'il ne soit consommè: et cecy advenir en brief, et avant la derniere conflagration: Car encores que la planette de Mars paracheve son siecle et à la fin de son dernier periode si le reprendra il: mais assemblez les uns en Aquarius par plusieurs annees, les autres en Cancer par plus longues et continues. Et maintenant que sommes conduicts par la Lune, moyennant la totale puissance de Dieu eternel, qu'avant qu'elle aye paracheve son total circuit, le Soleil viendra, et puis Saturne. Car selon les fignes celestes, le regne de Saturne sera de retour, que le toute calculé, le monde s'approche, d'une anaragonique revolution: et que de present que cecy i'escrits avant cent septante sept ans trois mois unze iours par pestilence, longue famine, et querres, et plus par les inondations le monde entre cy et ce terme prefix, avant et apres par plusieurs fois, sera si diminué, et si peu de monde sera, que l'on ne trouvera qui vueille prendre les champs, qui deviendront libres aussi longuement, qu'ils sont esté en servitude: et ce quant au visible iugement celeste, qu'encores que nous soyons au septiesme nombre de mille qui paracheve le tout, nous approchant du huictiesme, où est le firmament de la huictiesme sphere, qui est en dimension latitudinaire, où le grand Dieu eternel viendra parachever la revolution: où les images celestes retourneront à se mouvoir, et le mouvement superieur qui nous rend la terre stable et ferme, non inclinabitur in saeculum saeculi: hors mis que son vouloir sera accomply, mais non point autrement: combien que par ambigues opinions excedantes toutes raisons naturelles par songes Mahometiques, aussi aucunes fois Dieu le Createur par les ministres des ses messagiers de feu, en flamme missive, vient a proposer aux sens exterieurs, mesmement à nos yeux, les causes de future prediction, significatrices du cas futur qui se doit à celuy qui presage manifester. Car le presage qui se faict de la lumiere exterieure vient infailliblement à iuger partie avecques, et moyennant le lume exterieur: combien vrayement que la parite qui semble avoir par l'oeil de l'entendement, ce que n'est par la lesion du sens imaginatif, la raison est par trop evidente, le tout estre predicts par afflation de divinité, et par le moyen de l'esprit Angelique

inspire à l'homme prophetisant, rendant oinctes de vaticinations le venant à illuminer, luy esmouvant le devant de la phantasie par diverses nocturnes apparitions, que par diurne certitude prophetise par administration Astronomique, conioincte de la sanctissime future prediction, ne considerant ailleurs qu'au courage libre. Viens à ceste heure entendre, mon fils, que ie trouve par mes revolutions, qui sont accordantes à revelee inspiration, que le mortel glaive s'approche de nous maintenant, par peste, querre, plus horrible qu'à vie de trois hommes n'a esté, et famine, lequel tombera en terre, et y retournera souvent: car les Astres s'accordent à la revolution, et aussi a dit: Visitabo in virga ferrea iniquitates eorum, et in verberibus percutiam eos, car la misericorde de Dieu ne sera point dispergeee un temps, mon fils, que la pluspart de mes Propheties seront accomplies, et viendront estre par accomplissement revolues. Alors par plusieurs fois durant les sinistres tempestes. Conteram ego, dira le Seigneur, et confringam, et non miserebor, et mille autres adventures qui adviendront par eaux et continuelles pluyes, comme plus à plain i'ay redigé par escrit aux miennes autres Propheties qui sont composees tout au long, in soluta oratione, limitant les lieux, temps, et le terme prefix que les humains apres venus verront, cognoissant les adventures advenues infailliblement, comme avons noté par les autres, parlans plus clairement, nonobstant que soubz nuee seront comprinses les intelligences: sed quando submovenda erit ignorantia, le cas sera plus

esclaircy. Faisant fin, mon fils, pren
donc ce don te ton pere Michel
Nostradamus, esperant toy declarer
une chacune Prophetie des quatrains

cy mis. Priant au Dieu immortel,
qu'il te vueille prester vie longue, en
bonne et prospere felicité.
De Salon ce 1. de Mars, 1555

Französischer Originaltext der Epistel an Heinrich II.

A L'INVICTISSIME; TRES –
PUISSANT; et Tres Chrestien Henry
roy de France second: Michel
Nostradamus son tres-humble, et tres
obeisant serviteur et subiect, Victoire
et felicite.

Pour icelle souveraine observation
que i'ay eu, o Tres-Chrestien et tres
victorieux Roy, depuis que ma face
estant long temps obnubilee se
presente au devant de la deité, de
vostre Maiesté, immesuree, depuis en
ca i'ay esté, perpetuellement esblouy,
ne desistant d'honorer et dignement
venerer iceluy iour que premierement
devant icelle ie me presentay, comme
à une singulière Maiesté tant humaine.
Or cherchant quelque occasion pour
laquelle ie peusse manifester le bon
coeur et franc courage, que
moyennant iceluy mon pouvoir eusse
faict ample extension de cognoissance
envers vostre serenissime Maiesté.
Or voyant que par effets le declarer
ne m'estoit possible, ioint avec mon
singulier desir de ma tant longue
obtenebration et obscurité estre
subitement esclaircie et transportée au
devant de la face du souverain oeil,
et du premier Monarque de l'Univers:
tellement que i'ay esté en doute
lonmguement à qui ie vendrois
consacrer ces trois Centuries du

restant de mes Propheties
parachevant la milliade, et après avoir
longuement cogité d' une temeraire
andace, ay prins mon adresse envers
vostre Maiesté, n' estant pour cela
estonné, comme raconte le gravissime
autheur Plutarque en la vie de
Lycurgue, que voyant les offres et
presens qu'on faisoit par sacrifices
aux temples des dieux immortels d'
iceluy temps, et à celle fin que l'on
ne s'estonnast par trop souvent
desdicts fraiz et mises ne s'osoyent
presenter aux temples. Ce nonobstant
voyant vostre splendeur Royalle
accompagnee d'une incomparable
humanité, ay prins mon addresse,
non comme aux Rois de Perse, qu'il
n'estoit nullement permis d'aller à
eux, ny moins s'en approcher. Mais à
un tresprudent, à un tressage Prince
i'ay consacré, mes nocturnes et prophetiques supputations, composees
plustost d'un naturel instinct,
accompagné, d'une fureur poetique,
que par reigle de poesie, et la plus
part composé, et accordé à la
calculation Astronomique,
correspondant aux ans, moys et
sepmaines des regions, contrees, et de
la plus part des Villes et Citez de
toute l'Europe, comprenant de
l'Affrique, et une partie de l'Asie, par
le changement des regions, qui

s'approchent la plus part de tous ces climats, et composé d'une naturelle faction: respondra quelqu'un qui auroit bien besoin de soy moucher, la rithme estre autant facile comme l'intelligence du sens est difficile. Et pource, o tres-humanissime Roy, la plus part des quatrains prophetiques sont tellement scabreux, que l'on n'y scauroit donner voye ny moins aucuns interpreter, toutesfois esperant de laisser par escrit les ans, villes, citez, regions ou la plus part adviendra, mesmes de l'annee 1585, et de l'anne 1606, accommencement depuis le temps present, qui est le 14 de Mars 1557, et passant outre bien loing iusques à l'advennement qui sera apres au commencement du 7. millenaire profondement supputé, tant que mon calcul astronomique et autre scavoir s'a peu estendre, ou les adversaires de Iesus-Christ et de son Eglise, commenceront plus fort de pulluler, le tout a estè composè et calculè, en iours et heures d'election et bien disposees, et le plus iustement qu'il ma estè, possible. Et le tout Minerva libera, et non invita supputant presque autant des adventures du temps advenir, comme des cages passez, comprenant de present, et de ce que par le cours du temps par toutes regions l'on cognoistra advenir tout ainsi nommement comme il est escrit, n'y meslant rien de superflu, combien que l'on die: Quod de futuris non est determinata omnino veritas. Il est bien vray, Sire, que pour mon naturel instinct qui m'a esté donné, par mes auites ne cuidant presager, et adioustant et accordant iceluy naturel instinct avec ma longue supputation

uny, et vuidant l'ame, l'esprit, et le courage de toute cure, solicitude, et fascherie par repos et tranquillité, de l'esprit. Le tout accordé, et presagé l'une partie trepode aeneo. Combien qu'ils sont plusierus qui m'attribue ce qu'est autant à moy, comme de ce que n'en est rien, Dieu seul eternel, qui est prescrutateur des humains courages pie, iuste, et misericordieux, en est le vray iuge, auquel ie prie qu'il me vueille desendre de la calomnie des meschans, qui voudroyent aussi calomnieusement s'enquerir pour quelle cause tous vos antiquissimes progeniteurs Rois de France ont guery des escrouelles, et des autres nations ont guery de la morsures des serpens, les autres ont eu certain instinct de l'art divinatrice, et d'autres cas qui seroyent long ici à racompter. Ce nonobstant ceux à qui la malignité, de l'esprit malin ne sera comprins par le cours du temps apres la terrenne mienne extinction, plus sera mon escrit qu'à mon vivant, cependant si à ma supputation des ages ie faillois ou ne pourroit estre selon la volonté, d'aucuns. Plaira à vostre plus qu'imperialle Majesté, me pardonner, protestant devant Dieu et ses Saincts, que ie ne pretends de mettre rien quelconque par escrit en la presente epistre, qui soit contre la vraye foy Catholique, conferant les calculations Astronomiques, iouxte mon scavoir: car l'espace de temps de nos premiers, qui nous ont precedez sonts tels, me remettant sous la correction du plus sain iugement, que le premier homme Adam fut devant Noé, environ mille deux cens quarante deux ans, ne computante les temps par la supputation des Gentils,

comme a mis par escrit Varon: mais
tant seulement selon les sacrees
Escriptures, et selon la foiblesse de
mon esprit, en mes calculations
Astronomiques. Apres Noé, de luy et
de l'universel deluge, vint Abraham
environ mille huictante ans, lequel a
esté souverain Astrologue, selon
aucuns, il inventa premier les lettres
Chaldaiques: apres vint Moyse
environ cinq cens quinze ou seize
ans, et entre le temps de David et
Moyse, ont esté, cinq cens septante
ans la environ. Puis apres entre le
temps de David, et le temps de notre
Sauveur et Redempteur Iesus-Christ,
nay de l'unique Vierge, ont esté,
(selon aucuns Cronographes) mille
trois cens cinquante ans: pourra
obiecter quelqu'un cette supputation
nestre veritable, pource qu'elle differe
à celle d'Eusebe. Et depuis le temps
de l'humaine redemption iusque à la
seduction detestable des Sarranzins,
sont esté six cens vingt et un ans, là
environ depuis en ca l'on peut
facilement colliger quels temps sont
passez, si la mienne supputation n'est
bonne et valable par toutes nations,
pour ce que le tout a esté calculé par
le cours celeste, par association
d'esmotion infuse à certaines heures
delaissees par l'esmotion de mes
antiques progeniteures: Mais l'iniure
du temps, o serenissime Roy, requiert
que tels secrets evenemens ne soyent
manifestez que par enigmatique
sentence, n'ayant qu'un seul sens, et
unique intelligence, sans y avoir rien
mis d'ambigue n'amphibologique
calculation: mais plustost sous
obnubilée obscurité par une naturelle
infusion approchant à la sentence
d'un des mille et deux Prophetes, qui

ont est, depuis la creation du monde,
iouxte la supputation et Chronique
punique de Ioel. Effundam spiritum
meum super omnem carnem et prophe-
tabunt filii vestri, et filiae vestrae.
Mais telle prophetie procedoit de la
bouche du S.Esprit, qui estoit la
souveraine puissance eternelle,
adioincte avec la celeste à d'aucuns de
ce nombre ont predit de grandes et
esmerveillables adventures: Moy en
cet endroit ie ne m'attribué nullement
tel tiltre. Ia à Dieu ne plaise, ie
confesse bien que le tout vient de
Dieu, et luy en rends graces,
honneur, et louange immortelle sans
y avoir meslé de la divination que
provient a fato: mais a Deo, a natura,
et la pluspart accompagnee du
mouvement du cours celeste,
tellement que voyant comme dans un
mirouer ardant, comme par vision
obnubilee, les grand evenements
tristes, prodigieux, et calamiteuses
adventures qui s'approchent par les
principaux culteurs. Premierement
des temples de Dieu, secondement
par ceux qui sont terestrement
soustenus s'aprocher Telle decadence,
avecques mille autres calamiteuses
adventures, que par le cours du
temps on cognoistra advenir: car
Dieu regardera la longue sterilité de
la grand dame, qui puis apres
concevra deux enfants principaux:
mais elle periclitant, celle qui luy sera
adioustee par la termerité de l'aage de
mort periclitant dedans le dixhuic-
tiesme, ne pouvant passer le trente-
sixiesme qu'en delaissera trois masles,
et une femelle, et en aura deux, celuy
qui n'en eut iamais d'un mesme pere,
des trois freres seront telles
differences, puis unies et accordees,

que les trois et quatre parties de
l'Europe trembleront: par le moindre
d'age sera la monarchie Chrestienne
soustenue, augmentee, sectes eslevees,
et subitement abaissees, Arabes
reculez, Royaumes unis, nouvelles
Loix promulguees : des autres enfans
le premier occupera les Lions furieux
couronnez, tenants les pattes dessus
les armes intrepidez. Le second se
pronfondera si avant par les Latins
accompagné que sera faicte la seconde
voye tremblante et furibonde au
mont Iouis descendant pour monter
aux Pyrennees, ne sera translatee á
l'antique monarchie, sera faicte la
troisiesme inondation de sang
humain, ne se trouvera de longtemps
Mars en Caresme. Et fera donnee la
fille par la conservation de l'Eglise
Chrestienne, tombant son dominateur
á la paganisme secte des nouveaux
infideles, elle aura deux enfans l'un de
fidelité et l'autre d'infidelité par la
confirmation de l'Eglise Catholique.
Et l'autre qui à sa grande confusion
et tarde repentance la voudra ruiner,
seront trois regions par l'extreme
difference des ligues, c'est assavoir la
Romanie, la Germanie, L'Espaigne,
qui seront diverses sectes par main
militaire, delaissant le 50 et 52 degrez
de hauteur, et feront tous hommages
des religions longtaines aux regions
de l'Europe et de Septentrion de 48.
degrez d'hauteur, qui premier par
vaine timidité, tremblera, puis les plus
occidentaux, meridionaux et
orientaux trembleront, telle sera leur
puissance, que ce quei se fera par
concorde et union insuperable des
conguestes belliques. De nature
seront esgaux : mais grandement
differents de foy. Apres cecy la dame

sterille de plus grande puissance que
la seconde sera receue par deux
peuples, par le premier obstiné par
celuy qui a eu puissance sur tous, par
le deuxiesme et par le tiers qui
estendra ses forces vers le circuit de
l'Orient de l'Europe aux pannons l'a
profligé et succombé et par voille
marine fera ses extensions à la
Trinacrie Adriatique par Mirmidons
et Germaniques du tout succombé, et
fera la secte Barbarique du tout des
Latins grandement affligee det
deschassee. Puis le grand empire de
l'Antechrist commencera dans la
Arda et Zersas descendre en nombre
grand et innumerable, tellement que
la venue du sainct Esprit procondant
du 24. degrez, fera transmigration,
deschassant à l'abomination de
l'Antechrist, faisant querre contre le
royal qui sera le grand Vicaire de
Iesus-Christ, et contre son Eglise, et
son regne per tempus et in occasione
temporis et precedera devant une
eclypse solaire le plus obscur, et le
plus tenebreux, que soit esté depuis la
creation du monde iusques à la mort
et passion de Iesus-Christ, et de la
iusques iscy, et sera au moys
d'Octobre que quelqu grande
translation sera faicte, et telle que
l'on cuidera la pesanteur de la terre
avoir perdu son naturel mouvement,
et estre abismee en perpetuelles
tenebres, seront precedans au temps
vernal, et s'en ensuyant apres
d'extremes changemens, permutations
de regnes, par grands tremblements
de terre, avec pullulation de la
neufve Babylonne, fille miserable
augmentee par l'abomination du
premier holocauste, et ne tiendra tant
seulement que septante trois ans, sept

moys, puis apres en sortira du tige celle qui avoit demeuré tant long temps sterille, procedant du cinquantiesme degré, qui renouvellera toute l'Eglise Chrestienne. Et sera faicte grande paix, union et concorde entre un des enfans des fronts esgarez, et separez par divers regnes: et sera faicte telle paix que demeurera attaché au plus profond baratre le suscitateur et promoteur de la martialle faction par la diversité des religieux, et sera uny le Royaume du Rabieux qui contrefera le sage. Et les contrees, villes, Citez, regnes, et provinces qui auront laissé les premieres voyes pour se delivrer, se captivant plus profondement, seront secrettement fachez de leur liberté, et parfaicte religion perdue, commenceront de frapper dans la partie gauche, pour tourner á la dextre, et remettant la saincteté, profligee de long temps, avec leur prestin esrit, qu'apres le grand chien sortira le plus gros mastin, qui fera destruction de tout, mesmes de ce qu'auparavant sera esté perpetre, seront redressez les temples comme au premier temps, et sera restitué, le clerc à son pristin estat, et commencera à meritriquer et luxurier, faire et commettre mille forfaits. Et estant proche d'une autre desolation, par lors qu'elle sera à sa plus haute et sublime dignité, se dresseront de potentats et mains militaires, et luy seront ostez les deux glaives, et ne luy demeurera que les enseignes, desquelles par moyen de la curvature qui les attire, le peuple le faisant aller droit, et ne voulant se condescendre à eux par le bout opposite de la main argue, touchant terre, voudront stimuler iusques à ce

que naistra d'un rameau de la sterile, de long temps, qui delivrera le peuple univers de celle servitude benigne et volontaire, soy remettant à la protection de Mars, spoliant Iupiter de tous ses honneurs et dignitez, pour la cité libre, constitue et assise dans une autre exigue Mezopotamie. Et sera le chef et gouverneur iecté du milieu, et mis au haut lieu de l'air, ignorant la conspiration des coniurateurs, avec le second Trasibulus, qui de long temps aura manié tout cecy: alors les immundicitez, les abominations seront par grand honte obiectees et manifestees aux tenebres de la lumiere obtenebree, cessera devers la fin du changement des son regne: et les clefs de l'Eglise seront en arriere de l'amour de Dieu, et plusieurs d' entre eux apostarizeront la vraye foy, et des trois sectes, celle du milieu, par les culteurs d'icelle, sera un peu mis en decadence. La prime totallement par l'Europe, la plus part de l'Affrique exterminee de la tierce, moyennant les pauvres d'esprit, que par insensez eslevez par la luxure libidineuse adultereront. La plebe se levera soustenant, dechassera les adherans des legislateurs, et semblera que les regnes affoiblis par les Orientaux que Dieu le Createur aye deslié Satan des prisons infernalles, pour faire naistre le grand Dog et Doham, lesquels feront si grand fraction abominable aux Eglises, que les rouges ne les blance sans yeux ne sans mains plus n'en iugeront, et leur sera ostee leur puissance. Alors sera faicte plus de persecutions aux Eglises, que ne fut jamais. Et sur ces entrefaictes naistra la pestilence si grande, que des trois parts du monde plus que les deux defaudront. Tellement qu'on ne se scaura no cognoistre les appartenans des champs et maisons, et naistra l'herbe par les rues des citez plus haute que les genoulx. Et au clergé, sera faicte toute desolation, et usurperont les martiaulx ce que sera retourné de la cité du Soleil de Melite, et des isles Stechades, et sera ouverte la grand chaisne du port qui prend sa denomination au boeuf marin. Et sera faite nouvelle incursion par les maritimes plages, volant le sault Castulum deburer de la premiere reprinse Mahumetane. Et ne seront du tout faillement vains, et au lieu que iadis fut l'habitation d'Abraham, sera assaillie par personnes qui auront en veneration les Iouialistes. Et icelle cité de Achem sera environee et assaillie de toutes parts en tresgrande puissance de gens d'armes. Seront affoiblies leurs forces maritimes par les Occidentaux. Et à ce regne sera faicte grande desolation, et les plus grandes citez seront depeuplees, et ceux qui entreront dedans, seront comprins à la vengeance de l'ire de Dieu. Et demeurera le sepulchre de tant grande veneration par l'espace de long temps soubs le serain à l 'universelle vision des yeux du Ciel, du Soleil, et de la Lune. Et sera converty le lieu sacré en hebergement de toupeau menuet grand, et adapté, en substances prophanes. O quelle calamiteuse affliction sera par lors aux femmes enceinctes! et sera par lors du principal chef Oriental, la plus part esmeu par les Septentrionaux et Occidentaux vaincu, et mis à mort, profligez, et le reste en fuite et ses enfans de plusieurs femmes emprisonnez et par lors sera accomplie la prophetie du Royal Prophete: U audiret gemitus compenditorum, ut solveret filios interemptorum. Quelle grande opression que par lors sera faicte sur les Princes de gouverneurs des Royaumes, mesmes de ceux qui seront maritimes et Orientaux, et leurs langues entremeslees à grande societé: la langue des Latins et des Arabes, par la communication Punique, et seront tous ces Roys Orientaux chassez, profligez, exterminez, non du tout par le moyen des forces des Roys d'Aquilon, et par la proximité de nostre siecle par moyen des trois unis secrettement cerchant la mort, et insidies par embusches l'un de l'autre, et durera le renouvellement de Triumvirat sept ans, que la renommee de telle secte fera son estendue par l'univers, et sera soustenu le sacrifice de la saincte et immaculee hostie: et seront lors les Seigneurs deux en nombre d'Aquilon, victorieux sur les Orientaux, et sera en iceux faict si grand bruit et tumulte bellique, que tout iceluy Orient tremblera de la frayeur d'iceux freres, non freres Aquilonaires. Et pource, Sir, que par ce discours ie mets presque confusement ces predictions, et quand ce pourra estre et l'advenement d'iceux, pour le denombrement du temps que s'enfuit, qu'il est nullement, ou bien peu conforme au superieur: lequel, tant par voye Astronomique, que par autre, mesmes des sacrees Escriptures, qui ne peuvent faillir nullement, que si ie voulois à un chacun quatrain mettre le denombrement du temps, se pourroit faire : mais à tous ne seroit aggreable, ne moins les interpreter, iusques à ce, Sire, que vostre Majesté m'aye octroyé ample puissance pour ce faire, pour ne donner cause aux calomniateurs de me mordre. Toutefois, contans les ans depuis la creation du monde, iusques à la naissance de Noè, sont passez mil cinq cens et six ans, et depuis la naissance de Noé iusques à la parfaicte fabrication de l'Arche, approchant de l'universelle inondation, passerent six cens ans (si les dons estoyent Solaires ou Lunaires, ou de dix mixtions) ie tiens ce que les sacrees Escriptures tiennent qu'estoyent Solaires. Et à la fin d'iceux six ans, Noé entra dans l'Arche, pour estre sauvé du deluge: et fut iceluy deluge universel sur la terre, et dura un an et deux mois. Et depuis la fin du deluge iusques à la nativité d'Abraham, passa le nombre des ans de deux cens nonante cinq. Et depuis la nativité d'Abraham iusques à la nativité d'Isaac, passerent cinq cent ans. Et depuis Isaac iusques à Iacob, soixante ans, des l'heures qu'il entra en Egypte iusques à l'yssue d'iceluy, passerent cent trente ans. Et depuis l'entree de Iacob en Egypte iusques à l'yssue d'iceluy passerent quatre cens trente ans. Et depuis l'yssue d'Egypte iusques à l'edification de temple faicte par Salomon au quatriesme an de son regne, passerent quatre cens octante, ou quatre vingts ans. Et depuis l'edification du Temple iusques à Iesus-Christ, selon la supputation des hierographes, passerent quatre cens nonante ans. Et ainsi par ceste supputation que i'ay faicte colligee par les sacrees lettres, sont environ quatre mille cent septante trois ans et huict mois, peu ou moins. Or de Iesus-Christ en ca par la diversité des sectes, ie le laisse, et ayant supputé et calculé les presentes Propheties, le tout selon l'ordre de la chaisne qui contient sa revolution, le out par doctrine Astronomique, et selon mon naturel instinct, et apres quelqu temps et dans iceluy comprenant depuis le temps que Saturne qui tournera entrer à sept du mois d'Avril, iusques au 25 d'Aoust, Iupiter à 14 de Iuin iusques au 7 Octobre, Mars depuis le 17 d'Avril, iusques au 22 de Iuin. Venus depuis le 9 d'Avril, iusques au 22 de May, Mercure depuis le 3 de Fevrier, iusques au 24 dudit. En apres de premier de Iuin, iusques au 24 dudit, et du 25 de Septembre iusques au 16 d'Octobre. Saturne en Capricorne, Iupiter en Aquarius, Mars en Scorpio, Venus en Pisces, Mercure dans un mois en Capricorne, Aquarius et Pisces, la Lune en Aquarius, la teste du Dragon en Libra: la queue à son signe oppofite suyvant une conionction de Iupiter à Mercure, avec un quadrin aspect de Mars à Mercure, et la teste du Dragon sera avec uns conionction du Soleil à Iupiter, l'annee sera pacifique sans eclipse, et non du tout, et sera le commencement comprenant se de ce que durera et commencant icelle annee sera faicte plus grand persecution à l'Eglise Chrestienne, que n'a esté faicte en Affrique, et durera ceste ici iusques à l'an mil sept cens nonante deux que l'on cuidera estre une renovation du siecle: apres commencera le peuple Romain de se redresser, et dechassez quelques obsucres tenebres recevant quelque peu de leur pristine clarté, non sans grand division et continuels changemens. Venise en apres en grande force et puissance levera ses aisles si treshaut, ne distant gueres aux forces de l'antique Rome. Et en iceluy temps grands voilles Bisantines associees aux Liqustiques par l'appuy et puissance Aquilonaire, donnera quelque empeschement que des deux Cretenses ne leur sera la Foy tenue. Les arcs edifiez par les antiques Martiaux, s'accompagneront aux ondes de Neptune. En l'Adriatique sera faicte discorde grande, ce que sera uny sera separé, approchera de maison ce que paravant estoit et est grande cité, comprenant le Pempotam de Mesopotamie de l'Europe à quarante cinq, et autres de quarante un, quarante deux et trente sept. Et dans iceluy temps, et en icelles contrees la puissance infernalle mettra a l'encontre de l'Eglise des Iesus-Christ la puissance des adversaires de sa loy, qui sera le second Antechrist, lequel persecutera icelle Eglise et son vray Vicaire, par moyen de la puissance des Roys temporels, qui seront par leur ignorance seduiucts par la langues, qui trencheront plus que nul glaive entre les mains de l'insensé. Le susdict regne de l'Antichrist ne durera que iusques au definement de ce nay pres de l'age et de l'autre à la cité de Plancus, accompagnez de l'esleu de Modone Fulcy, par Ferrare maintenu par Liguriens Adriactiques, et de la proximité de la grand Trinacrie. Puis passera le mont Iouis. Le Galique

ogmium, accompagné de si grand nombre que de bien loing l'Empire de la grand loy sera presenté, et par lors et quelque temps apres sera espanché, profuseement de sang des Innocens par le nocens un peu eslevez: alors par grands deluges la memoire des choses contenues de tels instrumens recevra innumerable perte, mesmes les lettres: qui sera devers les Aquilonaires par la volonté divine, et entre une fois lie Satan. Et sera faicte paix universelle entre les humains, et sera delivre l'Eglise de Iesus-Christ de toute tribulation, combien que par les Azos rains voudrot mesler dedans le miel du fiel, et leur pestifere seduction: et cela sera proche du septiesme millenaire, que plus le sanctuaire de Isus-Christ ne sera conculqué par les infideles qui viendront de l'Aquilon, le monde approchant de quelque grande conflagration, combien que par mes supputations en mes propheties, le cours du temps aille beaucoup loing. Dedans l'Epistre que ses ans passez ay dediee à mon fils Cesar Nostradamus i'ay assez apertement declaré aucuns poincts sans presage. Mais icy, o Sire, sont comprins plusieurs grands et mervielleux advenemens, que ceux qui viendront apres le verront. Et durant icelle supputation Astrologique, conferee aux sacrees lettres, la persecution des gens Ecclesiastiques prendra son origine par la puissance des Roys Aquilonaires, unis avec les Orientaux. Et celle persecution durera onze ans, quelque peu moins, que par lors défaillira le principal Roy Aquilonaire, lesquels ans accomplis surviendra son uny Meridional, qui persecutera encore plus fort par l'espace de trois ans les gens d'Eglise, par la seduction apostastique, d'un qui tiendra tout puissance absolue à l'Eglise militante, et le sainct peuple de Dieu observateur de sa loy, et tout ordre de religion sera grandement persecuté et affligé, tellement que le sang des vrays Ecclesiastiques nagera par tout, et un des horribles Roys temporels, par ses adherans luy seront donnees telles louanges, qu'il aura plus respandu de sang humain des innoncens Ecclesiastiques, que nul ne scauroit avoir du vin: et iceluy Roy commettra de forfaicts envers l'Eglise incroyables, coulera le sang humain par les rues publiques et temples comme l'eau par pluye impetueuse et rougiront de sang les plus prochains fleuves, et par autre guerre navale rougira la mer, que le rapport d'un Roy à l'autre luy sera dit: Bellis rubuit navalibus aequor. Puis dans la mesme annee et les suyvants s'en ensuyvra la plus horrible pestilence, et la plus mer- veilleuse par la famine precedente, et sie grandes tribulations que iamais soit advenue telle depuis la premiere fondation de l'Eglise Chrestienne, et par toutes les regions Latines. Demeurant par les vestiges en aucunes contrees de Espaignes. Par lors le tiers Roy Aquilonaire entendant la plaincte du peuple de son principal tiltre, dressera si grande armee, et passera par le destroits de ses derniers avites et bisayeulx, qui remettra la plus part en son estat, et le grand Vicaire de la cappe sera mis en son pristin estat: mais desolé, et puis du tout abandonné, et tournera estre Sancta sanctorum destruicte par

Paganisme, et le vieux et nouveau Testament seront dechasses, bruslex, en apres l'Antichrist sera le prince infernal, encores par la derniere foy trembleront tous le Royaumes de la Chrestienté et aussi des infideles, par l'espace de vingt cinq ans, et seront plus grieves guerres et batailles et seront villes, citez, chasteaux, et tous autres edifices bruslez, desolez, destruicts, avec grande effusion de sang vestal, mariees, et vefves violees, enfans de laict contre les murs des villes allidez et brisez, et tant de maux se commettront par le moyen de Satan, prince infernal, que presque le monde universel se trouvera defaict et desolé: et avant iceux advenemens aucuns oyseaux insolites crieront par l'air, Huy, Huy et seront apres quelque temps esvanouys. Et apres que tel temps aura duré longuement, sera presque renouvellé un autre regne de Saturne, et siecle d'or, Dieu le Createur dira entendant l'affliction de son peuple, Satan sera mis et lié dans l'abysme du barathre dans la profonde fosse: et adonc commencera entre Dieu et les hommes une paix universelle, et demeurera lié environ l'espace de mille ans, et tournera en sa plus grand force, la puissance Ecclesiastique, et puis tourne deslié. Que toutes ces figures sont iustement adaptees par les divines lettres aux choses celestes visibles, c'est à scavoir, par Saturne, Iupiter, et Mars, et les autres conioinct, comme plus à plain par aucuns quadrins l'on pourra veoir. I'eusse calculé plus profon- dement et adapté les uns avecques les autres. Mais voyant, o Serenissime Roy, que quelques uns de la censure trouveront difficulté, qui sera cause de retirer ma plume à mon repos nocturne: Multa etiam o Rex omnium potentissime praeclara et sane in brevi ventura, sed omnia in hac tua epistola innectere non possumus, nec volumus: sed ad intelligenda quaedam facta horrida fata, pauca libanda sunt, quamvis tanta fit in omnes tua amplitudo et humanitas homines, deosque pietas ut solus amplissimo et Christianissmo Regis nomine, et ad quem summa totius religionis auctoritas deferatur dignus esse videare. Mais tant seulement ie vous requiers, o Roy tres-clement, par icelle vostre singuliere et prudente humanité, d'entendre plustot le desir de mon courage, et le souverain estude que i'ay d'obeyr à vostre serenissime Maiesté, depuis que mes yeux furent si proches de vostre splendeur solaire, que la grandeur de mon labeur n'attainct ne requiert.

De Salon, ce 27 Iuin, Mil cinq cens cinquante huict. Faciebat Michael Nostradamus Salonae Petreae Provinciae.

Französische Originaltexte der zehn Centurien

Es gibt bekanntlich zahlreiche französische »Originaltexte«. In der folgenden Variante habe ich mich vor allem auf die von MANFRED DIMDE in seinem Computerprogramm zusammengeführte, völlig neu bearbeitete Version gestützt. Sie ist von ihm gegenüber seinen bisherigen Veröffentlichungen noch einmal kritisch durchgesehen und auf Worttreue überprüft worden. Er hat auch dann, wenn offensichtliche Setzfehler und dergleichen vorlagen, einer möglichst authentischen Darstellung den Vorzug gegenüber »logischer« oder »sprachlich eleganter« Präsentation gegeben. Das Zeichen »&« im Originaltext wurde von ihm durch das Wort »et« ersetzt. Ab und an wurde der Faksimile-Abdruck bei BELLECOUR zu Rate gezogen, sowie LEONIS, CHEETHAMS und PATRIANS Texte. Abweichungen sind unter allen Versionen festzustellen – wir haben Beispiele dafür bereits kennengelernt – und wir werden damit leben müssen, bis eines Tages vielleicht eine unbestrittene Erst- und Originalausgabe auftaucht.

I. Centurie

1 Estant assis de nuict secret estude,
Seul repose sur la selle d'erain:
Flambe exigue sortant de sollitude,
Fait proferer qui n'est a croire vain.

2 La verge en main mise au milieu de
   branches,
De l'onde il moulle et le limbe et le pied:
Un peur et voix fremissent par les
   manches:
Splendeur divine. Le divin pres s'assied.

3 Quand la lictiere du tourbillon
   versee,
Et seront faces de leurs manteaux
   couverts,
La republique par gens nouveaux
   vexee,
Lors blancs et rouges iugeront a
   l'envers.

4 Par l'univers sera faict un Monarque,
Qu'en paix et vie ne sera longuement:
Lors se perdra la piscature barque,
Sera regie en plus grand detriment.

5 Chassez seront pour faire long
   combat,
Par le pays seront plus fort grevez:
Bourg et cite auront plus grand debat,
Carcas. Narbonne auront coeur
   esprouvez.

6 L'oeil de Ravenne sera destitue,
Quand a ses pieds les aisles failliront:
Les deux de Bresse auront constitue,
Turin, Verseil que Gaulois fouleront.

7 Tard arrive, l'execution faicte,
Le vent contraire, lettres au chemin
   prinses:
Les coniurez XIIIJ. d'une secte,
Par le Rousseau senez les entreprinses.

8 Combien de fois prinse cite solaire
Sera changeant les loix barbares et
   vaines:
Ton mal s'approche. Plus seras
   tributaire
Le grand Hadrie recourira tes veines.

9 De l'Orient viendra le coeur Punique
Fascher Hadrie, et les hoirs Romulides.
Accompagne de la classe Libyque,
Temple Melites et proches Isles vuides.

10 Serpens transmis en la cage de fer,
Ou les enfants septains du Roy sont
   prins,
Les vieux et peres sortiront bas de
   l'enfer,
Ains mourir voir de fruict mort et cris.

11 Le mouvement de sens, coeur,
   pieds et mains,
Seront d'accord Naples, Lyon, Sicille
Glaives, feux, eaux, puis aux nobles
   Romains,
Plongez, tuez, morts par cerveau debile.

12 Dans peu dira faulce brute fragile,
De bas en hault esleve promptement.
Puis en istant desloyale et labile,
Qui de Veronne aura gouvernement.

13 Les exilez par ire, haine intestine,
Feront au Roy grand coniuration
Secret mettront ennemis par la mine,
Et ses vieux siens contre eux sedition.

14 De gent esclave chansons, chants
   et requestes.
Captifs par Princes et Seigneurs aux
   prisons:
A l'advenir par idiots sans testes,
Seront receuz par divines oraisons.

15 Mars nous menasse par la force
    bellique,
Septante fois fera le sang espandre:
Auge et ruyne de l'Ecclesiastique,
Et plus ceux qui d'eux rien voudront
    entendre.

16 Faulx a l'estang ioncte vers le
    Sagittaire,
En son hault AUGE de l'exaltation,
Peste, famine, mort de main militaire,
Le siecle approche de renovation.

17 Par quarante ans l'Iris
    n'apparoistra,
Par quarante ans tous les iours sera veu:
La terre aride en siccite croistra,
Et grands deluges quand sera apperceu.

18 Par la discorde negligence Gauloise
Sera passage a Mahomet ouvert:
De sang trempe la terre et mer Senoise,
Le port Phocen de voiles et nefs
    couvert.

19 Lors que serpens viendront circuir
    l'are,
Le sang Troyen vexe par les Espaignes:
Par eux grand nombre en sera fait tare,
Chef fuit, cache au mares dans
    les saignes.

20 Tours, Orleans, Blois, Angers,
    Reims et Nantes
Citez vexees par subit changement,
Par langues estranges seront tendues
    tentes,
Feuves, darts, Renes, terre et mer
    tremblement.

21 Profond argile blanche nourrit
    rocher,
Qui d'un abysme istra lacticineuse,
En vain troublez ne l'oseront toucher,
Ignorant estre au fond terre argilleuse.

22 Ce qui vivra et n'ayant aucun sens,
Viendra leser a mort son artifice,
Autun, Chalons, Langres, et les deux
    Sens,
La gresle et glace fera grand malefice.

23 Au mois troisieme se levant
    le Soleil,
Sanglier Leopard, au champ Mars
    pour combattre
Leopart lasse au Ciel estend son oeil,
Un aigle autour du Soleil voit s'esbattre.

24 A cite neuve pensif pour
    condamner,
L'oisel de proye au Ciel se vient offrir:
Apres victoire a captifs pardonner,
Cremone et Mantoue grand maux
    aura souffert.

25 Perdu, trouve, cache de si long
    siecle,
Sera pasteur demy Dieu honore:
Ains que la Lune acheve son grand
    siecle,
Par autres vents sera deshonore.

26 Le grand du foudre tombe d'heure
    diurne.
Mal et predict par porteur postulaire:
Suivant presage tombe d'heure
    nocturne,
Conflict Reims, Londres, Etrusque
    pestifere.

27 Dessous de chaine Guien du Ciel
    frappe,
Non loing de la est cache le tresor,
Qui par long siecles avoit este grappe,
Trouve mourra, l'oeil creve de ressor.

28 La tour de Boucq craindra fuste
    Barbare,
Un temps, long temps apres barque
    hesperique

Bestail, gens, meubles, tous deux feront
  grand tare,
Taurus et libra, quelle mortelle picque?

29 Quand le poisson terrestre
  et aquatique
Par force vague au gravier sera mis,
Sa forme estrange suave et horrifique,
Par mer aux murs bien tost les
  ennemis.

30 La nef estrange par le tourment
  marin,
Abordera pres de port incogneu:
Nonobstant signes de rameau palmerin,
Apres mort pille bon advis tard venu.

31 Tant d'ans en Gaule les guerres
  dureront,
Outre la course du Castulon
  monarque:
Victoire incerte trois grands
  couronneront,
Aigle, Coq, Lune, Lyon, Soleil
  en marque.

32 Le grand Empire sera tost translate
En lieu petit, qui bien tost viendra
  croistre,
Lieu bien infime d'exigue comte,
Ou au milieu viendra poser son sceptre.

33 Pres d'un grand pont de plaine
  spatieuse,
Le grand Lyon par forces Cesarees,
Fera abattre hors cite rigoureuse,
Par effroy portes luy seront reserrees.

34 L'oyseau de proye volant a la
  fenestre,
Avant conflict faict aux Francois
  parure,
L'un bon prendra, l'un ambigu sinistre;
La partie foible tiendra par bon augure.

35 Le lyon ieune le vieux surmontera,
En champ bellique par singulier duelle,
Dans cage d'or les yeux luy crevera,
Deux classes une puis mourir de
  mort cruelle.

36 Tard le Monarque se viendra
  repentir,
De n'avoir mis a mort son adversaire,
Mais viendra bien a plus hault
  consentir,
Que tout son sang par mort fera
  deffaire.

37 Un peu devant que le Soleil
  s'absconse,
Conflict donne, grand peuple dubiteux,
Profligez, port marin ne faict response,
Pont et sepulchre en deux estranges
  lieux.

38 Le Sol et l'Aigle au victeur
  parroistront,
Responce vaine au vaincu l'on asseure,
Par cor ny cris harnois n'arresteront,
Vindicte Paix, par morts si acheve
  a l'heure.

39 De nuict dans lit le supresme
  estrangle,
Pour trop avoir seiourne blond esleu,
Par trois l'Empire subroge exaucle,
A mort mettra Garte, et paquet ne Ieu.

40 La trombe fausse dissimulant folie,
Ferra Bisance un changement de lois.
Histra d'Egypte, qui veut que l'on
  deslie,
Edict changeant monnoye et aloys.

41 Siege en cite est de nuict assaillie,
Peu eschape, non loin de mer conflict,
Femme de ioye, retours fils defaillie,
Poison et lettres cachees dans le plic.

42 Le dix Calende d'Avril de faict
   Gothique,
Resuscite encor par gens malins,
Le feu estaint, assemblee diabolique,
Cherchant les os d'Amant et Plelin.

43 Avant qu'advienne le changement
   d'Empire,
Il adviendra un cas bien merveilleux,
Le champ mue, le pillier de Porphire
Mis, transmue sur le rocher noilleux.

44 En bref seront de retour
   sacrifices,
Contrevenans seront mis a martyre:
Plus ne seront moines, abbez,
   ne novices,
Le miel sera beaucoup plus cher que
   cire.

45 Secteur de sectes grand peine au
   delateur,
Beste en theatre, dresse le ieu
   scenique,
Du faict antique annobly l'inventeur,
Par sectes monde confus et
   schismatique.

46 Tout apres d'Aux, de Lestore et
   Mirande,
Grand feu du ciel en trois nuicts
   tombera:
Cause adviendra bien stupende et
   Mirande,
Bien peu apres la terre tremblera.

47 Du lac Leman les sermons
   fascheront,
Des iours seront reduits par des
   semaines,
Puis mois, puis an, puis tous
   defailliront,
Les Magistrats damneront leurs loix
   vaines.

48 Vingt ans du regne de la Lune
   passez,
Sept mille ans autre tiendra sa
   monarchie:
Quand le Soleil prendra ses iours lassez,
Lors accomplir et mine ma prophetie.

49 Beaucoup avant telle menees,
Ceux d'Orient par la vertu lunaire:
L'an mil sept cens feront grand
   emmenees,
Subiugant presque le coing
   Aquilonaire.

50 De l'aquatique triplicite naistra,
D'un qui fera le Ieudy pour sa feste:
Son bruit, loz, regne, sa puissance
   croistra,
Par terre et mer aux Oriens tempeste.

51 Chefs d'Aries, Iupiter et Saturne,
Dieu eternel quelles mutations!
Puis par long siecle son maling temps
   retourne
Gaule et Italie, quelles esmotions!

52 Les deux malins de Scorpion
   conioincts,
Le grand seigneur meudry dedans la
   salle:
Peste a l'Eglise par le nouveau Roy
   ioinct,
L'Europe basse et Septentrionale.

53 Las qu'on verra grand peuple
   tourmente,
Et la loy saincte en totale ruine,
Par autres loix toute la Chrestiente,
Quand d'or d'argent trouve nouvelle
   mine.

54 Deux revolts faits du maling
   facigere,
De regne et siecles fait permutation:

Le mobil signe a son endroit si ingere,
Aux deux esgaux et d'inclination.

55 Sous l'opposite climat
       Babylonique,
Grande sera de sang effusion,
Que terre et mer, air, ciel sera inique,
Sectes, faim, regnes, pestes, confusion.

56 Vous verrez tost et tard faire
       grand change,
Horreurs extremes et vindications:
Que si la Lune conduicte par son Ange,
Le Ciel s'approche des inclinations.

57 Par grand discord la trombe
       tremblera,
Accord rompu dressant la teste au Ciel,
Bouche sanglante dans le sang nagera,
Au sol la face oincte de laict et miel.

58 Tranche le ventre naistra avec
       deux testes,
Et quatre bras, quelques ans entiers
       vivra
Iour qui Alquiloye celebrera ses festes,
Fossen, Turin, chef Ferrare suyura.

59 Les exilez deportez dans les Isles,
Au changement d'un plus cruel
       Monarque
Seront meurtris, et mis deux les
       scintiles,
Qui de parler ne seront estez parque.

60 Un Empereur naistra pres d'Italie,
Qui a l'Empire sera vendu bien cher,
Diront avec quels gens il se ralie,
Qu'on trouvera moins prince que
       boucher.

61 La republique miserable infelice
Sera gastee du nouveau magistrat,
Leur grand amas de l'exil malefice
Fera Sueve rauir leur grand contract.

62 La grand perte, las que feront les
       lettres,
Avant le Ciel de Latona parfaict,
Feu grand deluge plus par ignares
       sceptres,
Que de l'on siecle ne se verra refaict.

63 Les fleurs passez diminue le monde,
Long temps la paix terres inhabitees,
Surmarchera par Ciel, terre, mer et
       onde,
Puis de nouveau les guerres suscitees.

64 De nuict Soleil ont penser avoit veu,
Quand le pourceau demy homme
       on verra.
Bruit, chant, bataille au Ciel battre
       aperceu,
Et bestes brutes a parler l'on orra.

65 Enfant sans mains iamais veu si
       grand foudre,
L'enfant Royal au ieu d'estoeuf blesse,
Au puy brises fulgures allant mouldre,
Trois souz les chaines par le milieu
       troussez.

66 Celuy qui lors portera les nouvelles,
Apres un, il viendra respirer,
Viviers, Tournon, Montferrant
       et Pradelles,
Gresle et tempeste le fera souspirer.

67 La grand famine que ie sens
       approcher,
Souvent tourner, puis estre universelle,
Si grande et longue qu'on viendra
       arracher
Du bois racine, et l'enfant de
       mammelle.

68 O quel horrible et mal'heureux
       tourment,
Trois innocens qu'on viendra a livrer,

Poison suspecte, mal garde tradiment,
Mis en horreur par bourreaux enyvrez.

69 La grand montagne ronde de sept
  stades,
Apres paix, guerre, faim, inondation,
Roulera loin abismant grands
  contrades,
Mesmes antiques, et grand fondation.

70 Pluye, faim, guerre en Perse non
  cessee,
La foy trop grande trahira le monarque:
Par la finie en Gaule commencee,
Secret augure pour a un estre parque.

71 La Tour Marine trois fois prise et
  reprise,
Par Espagnols, Barabres, Ligurins:
Marseille et Aix, Arles par ceux de Pise,
Vast, feu, fer, pille Avignon des Thurins.

72 Du tout Marseille des habitants
  changee,
Course et poursuitte iusque aupres de
  Lyon.
Narbon, Toloze, par Bordeaux
  outragee,
Tuez captifs presque d'un million.

73 France a cinq pars par neglect
  assaillie,
Tunys, Argal esmeuz par Persiens:
Leon, Seville, Barcellonne faillie,
N'aura la classe par les Venitiens.

74 Apres sejourne vogueront en Epire,
Le grand secours viendra vers
  Antioche:
Le noir poil crespe tendra fort
  a l'Empire,
Barbe d'aerain se rostira en broche.

75 Le tyran Siene occupera Savonne,
Le fort gaigne tiendra classe marine:

Les deux armees par la marque
  d'Anconne.
Par effrayeur le chef s'en examine.

76 D'un nom farouche tel profere sera,
Que les trois seurs auront fato le nom:
Puis grand peuple par langue et faict
  dira,
Plus que nul autre aura bruit et renom.

77 Entre deux mers dressera
  promontoir,
Que puis mourra par le mort du cheval:
Le sien Neptune pliera voile noire,
Par Calpre et classe aupres de Rocheval.

78 D'un chef vieillard naistra sens
  hebete,
Degenerant par scavoir et par armes:
Le chef de France par sa soeur redoute,
Champ divisez, concedez aux
  gendarmes.

79 Bazar, Lestore, Condon, Ausch,
  Agine,
Esmeus par loix, querelle et monopole:
Car Bourd, Tholoze Bay mettra
  en ruine,
Renouveller voulant leur tauropole.

80 De la sixiesme claire splendeur
  celeste,
Viendra tourner si fort en
  la Bourgongne,
Puis naistra monstre de tres hideuse
  beste,
Mars, Avril, May, Iuin grand charpin
  et rongne.

81 D'humain troupeau neuf seront
  mis a part,
De iugement et conseil separez,
Leur sort sera divise en depart,
Kappa, Thita, Lambda mors bannis
  esgarez.

82 Quand les colonnes de bois
    grande tremblee,
D'austere conduicte, couverte
    de rubriche,
Tant vuidera dehors grande assemblee,
Trembler Vienne et le pays d'Austriche.

83 La gent estrange divisera butins,
Saturne en Mars son regard furieux,
Horrible estrange aux Toscans et
    Latins,
Grecs qui seront a frapper curieux.

84 Lune obscurcie aux profondes
    tenebres,
Son frere passe de couleur ferrugine,
Le grand cache long temps sous
    les tenebres,
Teindra fer dans la playe sanguinaire.

85 Par la response de Dame Roy
    trouble,
Ambassadeurs mespriseront leur vie,
La grand ses freres contrefera double,
Par deux mourront ire, haine et envie.

86 La grande Royne quand se verra
    vaincue
Fera excez de masculin courage,
Sur cheval, fleuve passera toute nue,
Suite par fer, a soy fera outrage.

87 En nosigee feu du centre de terre,
Fera trembler autour de cite neuve
Deux grands rochers longtemps
    feront la guerre,
Puis Arethuse rougira nouveau fleuve.

88 Le divin mal surprendra le grand
    Prince,
Un peu devant aura femme espousee
Son appuy et credit a un coup
    viendra mince,
Conseil mourra pour la teste rasee.

89 Tous ceux de Illerde seront dans
    la Moselle,
Mettant a mort tous ceux de Loire
    et Seine,
Le cour marin viendra pres d'haute
    velle,
Quand Espagnols ouvrira toute veine.

90 Bourdeaux, Poictiers au son
    de la campagne,
A grande classe ira jusqu'a l'Angon,
Contre Gaulois sera leur tramontane,
Quand monstre hideux naistra pres
    de Orgon.

91 Les Dieux feront aux humains
    apparence,
Ce qu'ils seront autheurs de grand
    conflict,
Avant Ciel veu serain espee et lance,
Que vers main gauche sera plus
    grand afflict.

92 Sous un la paix par tout sera clamee,
Mais non long temps pille et rebellion,
Par refus ville, terre et mer entamee,
Mort et captifs le tiers d'un million.

93 Terre Italique pres des monts
    tremblera,
Lyon et Coq non trop confederez,
En lieu de peur l'un l'autre s'aydera,
Seul Castulon et Celtes moderez.

94 Au port Selin le tyran mis a mort
La liberte non pourtant recouvree:
Le nouveau Mars par vindicte
    et remort,
Dame par force de frayeur honoree.

95 Devant moustier trouve enfant
    besson,
D'heroic sang de moine et vetustique:

Son bruit par secte langue et
    puissance son,
Qu'on dira fort esleve le vopisque.

96 Celuy qu'aura la charge de destruire
Temples, et sectes, changez par
    fantaisie:
Plus aux rochers qu'aux vivans
    viendra nuit,
Par langue ornee d'oreille ressasie.

97 Ce que fer, flamme n'a scu
    parachever,
La douce langue au conseil viendra
    faire:
Par repos, songe, le Roy fera resver,
Plus l'ennemy en feu, sang militaire.

98 Le chef qu'aura conduict peuple
    infini
Loing de son ciel, de meurs et langue
    estrange
Cinq mille en Crete et Thessalie finie,
Le chef fuyant sauve en la marine
    grange.

99 Le grand monarque que fera
    compagnie
Avec deux Rois unis par amitie:
O quel soupir fera la grand mesgnie,
Enfans Narbon a l'entour, quel pitie.

100 Long temps au ciel fera veu gris
    oyseau,
Aupres de Dole et de Toscane terre:
Tenant au bec un verdoyant rameau,
Mourra tost grand et finera la guerre.

II. Centurie

1 Vers Aquitaine par insuls Britaniques
De par eux mesmes grandes incursions:
Pluyes, gelees feront terroirs iniques,
Port Selyn fortes fera invasions.

2 La teste blue fera la teste blanche
Autant de mal que France a faict leur
    bien:
Mort a l'anthene, grand pendu sus la
    branche,
Quand prins des siens le Roy dira
    combien.

3 Pour la chaleur solaire sus la mer
De Negre pont les poissons demy cuits,
Les habitans les viendront entammer,
Quand Rhod et Cennes leur faudra
    le biscuit.

4 Depuis Monach iusqu'aupres de
    Sicille,
Toute la plage demourra desolee,
Il n'y aura faubourgs, cite, ne Ville,
Qui par Barbares pillee ne soit et vollee.

5 Qu'en dans poissons, fer et lettre
    enfermee,
Hors sortira, qui puis fera la guerre,
Aura par mer sa classe bien armee,
Apparoissant pres de Latine terre.

6 Aupres des portes et dedans deux
    citez,
Seront deux fleaux et onc n'apperceu
    un tel,
Faim, dedans peste, de fer hors gens
    boutez,
Crier secours au grand Dieu immortel.

7 Entre plusieurs aux Isles deportez,
L'un estre nay a deux dents en la gorge:
Mourront de faim les arbres esbrotez,
Pour eux neuf Roy, nouuel edict leur
    forge.

8 Temples sacrez prime facon
    Romaine,
Reietteront les goffres fondements,

Prenant leurs loix premieres et
  humaines,
Chassant, non tout, des Saincts les
  cultements.

9 Neuf ans le regne le maigre en paix
  tiendra,
Puis il cherra en soif si sanguinaire,
Pour luy grand peuple sang foy et
  loy mourra,
Tue par un beaucoup debonnaire.

10 Avant longtemps le tout sera range,
Nous esperons un siecle bien senestre:
L'estat des masques et des seuls bien
  change,
Peu trouveront qu'a son rang vueille
  estre.

11 Le proschain fils de l'aisner
  parviendra,
Tant esleve iusqu'au regne des fors:
Son aspre gloire un chacun la craindra,
Mais ses enfans du regne iettez hors.

12 Yeux clos, ouverts d'antique
  fantasie,
L'abit des seuls seront mis a neant:
Le grand monarque chastira leur
  frenaisie.
Ravir des temples le tresor par devant.

13 Le corps sans ame plus n'estre
  en sacrifice,
Iour de la mort mis en nativite:
L'esprit divin fera l'ame felice,
Voyant le verbe en son esternite.

14 A Tours, Guien, garde seront
  yeux penetrans,
Descouvriront de loing la grand
  sereine:
Elle et sa suite au port seront entrans.
Combat, poussez, puissance
  souveraine.

15 Un peu devant monarque trucide:
Castor, Pollux en nef, astre crinite:
L'erain public par terre et mer vuide,
Pise, Ast, Ferrare, Turin, terre
  interdicte.

16 Naples, Palerme, Sicile, Syracuses,
Nouveaux tyrans, fulgures feux
  celestes:
Force de Londres, Gand, Bruxelles,
  et Suses,
Grand hecatombe, et triomphe faire
  festes.

17 Le camp du temple de la vierge
  vestale,
Non esloigne d'Ethene et mons
  Pyrenees:
Le grand conduict est cache dans
  la male,
North getez fleuves et vignes
  mastinees.

18 Nouvelle et pluye subite,
  impetueuse,
Empeschera subit deux exercites:
Pierre, ciel, feux faire la mer pierreuse,
La mort de sept terre et marin subites.

19 Nouveaux venus lieu basty sans
  deffence,
Occuper place par lors inhabitable:
Prez, maisons, champs, villes prendre
  a plaisance
Faim, peste, guerre, arpent long
  labourable.

20 Freres et seurs en divers lieux
  captifs,
Se trouveront passer pres du
  monarque:
Les contempler ses rameaux ententifs,
Desplaisant voir menton, front, nez,
  les marques.

21 L'ambassadeur envoye par biremes,
A my chemin d'incogneus repou sez:
De sel renfort viendront quatre
    triremes,
Cordes et chaines en Negrepont
    troussez.

22 Le camp Ascop d'Europe partira.
S'adioignant proche de l'Isle
    submergee:
D'Aarton classe phalange pliera,
Nombril du monde plus grand voix
    subrogee.

23 Palaix, oyseau, par oyseau dechasse,
Bien tost apres le Prince parvenu:
Combien qu'hors fleuve ennemy
    repoulse,
Dehors saisi trait d'oyseau soustenu.

24 Bestes farouches de faim fleuves
    tranner,
Plus par du champ encontre Hister
    sera,
En cage de fer le grand fera traisner,
Quand rien enfant de Germain
    observera.

25 La garde estrange trahira forteresse,
Espoir et umbre de plus haut mariage:
Garde deceue, fort prise dans la presse,
Loire, Saone Rosne, Gar a mort
    outrage.

26 Pour faveur que la cite fera,
Au grand qui tost perdera champ de
    bataille
Puis le rang Pau et Thesin versera,
De sang, fou, mors noyez de coup de
    taille.

27 Le divin verbe sera du ciel frappe,
Qui ne pourra proceder plus avant:
Du resserrant le secret estoupe,
Qu'on marchera par dessus et devant.

28 Le penultiesme du surnom du
    Prophete,
Prendra Diane pour son iour et
    repos,
Loing vaguera par frenetique teste,
Et delivrant un grand peuple d'impos.

29 L'Oriental sortira de son siege,
Passer les monts Apenniens voir
    la Gaule:
Transpercera le ciel, les eaux et neige,
Et un chacun frappera de sa gaule.

30 Un qui les Dieux d'Anibal
    infernaux,
Fera renaistre, effrayeur des humains:
Oncq' plus d'horreur ne plus dires
    iourneaux,
Qu'avint viendra par Babel aux
    Romains.

31 En Campanie le Cassilin fera tant,
Qu'on ne verra que d'eaux les
    champs couverts:
Devant apres la pluye de long temps,
Hors mis les arbres rien l'on verra
    de verts.

32 Laict, sans grenoilles escoudre
    en Dalmatie,
Conflict donne, peste pres de
    Balennes
Cry sera grand par toute Esclavonie,
Lors naistra monstre pres et dedans
    Ravenne.

33 Par le torrent qui descend de
    Veronne,
Par lors qu'au Pau guidera son
    entree:
Un grand naufrage, et non moins
    en Garonne,
Quand ceux de Genes marcheront
    leur contree.

34 L'ire insensee du combat furieux,
Fera a table par freres le fer luire:
Les departir, mort, blesse, curieux,
Le fier duelle viendra en France nuire.

35 Dans deux logis de nuict le feu
   prendra,
Plusieurs dedans estouffez et rotis:
Pres de deux fleuues pour seul il
   adviendra:
Sol L'Arq, et Caper tous seront amortis.

36 Du grand Prophete les lettres
   seront prinses,
Entre les mains du tyran deviendront,
Frauder son Roy seront ses
   entreprinses,
Mais ses rapines bien tost le
   troubleront.

37 De ce grand nombre que l'on
   envoyera,
Pour secourir dans le fort asseigez,
Peste et famine tous les devorera,
Hors mis septante qui seront profligez.

38 Des condamnez serait faict un
   grand nombre,
Quand les Monarques seront conciliez:
Mais l'un d'eux viendra si mal
   encombre,
Que gueres ensemble ne seront raliez.

39 Un an devant le conflict Italique,
Germains, Gaulois, Espagnols pour le
   fort,
Cherra l'escolle maison de republique,
Ou hors mis peu, seront suffoquez
   morts.

40 Un peu apres non point longue
   intervalle,
Par mer et terre sera faict grand
   tumulte.

Beaucoup plus grande sera pugne
   navalle,
Feux, animaux, qui plus feront
   d'insulte.

41 La grand estoille par sept iours
   bruslera,
Nuee fera deux soleils apparoir,
Le gros mastin toute nuict hurlera,
Quand grand pontife changera
   de terroir.

42 Coq, chiens et chats de sang
   seront repeus,
Et de la playe du tyran trouve mort,
Au lict d'un autre iambes et bras
   rompus,
Qui n'avoit peu mourir de cruel mort.

43 Durant l'estoille chevelue
   apparente,
Les trois grands princes seront faicts
   ennemis:
Frappez du ciel paix et terre tremblante.
Pau, Timbre undans, serpens sur le
   bort mis.

44 L'aigle poussee entour de pavillons,
Par autres oyseaux d'entour sera
   chassee:
Quand bruit des tymbres tube et
   sonnaillons
Rendront le sens de la dame insensee.

45 Trop le ciel pleure l'Androgyn
   procree,
Pres de ce ciel sang humain respandu:
Par mort trop tard grand peuple recree,
Tard et tost vient le secours attendu.

46 Apres grand trosche humain plus
   grand s'appreste
Le grand moteur les siecles renouvelle:
Pluye, sang, laict, famine, fer et peste,
Au ciel veu feu, courant longue
   estincelle.

47 L'ennemy grand vieil dueil meurt
de poison,
Les souverains par infirmes subiuguez:
Pierres plouvoir, cachez soubs la
toison.
Par mort articles en vain sont alleguez.

48 La grand copie qui passera les
monts,
Saturne en l'Arc tournant du poisson
Mars:
Venins cachez soubs testes de
saulmons,
Leur chief pendu a fil de polemars.

49 Les conseillers du premier
monopole,
Les conquerants seduits par la Melite:
Rode, Bisance pour leurs exposant
pole,
Terre faudra les poursuivans de fuite.

50 Quand ceux d'Hainault, de Gand
et de Bruxelles
Verront a Langres le siege devant mis,
Derrier leurs flancs seront guerres
cruelles,
La playe antique sera pis qu'ennemis.

51 Le sang du iuste a Londres fera
faute,
Bruslez par foudres de vingt trois
les six,
La dame antique cherra de place haute,
De mesmes secte plusieurs serront
occis.

52 Dans plusieurs nuicts la terre
tremblera,
Sur le printemps de deux efforts la suite,
Corinthe, Ephese aux deux mers
nagera,
Guerre s'esmeut par deux vaillants
de Iuite.

53 La grande peste de cite maritime,
Ne cessera que mort ne soit vengee
Du iuste sang par pris damne sans
crime,
De la grand dame par feinte n'outragee.

54 Par gent estrange, et Romains
loingtaine.
Leur grand cite apres eaue fort
troublee,
Fille sans main trop different domaine,
Prins chef, ferreure n'avoir este riblee.

55 Dans le conflict le grand qui peu
valloit,
A son dernier fera cas merveilleux,
Pendant qu'Hadrie verra ce qu'il falloit,
Dans le banquet pongnale
l'orgueilleux.

56 Que peste et glaive n'a peu sceu
definer,
Mort dans le puys sommet du ciel
frappe:
L'abbe moura quand verra ruiner,
Ceux du nauffrage l'escueil voulant
grapper.

57 Avant conflict le grand mur
tombera:
Le grand a mort, mort trop subite
et plainte,
Nay mi parfaict, la plus part nagera,
Aupres du fleuve de sang la terre tainte.

58 Sans pied ne main dent aygue et
forte,
Par globe au fort de port et laine nay,
Pres du portail desloyal transporte,
Silene luit, petit, grand emmene.

59 Classe Gauloise par appuy de
grand garde,
Du grand Neptune, et ses tridens
souldars,

Rongee Provence pour soustenir
   grande bande,
Plus Mars Narbon par iavelots et dards.

60 La foy Punique en Orient rompue,
Grand Iud, et Rosne, Loyre, et Tag,
   changeront
Quand du mulet la faim sera repue,
Classe espargie, sang et corps nageront.

61 Euge, Tamins, Gironde et
   la Rochelle,
O sang Troyen! Mars au port de la
   Flesche,
Derrier le fleuve au fort mise l'eschelle,
Pointes feu grand meurtre sus la
   bresche.

62 Mabus puis tost alors mourra,
   viendra,
De gens et bestes une horrible defaicte,
Puis tout a coup la vengeance on verra,
Cent, main, soif, faim, quand courra
   la comete.

63 Gaulois Ausone bien peu
   subiuguera,
Pan, Marne et Seine fera Perme l'urie,
Qui le grand mur contre eux dressera,
Du moindre au mur le grand perdra
   la vie.

64 Seicher de faim, de soif, gent
   Genevoise,
Espoir prochain viendra au deffaillir,
Sur point tremblant sera loy
   Geneuoise,
Classe au grand port ne se peut
   accueillir.

65 Le parc enclin grande calamite,
Par l'Hesperie et In subre fera,
Le feu enef peste et captivite,
Mercure en l'Arc Saturne fenera.

66 Par grands dangiers le captif
   eschappe,
Peu de temps grand a fortune changee:
Dans le palais le peuple est attrappe,
Par bon augure la cite assiegee.

67 Le blonds au nez forche viendra
   commettre,
Par le duelle et chassera dehors,
Les exilez dedans fera remettre,
Aux lieux marins commettant les plus
   forts.

68 De l'Aquilon les efforts seront
   grands,
Sur l'Occean sera la porte ouverte:
Le regne en Lille sera reintegrand,
Tremblera Londres par voille
   descouverte.

69 Le Roy Gaulois par la Celtique
   dextre,
Voyant discord de la grand Monarchie,
Sus les trois parts fera florir son sceptre,
Contre la cappe de la grand Hierarchie.

70 Le dard du ciel fera son estendue,
Mors en parlant, grande execution,
La pierre en l'arbre la fiere gent rendue,
Bruit humain monstre purge expiation.

71 Les exilez en Sicile viendront,
Pour delivrer de faim la gent estrange,
Au point du iour les Celtes lui faudront
La vie demeure a raison Roy se range.

72 Armee Celtique en Italie vexee,
De toutes parts conflict et grand perte,
Romains fuis, o Gaule repoulsee,
Pres du Thesin, Rubicon pugne incerte.

73 Au lac Fucin de Benac le rivage,
Prins du Leman au port de l'Orguion,
Nay de trois bras predict bellique
   image,
Par trois couronnes au grand
   Endymion.

74 De Sens, d'Autun viendront
   iusque au Rosne,
Pour passer outre vers les monts
   Pyrennees,
La gent sortir de la marque
   d'Anconne,
Par terre et mer suivra a grand trainees.

75 La voix ouye de l'insolite oyseau,
Sur le canon du respiral estage
Si haut viendra du froment le boisseau,
Que l'homme d'homme sera
   Antropophage.

76 Foudre en Bourgongne fera cas
   portenteux.
Que par engin oncques ne pourroit
   faire,
De leur senat sacriste faict boiteux.
Fera scavoir aux ennemis l'affaire.

77 Par arcs feux, poix et par feux
   repoussez,
Cris hurlements sur la minuit ouys:
Dedans sont mis par les rempars
   cassez,
Par canicule les traditeurs fuys.

78 Le grand Neptune du profond de
   la mer,
De gent Punique et sang Gaulois mesle:
Les Isles a sang pour le tardif armer,
Plus luy nuira que l'occult mal cele.

79 La barbe crespe et noire par engin,
Subiuguera la gent cruelle et fiere:
Le grand CHIREN ostera du longin,
Tous les captifs par Seline baniere.

80 Apres conflict du lese l'eloquence,
Par peu de temps se trame faint repos:
Point l'on n'admet les grands a
   delivrance,
Des ennemis sont remis a propos.

81 Par feu du ciel la cite presque
   aduste,
L'urne menace encor Deucalion,
Vexees Sardaigne par la Punique fuste,
Apres que Libra lairra son Phaeton.

82 Par faim la proye fera loup
   prisonnier,
L'assaillant lors en extreme detresse,
Le nay ayant au devant le dernier,
Le grand n'eschappe au milieu
   de la presse.

83 Le gros traffic d'un grand Lyon
   change,
La plus part tourne en pristine ruine,
Proye aux soldars par pille vendange:
Par Iura mont et Seueve bruine.

84 Entre Campagne, Sienne, Flora,
   Tustie,
Six mois neuf iours ne pleuvera une
   goutte:
L'estrange langue en terre Dalmatie,
Couurira sus, vastant la terre toute.

85 Le vieux plain barbe soubs le
   statut severe,
A Lyon faict dessus l'Aigle Celtique,
Le petit grand trop outre persevere,
Bruit d'arbre au ciel, mer ronge
   Lygustique.

86 Naufrage a classe pres d'onde
   Hadriatique,
La terre tremble esmeue sus l'air
   en terre mis,
Egypte tremble augment
   Mahometique,
L'Heraut soy rendre a crier est commis.

87 Apres viendra des extremes
   contrees,
Prince Germain, sus le throsne dore:

La servitude et eaux rencontrees,
La dame serve, son temps plus n'adore.

88 Le circuit du grand faict ruineux,
Le nom septiesme du cinquiesme sera:
D'un tiers plus grand l'estrange
    belliqueux,
Mouton, Lutece, Aix ne garentira.

89 Un iour seront demis les deux
    grand maistres,
Leur grand pouvoir se verra augmente:
La terre neuve sera en ses hauts estres,
Au sanguinaire le nombre raconte.

90 Par vie et mort change regne
    d'Hongrie,
La loy sera plus aspre que service:
Leur grand cite d'urlemens plaincts
    et crie,
Castor et Pollux ennemis dans la lice.

91 Soleil levant un grand feu lon verra,
Bruit et clarte vers Aquilon tendants.
Dedans le rond mort et cris l'on orra,
Par glaive feu, faim, mort les attendants.

92 Feu couleurs d'or du ciel en terre
    veu,
Frappe du haut nay, faict cas
    merveilleux:
Grand meurtre humain: prinse
    du grand neveu,
Morts d'espectacles eschappe
    lorgueilleux.

93 Bien pres du Tymbre presse
    la Lybitine,
Un peu devant grand inondation:
Le chef du nef prins, mis a la sentine,
Chasteau, palais en conflagration.

94 GRAND PAU, grand mal pour
    Gaulois recevra.
Vaine terreur au maritin Lyon:

Peuple infiny par la mer passera,
Sans eschapper un quart d'un million.

95 Les lieux peuplez seront inhabi-
    tables,
Pour champs avoir grande division:
Regnes livrez a prudents incapables,
Lors les grands freres mort et
    dissention.

96 Flambeau ardant au ciel soir fera
    veu,
Pres de la fin et principe du Rosne,
Famine, glaive, tard le secours
    pourveu,
La Perse tourne envahir Macedoine.

97 Romain Pontife garde de
    t'approcher.
De la cite que deux fleuves arrouse,
Ton sang viendra aupres de la cracher,
Toy et les tiens quand fleurira la rose.

98 Celuy du sang reperse le visage,
De la victime proche sacrifiee,
Tenant en Leo, augure par presage,
Mis estre a mort lors pour la fiancee.

99 Terroir Romain qu'interpretoit
    augure,
Par gent Gauloise par trop sera
    vexee:
Mais nation Celtique craindra l'heure,
Boreas, classe trop loing l'avoir
    poussee.

100 Dedans les isles si horrible
    tumulte,
Bien on norra qu'une bellique brigue,
Tant grand sera des predateurs
    l'insulte,
Qu'on se viendra ranger a la grand
    ligue.

III. Centurie

1 Apres combat et bataille navalle,
Le grand Neptune a son plus haut
befroy:
Rouge adversaire de peur viendra palle,
Mettant le grand Ocean en effroy.

2 Le divin Verbe donra a la substance,
Comprins ciel, terre, occult au laict
mistique
Corps, ame, esprit ayant toute
puissance,
Tant soubs ses pieds comme au siege
Celique.

3 Mars et Mercure, et l'argent ioint
ensemble,
Vers le Midy extreme siccite:
Au fond d'Asie on dira terre tremble,
Corinthe, Ephese lors en perplexite.

4 Quand seront proche le deffaut
des lunaires,
De l'un a l'autre ne distant grandement,
Froid, siccite, dangers vers les
frontieres,
Mesme ou l'oracle a prins
commencement.

5 Pres loing defaut de deux grand
luminaires,
Qui surviendra entre l'Avril et Mars:
O quel cherte: mais deux grands
debonnaires
Par terre et mer secourront toutes parts.

6 Dans le temple clos le foudre
y entrera,
Les citadins dedans leur fort grevez:
Chevaux, beufs, hommes, l'onde mur
touchera
Par faim, soif, soubs les plus foibles
armez.

7 Les fugitifs, feu du ciel sur les piques.
Conflict prochain des corbeaux
s'esbatans,
De terre on crie, aide, sevours celiques,
Quand pres des murs seront les
combattans.

8 Les Cimbres ioints avecques leurs
voisins,
De populer viendrons presque
l'Espaigne:
Gens amassez, Guienne et Limosins,
Seront en ligue, et leur feront
compagne.

9 Bourdeaux, Rouan, et la Rochelle
ioints,
Tiendront autour la grand mer
Occeane,
Anglois, Bretons, et les Flamans
conioints,
Les chasseront jusqu'aupres de
Rouane.

10 De sang et faim plus grand calamite,
Sept fois s'appreste a la marine plage:
Monech de faim, lieu pris, captivite,
Le grand mene croc enferee cage.

11 Les armes battre au ciel longue
saison,
L'arbre au milieu de la cite tombe:
Verbine, rogne, glaive, en face tyson,
Lors le Monarque d'Hadrie succombe.

12 Par la tumeur de Heb, Po, Tag,
Timbre, et Rosne,
Et par l'estang Leman et Aretin:
Les deux grands chefs et citez
de Garonne,
Prins, morts, noyez. Partir humain
butin.

13 Par foudre en l'arche or et argent
   fondu,
De deux captifs l'un l'autre mangera:
De la cite le plus grand estendu,
Quand submergee la classe nagera.

14 Par le rameau du vaillant
   personnage,
De France infime, par le pere infelice:
Honneurs, richesses, travail en son
   viel aage,
Pour avoir creu le conseil d'homme
   nice.

15 Coeur, vigueur, gloire le regne
   changera,
De tous points contre ayant son
   adversaire:
Lors France enfence par mort
   subiuguera,
Un grand Regent sera lors plus
   contraire.

16 Un Prince Anglois, Mars a son
   coeur de ciel,
Voudra poursuivre sa fortune prospere:
Des deux duelles l'un percera le fiel,
Hay de luy, bien ayme de sa mere.

17 Mont Aventine brusler nuict sera
   veu,
Le ciel obcur tout a un coup en
   Flandres,
Quand le Monarque chassera son
   neveu,
Leurs gens d'Eglise commettront
   les esclandres.

18 Apres la pluye de laict assez
   longuette,
En plusieurs lieux de Rheims le ciel
   touche:
O quel conflict de sang pres d'eux
   s'appreste,
Pere et fils Roys n'oseront approche.

19 En Luques sang et laict viendra
   plouvoir,
Un peu devant changement de preteur:
Grand peste et guerre, faim et soif
   fera voir,
Loin ou mourra leur Prince recteur.

20 Par les contrees du grand fleuve
   Bethique,
Loin d'Ibere au royaume de Grenade:
Croix repoussees par gens
   Mahometiques,
Un de Cordube trahira la contrade.

21 Au Crustamin par mer
   Hadriatique,
Apparoistra un horrible poisson,
De face humaine, et la fin aquatique,
Qui se prendra dehors de l'hamecon.

22 Six iours l'assaut devant cite donne:
Livree sera forte et apres bataille:
Trois la rendront, et a eux pardonne,
Le reste a feu et sang tranche taille.

23 Si France passe outre mer
   Lygustique,
Tu te verras en isles et mers enclos:
Mahommet contraire, plus mer
   Hadriatique,
Chevaux et Asnes tu rongeras les os.

24 De l'entreprinse grande confusion.
Perte de gens, thresor innumerable:
Tu n'y dois faire encore tension,
France a mon dire fais que sois
   recordable.

25 Qui au Royaume Navarrois
   parviendra,
Quand le Sicile et Naples seront ioincts:
Bigore et Landes par Fois Loron
   tiendra,
D'un qui d'Espagne sera par trop
   enioinct.

26 Des Roys et Princes dresseront
  simulacres,
Augures,creuz eslevez aruspices:
Corne victime doree, et d'azur, d'acre,
Interpretez seront les extipices.

27 Prince Libyque puissant
  en Occident,
Francois d'Arabe viendra tant
  enflammer,
Scavant aux lettres fera condescendent,
La langue Arabe en Francois translater.

28 De terre foible et pauvre parentelle,
Par bout et paix parviendra dans
  l'Empire,
Long temps regner une ieune femelle,
Qu'oncques en regne n'en survint
  un si pire.

29 Les deux neveux en divers lieux
  nourris:
Navale pugne, terre peres tombez:
Viendront si haut eslevez enguerris,
Venger l'iniure, ennemis succombez.

30 Celuy qu'en luitte et fer au faict
  bellique
Aura porte plus grand que luy le pris:
De nuict au lict six luy feront la pique,
Nud sans harnois subit sera surprins.

31 Aux champs de Mede, d'Arabe
  et d'Armenie
Deux grands copies trois fois
  s'assembleront,
Pres du rivages d'Araxes la mesgnie,
Du grand Soliman en terre tomberont.

32 Le grand sepulchre du peuple
  Aquitanique
S'approchera aupres de la Toscane:
Quand Mars sera pres du coing
  Germanique,
Et au terroir de la regent Mantuane.

33 En la cite ou le loup entrera,
Bien pres de la les ennemis seront:
Copie estrange grand pays gastera,
Aux murs et Alpes les amis passeront.

34 Quand le defaut du Soleil lors
  sera,
Sur le plain iour le monstre sera veu,
Tout autrement on l'interpretera,
Cherte n'a garde, nul n'y aura pourveu.

35 Du plus profond de l'Occident
  d'Europe,
De pauvres gens vu ieune enfant
  naistra,
Qui par sa langue seduira grande
  troupe,
Son bruit au regne d'Orient plus
  croistra.

36 Ensevely non mort apopletique,
Sera trouve avoir les mains mangees,
Quand la cite damnera l'heretique,
Qu'avoit leurs loix, ce leur sembloit
  changees.

37 Avant l'assaut l'oraison prononcee,
Milan prins d'Aigle par embusches
  deceus,
Muraille antique par canon enfoncee,
Par feu et sang a mercy peu receus.

38 La gent Gauloise et nation estrange,
Outre les monts, morts, prins et
  profligez,
Au moins contraire et proche
  de vendange,
Par les seigneurs en accord redigez.

39 Les sept en trois seront mis
  en concorde,
Pour subiuguer des Alpes Appennines,
Mais la tempeste et Ligure couarde,
Les profligent en subites ruines.

40 Le grand theatre se viendra
       redresser,
Les dez iettez et les rets ja tendus,
Trop le premier en glaz viendra lasser,
Par arc prostrais de longtemps ja
       fendus.

41 Bossu sera esleu par le conseil,
Plus hideux monstre en terre
       n'apperceu,
Le coup voulant prela creuera l'oeil,
Le traistre au Roy pour fidelle receu.

42 L'enfant naistra a deux dents en la
       gorge,
Pierres en Tuscie par pluy tomberont,
Peu d'ans apres ne sera bled ni orge,
Pour saouler ceux qui de faim failliront.

43 Gens d'alentour de Tarn, Loth,
       et Garonne,
Gardez les monts Apennines passer,
Vostre tombeau pres de Rome
       et d'Anconne,
Le noir poil crespe fera trophee
       dresser.

44 Quand l'animal a l'homme
       domestique,
Apres grand peines et sauts viendra
       parler,
De foudre a vierge sera si malefique,
De terre prinse et suspendue en l'air.

45 Les cinq estranges entrez dedans
       le temple,
Leur sang viendra la terre prophaner:
Aux Tholousains sera bien dur
       exemple,
D'un qui viendra ses loix exterminer.

46 Le ciel (de Plancus la cite) nous
       presage,
Par clercs insignes et par estoilles fixes,

Que de son change subit s'approche
       l'aage,
Ne pour son bien, ne pour ses
       malefices.

47 Le vieux Monarque deschasse
       de son regne,
Aux Orients son secours ira querre:
Pour peur des croix ployera son
       enseigne,
En Mitylene ira par port et par terre.

48 Sept cens captifs attachez rudement,
Pour la moitie meurtir, donne le sort:
Le proche espoir viendra si
       promptement,
Mais, non si tost qu'une quinziesme
       mort.

49 Regne Gaulois tu seras bien change,
En lieu estrange est translate l'empire:
En autres moeurs et loix seras range,
Rouan, et Chartres te feront bien
       du pire.

50 La republique de la grande cite,
A grand rigueur ne voudra consentir,
Roy sortir hors par trompette cite,
L'eschelle au mur, la cite repentir.

51 Paris conuire un grand meurtre
       commettre,
Blois le fera sortir en plein effect:
Ceux d'Orleans voudront leur chef
       remettre,
Angers, Troyes, Langres, leur feront
       un meffait.

52 En la champaigne sera si longue
       pluye,
Et en la Pouille si grande siccite,
Coq verra l'aigle, l'aisle mal
       accomplie,
Par Lyon mise sera en extremite,

53 Quand le plus grand emportera
   le pris,
De Nuremberg, d'Ausbourg, et ceux
   de Balle
Par Agrippine chef Frankfort repris,
Traverseront par Flament iusqu'en
   Galle.

54 L'un des plus grands fuyra aux
   Espaignes
Qu'en longue playe apres viendra
   saigner,
Passant copies par les hautes
   montaignes,
Devastant tout, et puis en paix regner.

55 En l'an qu'un oeil en France
   regnera,
La Cour sera en un bien fascheux
   trouble,
Le grand de Bloys son amy tuera,
Le regne mis en mal et doubte double.

56 Montauban, Nismes, Avignon
   et Besiers,
Peste, tonnerre et gresle a fin de Mars,
De Paris pont, Lyon mur, Montpellier,
Depuis six cens et sept-vingt trois pars.

57 Sept fois changer verrez gent
   Britannique,
Taints en sang en deux cens nonante an,
Franche non point par appuy
   Germanique,
Aries doubte son pole bastarnan.

58 Aupres du Rhin des montaignes
   Noriques
Naistra un grand de gens trop tard
   venu,
Qui defendra Saurome et Pannoniques,
Qu'on ne scaura qu'il sera devenu.

59 Barbare empire par le tiers usurpe,
La plus grand part des son sang
   mettra a mort:

Par mort senile par luy le quart frappe,
Pour peur que sang par le sang ne
   soit mort.

60 Par toute Asie grand proscription,
Mesmes en Mysie, Lysie, et Pamphylie:
Sang versera par absolution,
D'une ieune noir remply de felonnie.

61 La grande bande et secte crucigere.
Se dressera en Mesopotamie:
Du proche fleuve compagnie legere,
Que telle loy tiendra pour ennemie.

62 Proche del duero par mer tyrrene
   close,
Viendra percer les grands monts
   Pyrenees:
La main plus courte et sa percee gloze,
A Carcassonne conduira ses menees.

63 Romain pouvoir sera du tout a bas,
Son grand voisin imiter les vestiges:
Occultes haines civiles et debats,
Retarderont aux bouffons leurs folies.

64 Le chef de Perse remplira grande
   Olchade,
Classe Trireme contre gent
   Mahometique,
De Parthe et Mede, et piller les
   Cyclades,
Repos longtemps au grand port
   Ionique.

65 Quand le sepulchre du grand
   Romain trouve.
Le iour apres sera esleu Pontife,
Du Senat gueres il ne sera prouve,
Empoisonne, son sang au sacre scyphe.

66 Le grand Baillif d'Orleans mis
   a mort,
Sera par un de sang vindicatif:

De mort merite ne mourra que par sort,
Des pieds et mains malle faisoit captif.

67 Une nouvelle secte de Philosophes,
Mesprisant mort, or, honneurs
     et richesses,
Des monts Germains ne seront
     limitrophes,
A les ensuyvre auront appuy et presses.

68 Peuples sans chef d'Espaigne
     d'Italie,
Morts, profligez dedans le Cheronese,
Leur duict trahy par legere folie,
Le sang nager par tout a la traverse.

69 Grand exercite conduict par
     iouvenceau,
Se viendra rendre aux mains des
     ennemis,
Mais le vieillard nay au demy pourceau,
Fera Chalon et Mascon estre amis.

70 La grande Bretaigne comprinse
     d'Angleterre,
Viendra par eaulx si haut inonder
La lique neuve d'Ausonne fera guerre,
Que contre eux ils se viendront bander.

71 Ceux dans les isles de long temps
     assiegez,
Prendront vigueur, force contre
     ennemis:
Ceux par dehors morts de faim
     profligez,
En plus grand faim que iamais seront
     mis.

72 Le bon vieillard tout vif ensevely,
Pres du grand fleuve par fausse
     soupcon:
Le nouveau vieux de richesse
     ennobly,
Prins a chemin tout l'or de la rancon.

73 Quand dans le regne parviendra
     le boiteux,
Competiteur aura proche bastard,
Luy et le regne viendront si fort
     roigneux,
Qu'ains qu'il guerisse son faict sera
     bien tard.

74 Naples, Florence, Favence,
     et Imole,
Seront en termes de telle fascherie,
Que pour complaire aux malheureux
     de Nolle,
Plainct d'avoir faict a son chef
     moquerie.

75 Pau, Verone, Vincence, Sarragousse,
De glaives loings, terroirs de sang
     humides:
Peste si grande viendra a la grand
     gousse,
Proche secours, et bien loing les
     remedes.

76 En Germanie naistront divers
     es sectes,
Sapprochant fort de l'heureux
     paganisme,
Le coeur captif et petites receptes,
Feront retour a payer le vray disme.

77 Le tiers climat sous Aries comprins,
L'an mil sept cens vingt et sept en
     Octobre
Le Roy de Perse par ceux d'Egypte
     prins:
Conflit, mort perte : a la croix grand
     opprobre.

78 Le chef d'Ecosse, avec six
     d'Allemagne,
Par gens de mer Orientaux captif:
Traverseront le Calpre et Espagne,
Present en Perse au nouveau Roy
     craintif.

79 L'ordre fatal sempiternel par
  chaisne,
Viendra tourner par ordre consequent:
Du port Phocen sera rempue la chaisne,
La cite prinse, l'ennemy quant et quant.

80 Du regne Anglois le digne dechasse,
Le conseiller par ire mis a feu:
Ses adherans iront si bas tracer,
Que le bastard sera demy receu.

81 Le grand criard sans honte
  audacieux,
Sera esleu gouverneur de l'armee:
La hardiesse de son contentieux,
Le pont rompu, cite de peur pasmee.

82 Erins, Antibor, villes autour
  de Nice,
Seront vastees fort par mer et par terre:
Les sauterelles terre et mer vent
  propice,
Prins, morts, troussez, pillez, sans loy
  de guerre.

83 Les longs cheveux de la Gaule
  Celtique,
Accompagnez d'estranges nations:
Mettront captif la gent Aquitanique,
Pour succomber a leurs intentions.

84 La grand'cite sera bien desolee,
Des habitans un seul n'y demourra:
Mur, sexe, temple, et vierge violee,
Par fer, feu, peste, canon peuple
  mourra.

85 Par cite prinse par tromperie
  et fraude,
Par le moyen d'un beau ieune attrape,
Assaut donne Raubine pres
  de LAUDE,
Luy et tous morts pour avoir bien
  trompe.

86 Un chef d'Ausonne aux Espaignes
  ira,
Par mer sera arrest dedans Marseille,
Avant sa mort un long temps
  languira.
Apres sa mort on verra grand
  merveille.

87 Classe Gauloise n'aproche de
  Corseigne.
Moins de Sardaigne tu t'en repentitas:
Trestous mourrez frustrez de l'aide
  grogne,
Sang nagera, captif ne me croiras.

88 De Barcelonne par mer si
  grand'armee,
Toute Marseille de frayeur tremblera:
Isles saisies de mer ayde fermee,
Ton traditeur en terre nagera.

89 En ce temps la sera frustree Cypres,
De son secours de ceux de mer Egee:
Vieux trucidez, mais par mesles et
  lyphres
Seduict leur Roy, Royne plus
  outragee.

90 Le grand Satyre et Tigre d'Hircanie,
Don presente a ceux de l'Occean:
Un chef de classe istra de Carmanie:
Qui prendra terre au Tyrren Phocean.

91 L'arbre qu'estoit par long temps
  mort seiche,
Dans une nuict viendra a reverdir:
Cron. Roy malade, Prince pied estache,
Craint d'ennemis fera voile bondir.

92 Le monde proche du dernier
  periode,
Saturne encor tard sera de retour:
Translat empire devers nation Brodde,
L'oeil arrache a Narbon par autour.

93 Dans Avignon tout le chef
      de l'Empire,
Fera arrest pour Paris desole:
Tricast tiendra l'Annibalique ire,
Lyon par change sera mal console.

94 De cinq cens ans plus compte lon
      tiendra,
Celuy qu'estoit l'ornement de son
      temps,
Puis a un coup grande clarte donra,
Que par ce siecle les rendra tres
      contens.

95 La loy Morricque on verra deffaillir,
Apres une autre beaucoup plus
      seductive:
Beristhennes premier viendra faillir,
Par dons et langue une plus attractive.

96 Chef defossan aura gorge coupee,
Par le ducteur du limier et levrier:
Le fait patre par ceux du mont Tarpee,
Saturne en Leo xiij de Fevrier.

97 Nouvelle I oy terre neuve occuper,
Vers la Syrie, Iudee et Palestine:
Le grand empire barbare cotruer,
Avant que Phebes son siecle determine.

98 Deux royale freres si fort
      guerroyeront,
Qu'entre eux sera la guerre si mortelle:
Qu'un chacun places fortes
      occuperont,
De regne et vie sera leur grand querelle.

99 Aux champs herbeux d'Alein et
      du Varneigne,
Du mont Lebron proche de la Durance,
Camps de deux parts conflict sera si
      aigre,
Mesopotamie defaillira en France.

100 Entre Gaulois le dernier honore,
D'homme ennemy sera victorieux;
Force et terroir en moment explore
D'un coup de traict quand mourra
      l'envieux.

IV. Centurie

1 Cela du reste de sang non espandu,
Venise quiert secours estre donne,
Apres avoir bien long temps attendu,
Cite livree au premier cornet sonne.

Ceux long du Rosne saigneront les
      Espaignes:
Proche du mont ou Sagonte s'assied.

2 Par mort la France prendra voyage
      a faire,
Classe par mer, marcher monts
      Pyrenees,
Espaigne en trouble, marcher gent
      militaire:
Des plus grand Dames en France
      emmenees.

4 L'impotent Prince fache, plaincts et
      querelles
De rapts et pille, par coqz et par
      Libyques:
Grand est par terre par mer infinies
      voilles,
Seule Italie sera chassant Celtiques.

3 D'Arras et Bourges, de Brodes
      grans enseignes,
Un plus grand nombre de Gascons
      battre a pied,

5 Croix paix, soubs un accomply
      divin verbe,
L'Espaigne et Gaule seront unis
      ensemble:

Grand clade proche, et combat
   tresacerbe,
Coeur si hardy ne sera qui ne
   tremble.

6 D'habits nouveaux apres fait
   la treuve,
Malice tramme et machination:
Premier mourra qui en fera la preuve,
Couleur Venise insidiation.

7 Le mineurs fils du grand et hay
   Prince,
De lepre aura a vingt ans grand tache,
De dueil sa mere mourra bien triste
   et mince,
Et il mourra la ou tombe cher lache.

8 La grand cite d'assaut prompt
   et repentin,
Surprins de nuict, garde interrompus:
Les excubies et veilles sainct Quintin,
Trucidez gardes et les pourtails rompus:

9 Le chef du camp au milieu
   de la presse,
D'un coup de fleche sera blesse aux
   cuisses,
Lors que Geneve en larmes et detresse,
Sera trahie par Lozan et Souysses.

10 Le ieune Prince accuse faulsement,
Mettra en trouble le camp et en
   querelles:
Meurtry le chef pour le soustenement,
Sceptre apaiser: puis guerir escrouelles.

11 Celuy qu'aura couvert de la grand
   cappe.
Sera induict a quelque cas patrer:
Les douze rouges viendront souiller
   la nappe
Soubs meurtre, meurtre se viendra
   perpetrer.

12 Le camp plus grand de route mis
   en fuite,
Guaires plus outre ne sera pourchasse:
Ost recampe, et legion reduicte,
Puis hors des Gaules du tout sera
   chasse.

13 De plus grand perte nouvelles
   rapportees,
Le raport fait le camp s'etonnera:
Bandes unies encontres revoltees,
Double phalange, grand abandonnera.

14 La mort subite du premier
   personnage
Aura change et mis un autre au regne:
Tost, tard venu a si haut et bas aage,
Que terre et mer faudra que on
   le craigne.

15 D'ou pensera faire venir famine,
De la viendra le rassasiement:
L'oeil de la mer par avare canine
Pour de l'un l'autre donra huyle,
   froment.

16 La cite franche de liberte fait serve,
Des prosligez et resveurs fait Asyle:
Le Roy change a eux non si proterve,
De cent seront devenus plus de mille.

17 Changer a Beaune, Nuy, Chalons
   et Dijon,
Le duc voulant amender la Barree
Marchant pres fleuve,poisson, bec
   de plongeon
Verra le queue: porte sera serree.

18 Des plus lettrez dessus les faicts
   celestes
Seront par Princes ignorans reprouvez:
Punis d'Edict, chassez, comme
   scelestes,
Et mis a mort la ou seront trouvez.

19 Devant Rouan d'Insubres mis le
   siege,
Par terre et mer enfermez les passages:
D'Haynaut et Flandres, de Gand et
   ceux de Liege,
Par dons lenees raviront les rivages.

20 Paix, uberte long temps lieu louera,
Par tout son regne desert la fleur de lys:
Corps morts d'eau, terre la lon
   apportera,
Sperants vain heur d'estre la ensevelis.

21 Le changement sera fort difficile,
Cite, province au change gain fera:
Coeur haut, prudent mis, chasse luy
   habile,
Mer terre peuple son estat changera.

22 La grande copie qui sera dechassee,
Dans un moment fera besoing au Roy,
La foy promise de loing sera faussee,
Nud se verra en piteux desarroy.

23 La legion dans la marine classe,
Calcine, Magnes soulphre, et poix
   bruslera:
Le long repos de l'assuree place,
Port Selyn, Hecle feu les consumera.

24 Ouy soubs terre saincte dame
   voix sainte,
Humaine flamme pour divine voir
   luire:
Fera des seuls de leur sang terre tainte,
Et les saincts temples pour les impurs
   destruire.

25 Corps sublimes sans fin a l'oeil
   visibles:
Obnubiler viendront par ces raisons:
Corps, front comprins, sans chef
   et invisibles.
Diminuant les sacrees oraisons.

26 Lou grand eyssame se levera
   d'abelhos,
Que non sauran don te siegen
   venguddos:
Deuech l'ebousq, luo gach dessous
   las treilhos
Ciutard trahido per cinq lengos non
   nudos.

27 Salon, Manfol, Tarascon de Sex,
   l'arc,
Ou est debout encor la piramide:
Viendront livrer le Prince Dannemarc,
Rachat honny au temple d'Artemide.

28 Lors que Venus du Sol sera couvert,
Subs l'esplendeur sera forme occulte:
Mercure au feu, les aura descouvert,
Par bruit bellique sera mis a l'insulte.

29 Le sol cache eclipse par Mercure,
Ne sera mis que pour le ciel second:
De Ulcan Hermes sera faicte pasture,
Sol sera veu pur, rutilant et blond.

30 Plus onze fois Luna Sol ne voudra,
Tous augmente et baissez de degre:
Et si bas mis que peu or on coudra,
Qu'apres faim, peste, descouvert
   le secret.

31 La lune au plain de nuict sur le
   haut mont,
Le nouveau spohe d'un seul cerveau
   l'a veu:
Par ses disciples estre immortel
   semond,
Yeux au midy, en feins, mains, corps
   au feu.

32 Es lieux et temps chair au poisson
   donra lieu,
La loy commune sera faicte au
   contraire:

Vieux tindra fort puis oste du milieu,
Le Panta chiona philon mis fort arriere.

33 Iupiter ioinct plus Venus qu'a la
Lune,
Apparoissant de plenitude blanche:
Venus cachee sous la blancheur
Neptune
De Mars frappee par la gravee branche.

34 Le grand mene captif d'estrange
terre,
D'or enchaine au Roy CHIREN offert:
Qui dans Ausone, Millan perdra
la guerre,
Et tout son os mis a feu et a fer.

35 Le feu estaint, les vierges trahiront
La plus grande part de la bande
nouvelle:
Fouldre a fer, lance les seuls Roys
garderont
Etrusque et Corse, de nuict gorge
allumelle.

36 Les ieux nouveaux en Gaule
redressez,
Apres victoire de l'Insubre
champaigne:
Monts d'Esperie, les grands liez,
troussez,
De peur trembler la Romaigne et
l'Espaigne.

37 Gaulois par saults, monts viendra
penetrer,
Occupera le grand lieu de l'Insubre,
Au plus profond son ost fera entrer,
Gennes, Monech pousseront classe
rubre.

38 Pendant que Duc, Roy, Royne
occupera,
Chef Bizant du captif en Samothrace,

Avant l'assault l'un l'autre mangera,
Rebours serre suyvra du sang la trace.

39 Les Rhodiens demanderont
secours,
Par le neglet de ses hoyrs delaissee,
L'empire Arabe revalera son cours,
Par Hesperies la cause redressee.

40 Les forteresses des assiegez serrez,
Par poudre a feu profondez en abysme,
Les prodituers seront tous vifs serrez,
Onc aux sacristes n'advint si piteux
scisme.

41 Gymnique sexe captive par hostage,
Viendra de nuict custodes decevoir,
Le chef du camp deceu par son langage,
Lairra a la gente, ferra piteux a voir.

42 Geneve et Langres par ceux de
Chatres et Dole.
Et par Grenoble captif au Montlimard,
Seysset, Lozanne, par fraudulente dole,
Les trahiront par or soixante marc.

43 Seront ouys au ciel les armes battre:
Celuy an mesme les divins ennemis,
Voudront loix sainctes iniustement
debattre,
Par foudre et guerre bien croyans
a mort mis.

44 Deux gros de Mende, et de
Roudes et Milhau,
Cahours, Limoges Castres malo
sepmano
De nuech l'intrado, de Bourdeaux
un cailhau,
Par Perigort au toc de la campano.

45 Par conflict Roy, regne
abandonnera,
Le plus grand chef faillira au besoing,

Mors prosligez peu en rechapera,
Tous destrauchez, un en sera tesmoing.

46 Bien defendu le faict par excellence,
Garde toy Tours de ta proche ruine,
Londres et Nates par Reims fera
    deffense
Ne passe outre au temps de la bruine.

47 Le Noir farouche quand aura essaye
Sa mein sanguine par feu, fer, arcs
    tendus,
Trestout le peuple sera tant effraye,
Voir les plus grans par col et pieds
    pendus.

48 Planure Ansonne fertile, spacieuse,
Prouduira taons si tant de sauterelles,
Clarte solaire deviendra nubileuse,
Ronger le tout, grand peste venir
    d'elles.

49 Devant le peuple sang sera
    respandu,
Que du haut ciel ne viendra esloigner,
Mais d'un long temps ne sera entendu,
L'esprit d'un seul le viendra tesmoigner.

50 Libra verra regner les Hesperies,
De ciel et terre tenir la Monarchie,
D'Asie forces nul ne verra peries,
Que sept ne tiennent par rang la
    hierarchie.

51 Un Duc cupide son ennemy
    ensuyvre,
Dans entrera empeschant la phalange,
Hastez a pied si pres viendront
    poursuyvre,
Que la iournee conflite pres de Gange.

52 En cite obsesse aux murs hommes
    et femmes,
Ennemis hors le chef prest a soy rendre:

Vent sera fort encontre les gensdarmes,
Chassez seront par chaux, poussiere,
    et cendre.

53 Les fugitifs et bannis revoquez,
Peres et fils grand garnissant les hauts
    puits,
Le cruel pere et les siens suffoquez,
Son fils plus pire submerge dans
    le puits.

54 Du nom qui oncques ne fut au
    Roy Gaulois,
Iamais ne fut un foudre si craintif,
Tremblant l'Italie, l'Espaigne et
    les Anglois,
De femme estrangers grandement
    attentif.

55 Quand la corneille sur tout
    de brique ioncte,
Durant sept heures ne fera que crier:
Mort presagee de sang statue taincte,
Tyran meurtry, aux Dieux peuple prier.

56 Apres victoire de rabieuse langue,
L'esprit tremte en tranquil et repos,
Victeur sanguin par conflict faict
    harangue,
Roustir la langue et la chair et les os.

57 Ignare enuie au grand Roy
    supportee,
Tiendra propos deffendre les escripts:
Sa femme non femme par un autre
    tentee,
Plus double deux ne fort ne criz.

58 Soleil ardent dans le gosier coller,
De sang humain arrouser terre
    Etrusque:
Chef seille d'eaue, mener son fils filer,
Captive dame conduicte en terre
    Turque.

59 Deux assiegez en ardente ferveur,
De soif estaincts pour deux plaines
    tasses,
Le fort lime, et un vieillard resveur,
Aux Genevois de Nira monstra trasse.

60 Les sept enfans en hostage laissez,
Le tiers viendra son enfant trucider,
Deux par son fils seront d'estoc percez,
Gennes, Florence los viendra enconder.

61 Le vieux mocque et prive
    de sa place,
Par l'estranger qui le subornera,
Mains de son fils mangees devant
    sa face,
Le frere a Chartres, Orl. Rouan trahira.

62 Un coronel machine ambition,
Sa saisira de la plus grande armee,
Contre son Prince fainte invention,
Et descouvert sera soubs sa ramee.

63 L'armee Celtique contre les
    montaignars,
Qui seront sceuz et prins a la pipee:
Paysans fresz poulseront tost faugnars,
Precipitez tous au fils de l'espee.

64 Le defaillant en habit de bourgois,
Viendra le Roy tenter de son offence:
Quinze soldats la plus part Ustagois,
Vie derniere et chef de sa chevance.

65 Au deserteur de la grand'forteresse,
Apres qu'aura son lieu habandonne,
Son adversaire fera si grand prouesse,
L'Empereur tost mort sera condamne.

66 Sous couleurs fainte de sept testes
    rasees,
Seront semez divers explorateurs,
Puits et fontains de poisons arrousees,
Au fort de Gennes humains
    devorateurs.

67 Lors que Saturne et Mars esgaux
    combust,
L'air fort seiche longue trajection,
Par feux secrets d'ardeur grand lieu
    adust,
Peu pluye, vent chault, guerres,
    incursions.

68 En lieu bien proche non esloigne
    de Venus
Les deux plus grands de l'Asie et
    d'Affrique
Du Ryn et Hister qu'on dira sont
    venus,
Cris, pleurs a Malte et coste Ligustique.

69 La cite grande les exilez tiendront,
Les citadins morts, meurtris et chassez,
Ceux d'Aquilee a Parme promettront,
Monstrer l'entree par les lieux non
    trasse.

70 Bien contigue des grands monts
    Pyrenees,
Un contre l'Aigle grand copie
    addresser,
Ouverte veines, forces exterminees,
Que iusqu'a Pau le chef viendra chasser.

71 En lieu d'espouse les filles trucidees,
Meurtre a grand faute ne sera superstile,
Dedans le puits vestules inondees,
L'espouse estainte pur hauste
    d'Aconile.

72 Les Artomiques par Agen et
    l'Estore,
A saint Felix feront leur parlement:
Ceux de Basas viendront a la mal'heure,
Saisir Condon et Marsan promptement.

73 Le nepveu grand par force
    prouvera,
Le pache fait du coeur pusillanime,

Farrare et Ast le Duc esprouvera,
Par lors qu'au soir sera le pantomine.

74 Du lac Leman et ceux de
    Brannonices
Tous assemblez contre ceux
    d'Aquitaine,
Germains beaucoup, encore plus
    Souisses,
Seront des faicts avec ceux d'Humaine.

75 Prest a combattre fera defection,
Chef adversaire obtiendra la victoire:
L'arriere garde fera defension,
Les defaillans mort au blanc territoire.

76 Les Nictobriges par ceux
    de Perigort
Seront vexez, tenant iusques au Rosne,
L'associe de Gascons et Begorne,
Trahir le temple, le prestre estant au
    prosne.

77 SELIN Monarque l'Italie pacifique,
Regnes unis, Roy Chrestien du monde,
Mourant voudra coucher en terre
    blesique,
Apres pyrates avoir chasse de l'onde.

78 La grand'armee de la pugne civile,
Pour de nuict parme a l'estrange
    trouvee,
Septante neuf meurtris dedans la ville,
Les estrangers passez tout a lespee.

79 Sang Royal fuis, Monhurt, Mas,
    Eguillon,
Remplis seront Bourdelois les Landes,
Navarre, Bygorre poinctes et eguillons,
Profonds de faims, vorer de Liege
    glandes.

80 Pres du grand fleuve, grand fosse,
    terre eges
En quinze pars sera l'eau divisee:

La cite prinse, feu, sang, cris conflict
    mettre,
Et la plus part concerne au collisee.

81 Pont on fera promptement
    de nacelles,
Passer l'armee du grand Prince
    Belgique:
Dans profondrez et non loing
    de Brucelles,
Outre passez, detranchez sept a picque.

82 Amas s'approche venant
    d'Esclavonie,
L'Olestant vieux cite ruynera:
Fort desolee verra sa Romanie,
Puis la grand'flamme estaindre
    ne scaura.

83 Combat nocturne le vaillant
    capitaine,
Vaincu fuyra peu de gens proslige:
Son peuple esmeu, sedition non
    vaine,
Son propre fils le tiendra assiege.

84 Un grand d'Auxerre mourra bien
    miserable,
Chasse de ceux qui sous luy ont este:
Serre de chaines, apres d'un rude cable,
En l'an que Mars, Venus et Sol mis
    en este.

85 La charbon blanc du noir sera
    chaffe,
Prisionnier faict mene au tombereau:
More Chameau sur pieds entrelassez,
Lors le puisne sillera l'aubereau.

86 L'an que Saturne en eau sera
    conioinct,
Avecques Sol, le Roy fort et puissant,
A Reims et Aix sera receu et oingt,
Apres conquestes meurtrira innocens.

87 Un fils du Roy tant de langues
   apprins,
A son aisne au regne different:
Son pere beau au plus grand fils
   comprins,
Fera perir principal adherant.

88 Le grand Antoine du nom de faict
   sordide,
De Phthyriase a son dernier ronge:
Un qui de plomb voudra estre cupide,
Passant le port d'esleu sera plonge.

89 Trente de Londres secret
   coniureront,
Contre leur roy, sur le pont l'entre-
   prinse:
Luy, fatalites la mort desgousteront,
Un Roy esleu blonde, natif de Frize.

90 Les deux copies aux murs ne
   pourront ioindre
Dans cest instant trembler Milan, Ticin:
Faim, soif, doutance si fort les
   viendra poindre
Chair, pain, ne vivres n'auront un
   seul boucin.

91 Au Duc Gaulois contrainct battre
   au duelle,
La nef Mellele Monech n'approchera,
Tort accuse, prison perpetuelle,
Son fils regner avant mort taschera.

92 Teste trenchee du vaillant capitaine,
Sera gettee devant son adversaire:
Son corps pendu de la classe a l'antenne,
Confus fuira par rames a vent contraire.

93 Un serpent veu proche du lict
   Royal,
Sera par dame nuict chien n'abayeront:
Lors naistre en France un Prince tant
   Royal,
Du ciel venu tous les Princes verront.

94 Deux grand freres seront chassez
   d'Espaigne,
L'aisne vaincu sous les monts Pyrenees:
Rougir mer, Rosne, sang Leman
   d'Alemaigne
Narbon, Blyterre, d'Agath,
   contaminees.

95 Le regne a deux laisse bien peu
   tiendront
Trois ans sept mois passez feront la
   guerre
Les deux vestales contre rebelleront,
Victor puisnay en Armenique terre.

96 La soeur aisnee de l'Isle Britannique
Quinze ans devant le frere aura
   naissance:
Par son promis moyennent verrifique,
Succedera au regne de balance.

97 L'an que Mercure, Mars, Venus
   retrograde,
Du grand Monarque la ligne ne faillit:
Esleu du peuple l'usitant pres
   de Gagdole,
Qu'en paix et regne viendra fort
   envieillir.

98 Les Albanois passeront dedans
   Rome,
Moyennant Langres demipler
   assubles,
Marquis et Duc ne pardonnes
   a l'homme,
Feu, sang, morbilles point d'eau,
   faillir les bles.

99 L'aisne vaillant de la fille du Roy,
Repoussera si profond les Celtiques,
Qu'il mettra foudres, combien
   en tel arroy
Peu et loing, puis profond es
   Hesperiques.

100 De feu celeste au Royal edifice,
Quand la lumiere de Mars defaillira,

Sept mois grand guerre, mort gent
    de malefice,
Rouan, Evreux au Roy ne faillira.

V. Centurie

1 Avant venue de ruine Celtique,
Dedans le temple deux parlementeront,
Poignard coeur, d'un monte au
    coursier, et picque,
Sans faire bruit le grand enterreront.

2 Sept coniurez au banquet feront
    luire,
Contre les trois le fer hors de nauire:
L'un les deux classes au grand fera
    conduire,
Quand par le mail. Dernier au front
    luy tire.

3 Le successeur de la Duche viendra
Beaucoup plus outre que la mer de
    Toscane:
Gauloise Blanche la Florence tiendra,
Dans son giron d'accord nautique
    Rane.

4 Le gros mastin de cite dechasse,
Sera fasche de l'estrange alliance,
Apres aux champs avoir le cerf chasse,
Le loup et l'ours se donront defiance.

5 Sous ombre faincte d'oster de
    servitude,
Peuple et cite l'usurpera luy mesme:
Pire fera par fraux de ieune pute,
Livre au champ lisant le faux proesme.

6 Au Roy l'augur sur le chef la main
    mettre,
Viendra prier pour la paix Italique:
A la main gauche viendra changer
    le sceptre,
De Roy viendra Empereur pacifique.

7 Du Triumvir seront trouvez les os,
Cherchant profond thresor
    aenigmatique,
Ceux d'alentour ne seront en repos,
Ce concaver marbre et plomb
    metallique.

8 Sera laisse feu vif, mort cachee,
Dedans les globes horribles
    espouvantable,
De nuict a classe cite en poudre lasche,
La cite a feu, l'ennemy favorable.

9 Iusques au fond la grand arq
    demolue,
Par chef captif l'amy anticipe:
Naistra de dame front, face chevelue,
Lors par astuce Duc a mort attrappe.

10 Un chef Celtique dans le conflict
    blesse,
Aupres de cave voyant siens mort
    abattre:
De sang et playes et d'ennemis presse,
Et secourus par incongneus de quatre.

11 Mer par solaires seure ne passera,
Ceux de Venus tiendront toute
    l'Affrique:
Leur regne plus Saturne n'occupera,
Et changera la part Asiatique.

12 Aupres du lac Leman sera conduite,
Par grace estrange cite voulant trahir:
Avant son meurtre a Ausbourg la
    grand suitte,
Et ceux du Rhin la viendront invahir.

13 Par grand fureur le Roy Romain
   Belgique
Vexer voudra par phalange barbare:
Fureur grinssant chassera gent Lybique
Depuis Pannons iusques Hercules
   la hare.

14 Saturne et Mars en Leo Espaigne
   captifve,
Par chef Lybique au conflict attrape,
Proche de Malthe, Heredde prinse vive,
Et Romain sceptre sera par Coq frappe.

15 En navigant captif prins grand
   Pontife,
Grand aprets faillir les clercs
   tumultuez:
Second esleu absent son bien debife,
Son favory bastard a mort tue.

16 A son hault pris plus la lerme sabee,
D'humaine chair par mort en cendre
   mettre,
A l'Isle Pharos par Croisars perturbee,
Alors qu'a Rhodes paroistra dur
   espectre.

17 De nuict passant le Roy pres
   d'une Andronne,
Celuy de Cypres et principal guette:
Le Roy failly, la main fut long du
   Rosne,
Les coniurez l'iront a mort mettre.

18 De dueil mourra l'infelix proslige,
Celebrera son vitrix l'hecatombe:
Pristine loy, franc edict redige.
Le mur et Prince au septiesme iour
   tombe.

19 Le grand Royal d'or, d'airain
   augmente,
Rompu la pache, par ieune ouverte
   guerre:

Peuple afflige par un chef lamente,
De sang barbare sera couverte terre.

20 Dela les Alpes grande armee
   passera,
Un peu devant naistre monstre vapin:
Prodigieux et subit tournera
Le grand Tosquan a son lieu plus
   propin.

21 Par les trespas du Monarque Latin,
Ceux qu'il aura par regne secourus:
Le feu luyra divise le butin,
La mort publique aux hardis incourus.

22 Avant qu'a Rome grand aye rendu
   l'ame,
Effrayeur grande a l'armee estrangere:
Par esquadrons l'embusche pres
   de Parme,
Puis les deux rouges ensemble feront
   chere.

23 Les deux contens seront unis
   ensemble,
Quant la plupart a Mars seront
   conioinct:
Le grand d'Affrique en effrayeur
   et tremble,
Duumvirat par la classe desioinct.

24 Le regne et loy sous Venus esleve,
Saturne aura sus Iupiter empire:
La loy et regne par le Soleil leve,
Par Saturnins endurera le pire.

25 Le Prince Arabe Mars, Sol, Venus,
   Lyon,
Regne d'Eglise par mer succombera:
Devers la Perse bien pres d'un million,
Bisance, Egypte, vers.sepr. inuadera.

26 La gent esclave par un heur martial,
Viendra en haut degre tant eslevee:

Changeront Prince, naistra un
  Provincial,
Passer la mer copie aux monts levee.

27 Par feu et armes non loing de la
  marnegro,
Viendra de Perse occuper Trebisonde:
Trembler Phato, Methelin, Sol alegro,
De sang Arabe d'Adrie couvert onde.

28 Le bras pendant a la iambe liee,
Visage pasle, au sein poignard cache:
Trois qui seront iurez de la meslee,
Au grand de Gennes sera le fer lasche.

29 La liberte ne sera recouvree,
L'occupera noir, fier, vilain, inique,
Quand la matiere du pont ser ouvree,
D'Hister, Venise faschee la republique.

30 Tour a l'entour de la grande cite,
Seront soldats logez par champs et ville:
Donner l'assaut Paris, Rome incite,
Sur le pont sera faicte grande pille.

31 Par terre Attique chef de la sapience,
Qui de present est la rose du monde:
Pont ruine, et sa grand'preeminence
Sera subdite et naufrage des ondes.

32 Ou tout bon est, toutbien Soleil
  et Lune,
Est abondant, sa ruine s'approche:
Du ciel s'advance vaner ta fortune,
En mesme estat que la septiesme roche.

33 Des principaux de cite rebellee,
Qui tiendront fort pour liberte r'avoir:
Detrancher masles, infelice meslee,
Cris, hurlemens a Nantes piteux voir.

34 Du plus profond d l'Occident
  Anglois,
Ou est le chef de l'Isle Britannique:

Entrera classe dans Gyronde par Blois,
Par vin et sel, feux cachez aux barriques.

35 Par cite franche de la grand mer
  Seline,
Qui porte encores a l'estomach
  la pierre,
Angoisse classe viendra sous la bruine
Un rameau prendre, du grand ouverte
  guerre,

36 De soeur le frere par simulte faintise
Viendra mesler rosee en myneral:
Sur la placente donne a vieille tardive,
Meurt, le goustant sera simple et rural.

37 Trois cens seront d'un vouloir et
  accord,
Que pour venir au bout de leur attainte.
Vingt mois apres tous et records,
Leur Roy trahy simulant haine fainte.

38 Ce grand Monarque qu'au mort
  succedera,
Donnera vie illicite et lubrique,
Par nonchalance a tous concedera,
Qu'a la parfin faudra la loy Salique.

39 Du vray rameau de fleur de lys yssu
Mis et loge heritier d'Hetrurie:
Son sang antique de longue main tissu,
Fera Florence florir en l'armoirie.

40 Le sang Royal sera si tres mesle,
Contraints seront Gaulois de
  l'Hesperie:
On attendra que terme soit coule,
Et que memoire de la voix soit perie.

41 Nay sous les ombres et iournee
  nocturne,
Sera en regne et bonte souveraine:
Fera renaistre son sang de l'antique
  urne,
Renouvellant siecle d'or pour l'airain.

42 Mars esleve en son plus haut befroy,
Fera retraite les Allobrox de France:
La gent Lombarde fera si grand effroy,
A ceux de l'Aigle comprins sous
    la Balance.

43 La grand ruine des secrez ne
    s'esloigne,
Provence, Naples, Sicille, Seez
    et Ponce,
En Germanie, au Rhin et la Colongne,
Vexez a mort par tous ceux de Magonce.

44 Par mer le rouge sera prins de
    pyrates,
La paix sera par son moyen troublee:
L'ire et l'avare commettra par sainct
    acte,
Au grand Pontife sera l'armee doublee.

45 Le grand Empire sera tost desole,
Et translate pres d'arduenne silue,
Les deux bastards par l'aisne decolle,
Et regnera Aenobarb nez de misue.

46 Par chapeaux rouges querelles et
    nouveaux scismes,
Quand on aura esleu le Sabinois:
On produira contre luy grands
    sophismes,
Et sera Rome lesee par Albanois.

47 Le grand Arabe marchera bien
    avant
Trahy sera par les Bisantinois:
L'antique Rodes luy viendra au devant,
Et plus grand mal par austre Pannonois.

48 Apres la grande affliction du
    sceptre,
Deux ennemis par eux seront defaicts:
Classe d'Affrique aux Pannons
    viendra naistre
Par mer et terre feront horribles faicts.

49 Nul de l'Espaigne, mais de
    l'antique France
Ne sera esleu pour le tremblant nacelle,
A l'ennemy sera faicte fiance,
Qui dans son regne sera peste cruelle.

50 L'an que les freres du lys seront
    en aage
L'un d'eux tiendra la grande Romanie:
Trembler les monts, ouvert Latin
    passage,
Pache marcher contre fort d'Armenie.

51 La gent de Dace, d'Angleterre
    et Polonne,
Et de Boesme feront nouvelle ligue:
Pour passer outre d'Hercules
    la colonne,
Barcins, Tyrrens dresser cruelle brigue.

52 Un Roy fera qui donra l'opposite,
Les exilez eslevez sur le regne:
De sang nager la gent caste hyppolite,
Et florira long temps sous telle
    enseigne.

53 La loy du sol et Venus contendus
Appropriant l'esprit de prophetie,
Ne l'un ne l'autre ne seront entendus,
Par Sol tiendra la loy du grand Messie.

54 Du pont Euxime, et la grand'-
    Tartarie,
Un Roy sera qui viendra voir la Gaule,
Transpercera Alane et l'Armenie,
Et dans Bisance lairra sanglante Gaule.

55 De la Felice Arabie contrade,
Naistra puissant de loy Mahometique,
Vexer l'Espaigne, conquester
    la Grenade,
Et plus par mer a la gent Lygustique.

56 Par le trespas du tref vieillard
    Pontife,
Sera esleu un Romain de bon aage,

Qui sera dict que le siege debiffe,
Et long tiendra et de picquant ouvrage.

57 Istra du mont Gaulsier et Aventin,
Qui par le trou advertira l'armee,
Entre deux rocs sera prins le butin,
De SEXT.mansol faillir la renommee.

58 De l'aqueduct d'Uticense,
    Gardoing,
Par la forest et mont inacessible,
Emmy du pont sera tasche au poing
Le chef nemans qui tant sera terrible.

59 Au chef Anglois a Nymes trop
    freiour,
Devers l'Espaigne au secours
    Aenobarbe
Plusieurs mourront par Mars ouvert
    ce iour,
Quant en Artois faillir estoille en barbe.

60 Par teste rase viendra bien mal
    eslire,
Plus que sa charge ne porte passera:
Si grand fureur et rage fera dire,
Qu'a feu et sang tout sexe trenchera.

61 L'enfant du grand n'estant a sa
    naissance,
Subiuguera les hauts monts Apennis:
Fera trembler tous ceux de la balance,
Et des monts feux iusques a
    Mont-Senis.

62 Sur les rochers sang on verra
    pleuvoir,
Sol Orient, Saturne Occidental:
Pres d'Orgon guerre, a Rome grand
    mal voir,
Nefs parfondrees, et prins le Tridental.

63 De vaine emprinse l'honneur
    indue plaincte,
Galliots errans par latins, froid, faim,
    vagues

Non loing du Tymbre de sang la
    terre taincte,
Et sur humains seront diverses
    plagues.

64 Les assemblez par repos du grand
    nombre,
Par terre et mer conseil contre mande:
Pres de l'Autonne Gennes, Nice
    de l'ombre
Par champs et villes le chef
    contrebande.

65 Subit venu l'effrayeur sera grande,
Des principaux de l'affaire cachez:
Et dame embraise plus ne sera en
    veue
Ce peu a peu seront les grands
    fachez.

66 Sous les antiques edifices vestaux,
Non esloignez d'aque duct ruine:
De Sol et Lune sont les luisans metaux,
Ardante lampe Trian dor butine.

67 Quand chef Perouse n'ofera sa
    tunique
Sens au couvert tout nuds expolier,
Seront prins sept faict Aristocratique,
Le pere et fils morts par poincte au
    colier.

68 Dans le Danube et du Rin viendra
    boire
Le grand Chameau, ne s'en repentira:
Trembler du Rofne, et plus fort ceux
    de Loire
Et pres des Alpes Coq le ruinera.

69 PLus ne sera le grand en faux
    sommeil,
L'inquietude viendra prendre repos:
Dresser phalange d'or, azur et vermeil,
Subiuger Affrique, la ronger iusques os.

70 Des regions subiectes a la Balance
Feront troubler les monts par grande
   guerre,
Captifs tout sexe deu et tout Bisance,
Qu'on criera a l'aube terre a terre.

71 Par la fureur d'un qui attendra l'eau,
Par la grand rage tout l'exercice esmeu:
Charge des nobles a dix-sept bateaux,
Au long du Rosne tard messager venu.

72 Pour le plaisir d'edict voluptueux,
On mestera la poison dans la foy:
Venus sera en cours si vertueux,
Qu'obfusquera du Soleil tout a loy.

73 Persecutee sera de Dieu l'Eglise,
Et les saints Temples seront expoliez,
L'enfant, la mere mettra nud
   en chemise,
Seront Arabes aux Polons ralliez.

74 De sang Troyen naistra coeur
   Germanique
Qui deviendra en si haut puissance:
Hors chassera gent estrange Arabique,
Tournant l'Eglise en pristine
   preeminence.

75 Montera haut sur le bien plus a
   dextre,
Demourra assis sur la pierre quarree,
Vers le Midy pose a la fenestre,
Baston tortu en main, bouche ferree.

76 En lieu libere tendra son pavillon,
En ne voudra en citez prendre place:
Aix, Carpen, l'Isle Volce, Mont
   Cavaillon,
Par tous ses lieux abolira sa trasse.

77 Tous les degrez d'honneur
   Ecclesiastique
Seront changez en dial quirinal:

En Martial quirinal flaminique,
Puis un Roy de France le rendre
   vulcanal.

78 Les deux unis ne tiendront
   longuement,
Et dans treize ans au Barbare Satrappe,
Aux deux costez feront tel perdement,
Qu'un benira le Barque et sa cappe.

79 Par secree pompe viendra baisser
   les aisles,
Par la venue du grand legislateur:
Humble haussera, vexera les rebelles,
Naistra sur terre aucun aemulateur.

80 Logmion grande Bisance
   approchera,
Chassee sera la Barbarique Ligue:
Des deux loix l'une l'estinique lachera,
Barbare et franche en perpetuelle
   brique.

81 L'oiseau Royal sur la cite solaire,
Sept mois devant fera nocturne augure:
Mur d'Orient cherra tonnerre, esclaire,
Sept iours aux portes les ennemis
   a l'heure.

82 Au conclud pache hors de
   la forteresse,
Ne sortira celuy en desespoir mis:
Quant ceux d'Arbois, de Langres,
   contre Bresse
Auront mont Dolle, bousculade
   d'ennemis.

83 Ceux qui auront entreprins
   subvertir,
Nom pareil regne, puissant et invicible:
Feront par fraude, nuicts trois advertir,
Quant le plus grand a table lira Bible.

84 Naistra du gouphre et cite
   immesuree,
Nay de parents obscurs et tenebreux:

Qui la puissance du grand Roy
    reveree,
Voudra destruire par Rouan et Evreux.

85 Par les Sueves et lieux circonvoisins,
Seront en guerre pour cause des nuees:
Gamp marins locustes et confins,
Du Leman fautes seront bien desnuees.

86 Par les deux testes, et trois bras
    separes,
La cite grande par eaux sera vexee:
Des grands d'entr'eux par exil esgares,
Par teste Perse Bisance fort pressee.

87 L'an que Saturne hors de servage,
Au francs terroir sera d'eau inonde:
De sang Troyen sera son mariage,
Et sera seur d'Espaignols circonde.

88 Sur le sablon par un hideux deluge,
Des autres mers trouve monstre marin:
Proche du lieu sera faict un refuge,
Tenant Savonne esclave de Turin.

89 Dedans Hongrie par Boheme,
    Navarre,
Et par banniere sainctes seditions:
Par fleurs de lys pays portant la barre,
Contre Orleans fera esmotions.

90 Dans les cyclades, en perinthe
    et larisse,
Dedans Sparte tout le Peloponnesse:
Si grand famine, peste par faux
    connisse,
Neuf mois tiendra et totut le
    cherronesse.

91 Au grand marche qu'on dict des
    mensongiers,
Du tout Torrent et champ Athenien:
Seront surprins par les chevaux legiers,
Par Albanois Mars, Leo, Sat, un versien.

92 Apres le siege tenu dix sept ans,
Cinq changeront en tel revolu terme:
Puis sera esleu de mesme temps,
Qui des Romains ne sera trop
    conforme.

93 Sous le terroir du rond globe
    lunaire,
Lors que sera dominateur Mercure:
L'Isle d'Escosse fera un luminaire,
Qui les Anglois mettra a desconfiture.

94 Translatera en la grand Germanie,
Brabant et Flandres, Gang, Bruges et
    Bolongne
La tresve saincte, le grand duc
    d'Armenie,
Assaillira Vienne et la Coloigne.

95 Nautique rame invitera
    les umbres,
Du grand Empire lors viendra conciter:
La mer Aegee des lignes les encombres,
Empeschant l'onde Tirrene defflotez.

96 Sur le milieu du grand monde la
    rose,
Pour nouveaux faicts sang public
    espandu:
A dire vray on aura bouche close,
Lors au besoing viendra tard l'attendu.

97 Le nay difforme par horreur
    suffroque,
Dans la cite du grand Roy habiatable:
L'edict severe des captifs revoque
Gresle et tonnere, Condon inestimable.

98 A quarante huict degre
    climaterique,
Afin de Cancer si grande seicheressse:
Poisson en mer, fleuve, lac cuit
    hectique,
Bearn, Bigorre par feu ciel en detresse.

99 Milan, Ferrare, Turin, et Aquilleye.
Capne, Brundis vexez par gents
    Celtique:
Par le Lyon et phalange aquilee
Quant Rome aura le chef vieux
    Britannique.

100 Le boutefeu par son feu attrape,
De feu du ciel a Carcas et Cominge,
Foix, Aux, Mazere, haut vieillart
    eschappe,
Par ceux de Hasse, des Saxons
    et Turinge.

VI. Centurie

1 Autour des monts Pyrennees grans
    amas
De gent estrange secourir Roy nouveau
Pres de Garonne du grand temple
    du Mas,
Un Romain chef le craindra dedans
    l'eau.

2 En l'an cinq cens octante plus
    et moins,
On attendra le siecle bien estrange:
En l'an sept cens, et trois cieux en
    tesmoings,
Que plusieurs regnes un a cinq feront
    change.

3 Fleuve qu'esprouve le nouveau
    naty Celtique,
Sera en grande de l'Empire discorde:
Le ieune Prince par gent Ecclesiastique,
Ostera le sceptre coronal de concorde.

4 Le Celtiq fleuve changera de rivage,
Plus ne tiendra la cite d'Agripine,
Tout transmue ormis le vieil langage,
Saturne, Leo, Mars, Cancer en rapine.

5 Si grand famine par unde pestifere,
Par pluye longue le long du polle
    arctique,
Samatobryn cent lieux de l'hemisphere,
Viveront sans loy exempt de pollitique.

6 Apparoistra Vers le Septentrion,
Non loing de Cancer l'estoille chevelue,

Suze, Sienne, Boece, Eretrion,
Mourra de Rome grand, la nuict
    disperue.

7 Norneigre et Dace, et l'isle
    Britannique,
Par les unis freres seront vexes,
Le chef Romain issu de sang Gallique
Et les copies aux forests repoulsees.

8 Ceux qui estoient en regne pour
    scavoir,
Au Roial change deviendront apouvris:
Uns exilez sans apuy, or n'avoir,
Lettrez et lettres ne seront a grand pris.

9 Au sacrez Temples seront faicts
    escandales,
Comptez seront par honneur et
    louanges,
D'un que on grave d'argent, d'or les
    medall
La fin sera en tormens bien estranges.

10 Un peu de temps les temples des
    couleurs
De blanc et noir des deux entremeslee:
Rouges et iaunes leur embleront les
    leurs,
Sang, terre, peste, feu d'eau affollee.

11 Des sept rameaux a trois seront
    reduicts,
Les plus aisnez seront surprins
    par mort,

Fratricidez les deux seront seduicts,
Les coniurez en dormans seront morts.

12 Dresser copies ponur monter
    a l'Empire,
Du Vatican le sang Royal tiendra:
Flamans, Anglois, Espagne avec
    Aspire,
Contre l'Italie et France contendra.

13 Un dubieux ne viendra loing
    du regne,
La plus grand part le voudra soustenir,
Un capitole ne voudra point qu'il regne,
Sa grande charge ne pourra maintenir.

14 Loing de sa terre Roy perdra
    la bataille,
Prompt eschappe poursuivy suivant
    prins,
Ignare prins soubs la doree maille,
Soubs fainct habit et l'ennemy
    surprins.

15 Dessoubs la tombe sera trouve
    le Prince,
Qu'aura le pris par dessus Nuremberg,
L'Espaignol Roy en Capricorne mince,
Fainct et trahy par le grand
    Vuitemberg.

16 Ce que ravy sera du ieune Milve,
Par les Normans de France et
    Picardie,
Les noirs du temple du lieu de
    Negrisilve,
Feront aulberge et feu de Lombardie.

17 Apres les limes bruslez les asiniers,
Contraints seront changer habits
    divers,
Les Saturnins bruslez par les
    meusniers,
Hors la pluspart qui ne sera couvers.

18 Par les Phisiques le grand Roy
    delaisse,
Par sort non art de l'Ebrien est en vie,
Luy et son genre au regne hault pousse,
Grace donnee a gent qui Christ envie.

19 La vraye flamme engloutira la
    dame,
Que voudra mettre les Innocens a feu,
Pres de l'assaut l'exercite s'enflamme,
Quant dans Seville monstre en boeuf
    sera veu.

20 L'union faincte sera peu de duree,
Des uns changez reformez la pluspart,
dans les vaisseaux sera gent enduree,
Lors aura Rome un nouveau liepart.

21 Quant ceux du polle artiq unis
    ensemble,
En Orient grand effrayeur et crainte,
Esleu nouveau, sostenu le grand
    tremble.
Rodes, Bisance de sang Barbare taincte.

22 Dedans la terre du grand temple
    Celtique,
Neveu a Londres par paix faincte
    meurtry,
La barque alors deviendra scismatique,
Liberte faincte sera au corn et cry.

23 D'esprit de regne musnimes
    descriees,
Et seront peuples esmeuz contre leur
    Roy,
Paix faict nouveau, sainctes loix
    empirees,
Rapis onc fut en si tresdur arroy.

24 Mars et le sceptre se trouvera
    conioinct,
Dessoubs Cancer calamiteuse guerre,
Un peu apres sera nouveau Roy oingt,
Qui par longtemps pacifiera la terre.

25 Par Mars contraire sera la
  monarchie,
Du grand pescheur en trouble ruyneux,
Ieune roy rouge prendra la hierarchie,
Les prediteurs iront iour bruyneux.

26 Quatre ans le siege quelque peu
  bien tiendra,
Un surviendra libidineux de vie,
Ravenne et Pyse, Veronne
  soustiendront,
Pour eslever la croix de Pape envie.

27 Dedans les Isles de cinq fleuves a un,
par le croissant du grand Chyren Selin,
Par les bruynes de l'air fureur de l'un,
Six eschapez, cachez fardeaux de lyn.

28 Le grand Celtique entrera dedans
  Rome,
Menant amas d'exilez et bannis:
Le grand pasteur mettra a mort tout
  homme
Qui pour le coq estoyent aux Alpes
  unis.

29 La vefve saincte entendant
  les nouvelles,
De ses rameaux mis en perplex et
  trouble:
Qui sera duict appaiser les querelles,
Par son pourchas des razes sera comble.

30 Par l'apparence de saincte sainctete,
Sera trahy aux ennemis le siege:
Nuict qu'on cuidoit dormir en seurete,
Pres de Braban marcheront ceux
  de Liege.

31 Roy trouvera ce qu'il desiroit tant,
Quand le Prelat sera reprins a tort:
Responce au Duc le rendra mal content,
Qui dans Milan mettra plusieurs a
  mort.

32 Par trahison de verges a mort battu,
Prins surmonte sera par son desordre,
Conseil frivole au grand captif sentu,
Nez par fureur quant Berich viendra
  mordre.

33 Sa main derniere par Alus
  sanguinaire,
Ne se pourra par la mer guarentir:
Entre deux fleuves craindre main
  militaire,
Le noir l'ireux le fera repentir.

34 De feu volant la machination,
Viendra troubler au grand chef
  assiegez:
Dedans sera telle sedition,
Qu'en desespoir seront les profligez.

35 Pres de Rion, et proche a blanche
  laine,
Aries, Taurus, Cancer, Leo, la Vierge,
Mars, Iupiter, le Sol ardra grand plaine,
Bois et citez lettres cachez au cierge.

36 Ne bien ne mal par bataille terrestre,
Ne parviendra aux confins de Perouse:
Rebelle Pise, Florence voit mal estre,
Roy nuict blesse sur mulet a noire
  house.

37 L'oeuvre ancienne se parachevera,
Du toict chera sur le grand mal ruyne:
Innocent faict mort on accusera,
Nocent cache, taillis a la bruyne.

38 Aux profligez de paix les ennemis,
Apres avoir l'Italie superee,
Noir sanguinaire, rouge sera commis,
Feu, sang verser, eau de sang coloree.

39 L'enfant du regne par paternelle
  prinse,
Expolier sera pour delivrer:

Aupres du lac Trasimen l'azur prinse,
La troupe hostage par trop fort
    s'enyvrer.

40 Grand de Magonce pour grande
    soif estaindre,
Sera prive de sa grand'dignite:
Ceux de Cologne si fort se viendront
    plaindre,
Que le grand groppe au Rhin sera iette.

41 Le second chef du regne
    d'Annemarc,
Par ceux de Frize et l'isle Britannique,
Fera despendre plus de cent mille marc,
Vain esploicter voyage en Italique.

42 A Logmyon sera laisse le regne,
Du grand Selin qui plus fera de faict:
Par les Itales estendra son enseigne,
Regi sera par prudent contrefaict.

43 Long temps sera sans estre habitee,
Ou Signe et Marne autour vient
    arrouser:
De la Tamise et martiaux tentee,
Deceus les gardes en cuidant repousser.

44 De nuict par Nantes Lyris
    apparoistra,
Des arts marins susciteront la pluye:
Arabiq goulfre grand classe parfondra,
Un monstre en Saxe naistra d'ours
    et truye.

45 Le gouverneur du regne bien
    scavant,
Ne consentir voulant au faict Royal:
Mellile classe par le contraire vent
Le remettra a son plus desloial.

46 Un iuste sera en exil renvoye,
Par pestilence aux confins de
    Nonseggle,

Response au rouge le fera desvoye,
Roy retirant a la Rane et a l'Aigle.

47 Entre deux monts les deux grand
    assemblez
Delaisseront leur simulte secrette,
Brucelle et Dolle par Langres accablez,
Pour a Malignes executer leur peste.

48 La sainctete trop fainte et seductive,
Accompagne d'une langue discrete:
La cite vieille, et parme trop hastive,
Florence et Sienne rendront plus
    desertes.

49 De la patrie de Mammer grand
    Pontife,
Subiuguera les confins du Danube:
Chasser les crois, par fer raffe ne
    riffe,
Captifs, or, bagues plus de cent milles
    rubes.

50 Dedans le puys seront trouvez
    les os,
Sera l'inceste commis par la maratre:
L'estat change, on querra bruit et los,
Et aura Mars attendant pour son astre.

51 Peuple assemble, voir noveau
    expectacle,
Princes et Roys par plusieurs assistans,
Pilliers faillir, murs, mais comme
    miracle
Le Roy sauve et trente des instans.

52 En lieu du grand qui sera
    condamne,
De prison hors, son amy en sa place:
L'espoir Troyen en six mois ioins
    mort ne,
Le Sol a l'urne seront peins fleuve
    en glace.

53 Le grand Prelat Celtique
  a Roy suspect,
De nuict par cours sortira hors
  du regne:
Par Duc fertile a son grand Roy
  Bretaigne,
Bisance a Cypres et Tunes insuspect.

54 Au poinct du iour au second
  chant du coq,
Ceux de Tunes, de Fez et de Begie,
Par les Arabes captif le Roy Maroq,
L'an mil six cens et sept, de Liturgie.

55 Au chalme Duc, en arrachant
  l'esponce,
Voile Arabesque voir, subit decouverte:
Tripolis Chio, et ceux de Trapesonce,
Duc prins, Marnegro et la cite deserte.

56 La crainte armee de l'ennemy
  Narbon,
Effrayera si fort les Hesperiques:
Parpignan vuide par l'aveugle darbon,
Lors Barcelon par mer donra les piques.

57 Celuy qu'estoit bien avant dans le
  regne,
Ayant chef rouge proche a la hierarchie,
Aspre et cruel, et se fera tant craindre,
Succedera a sacree monarchie.

58 Entre les deux monarques
  esloignez,
Lorsque le Sol par Selin clair perdue,
Simulte grande entre deux indignez,
Qu'aux Isles et Sienne la liberte
  rendue.

59 Dame en fureur par rage d'adultere,
Viendra a son Prince coniurer non
  de dire:
Mais bref cogneu sera le vitupere,
Que seront mis dix sept a martyre.

60 Le Prince hors de son terroir
  Celtique,
Sera trahy, deceu par interprete:
Rouan, Rochelle par ceux de
  l'Armorique
Au port de Blaue deceus par moyen
  et prestre.

61 Le grand tappis plie ne monstrera,
Fors qu'a demy la pluspart de
  l'histoire:
Chasse du regne loing aspre
  apparoistra,
Qu'au faict bellique chacun le viendra
  croire.

62 Trop tard tous deux les fleurs
  seront perdues,
Contre la loy serpent ne voudra faire:
Des Ligueurs forces par gallots
  confrondues,
Savone, Albingue par monech grand
  martyre.

63 La dame seule au regne demeuree,
L'unic estaints premier au lict
  d'honneur,
Sept ans sera de douleur exploree,
Puis longue vie au regne par grand heur.

64 On ne tiendra pache aucune arreste,
Tous recevans iront par tromperie,
De paix et tresve, terre et mer proteste,
Par Barcelone classe prins d'industrie.

65 Gris et bureau demie ouverte
  guerre,
De nuict seront assailis et pillez,
Le bureau prins passera par la serre,
Son temple ouvert, deux au plastre
  grillez.

66 Au fondement de la nouvelle secte,
Seront les os du grand Romain trouvez,

Sepulchre en marbre apparoistra
couverte,
Terre trembler en Auril, mal enfouez.

67 Au grand Empire parviendra tout
un autre
Bonte distant plus de felicite:
Regi par un issu non loing du peautre,
Corruer regnes grand infelicite.

68 Lors que soldats fureur seditieuse,
Contre leur chef seront de nuict fer
luire:
Ennemy d'Albe soit par main furieuse,
Lors vexer Rome, et principaux
seduire.

69 La pitie grande sera sans loing
tarder,
Ceux qui donnoient seront contraints
de prendre:
Nuds, affamez de froid, soif, soy
bander,
Les monts passer commettant grand
esclandre.

70 Au chef du monde le grand
Chyren sera,
Plus outre apres ayme, craint, redoute:
Son bruit et lors les cieux surpassera,
Et du seul tiltre victeur fort contente.

71 Quand on viendra le grand Roy
parenter
Avant qu'il ait du tout l'ame rendue:
Celuy qui moins le viendra lamenter,
Par Lyons, d'Aigles, croix, couronne
vendue.

72 Par fureur fainte d'esmotion divine,
Sera la femme du grand fort violee:
Iuges voulans damner telle doctrine.
Victime au peuple ignorant immolee.

73 En cite grande un moyne et artisan,
Pres de la porte logez et aux murailles,

Contre Moderne secret, cave disant,
Trahis faire sous couleur d'espousailles.

74 La dechassee au regne tournera,
Ses ennemis trouvez des coniurez:
Plus que iammais son temps
triomphera,
Trois es septante a mort trop asseurez.

75 Le grand pilot par Roy sera mande,
Laisser la classe pour plus haut lieu
attaindre:
Sept ans apres sera contrebande,
Barbare armee viendra Venise craindre.

76 La cite antique d'antenoree forge,
Plus ne pouvant le tyran supporter.
Le manche fainct au temple couper
gorge,
Le siens le peuple a mort viendra
bouter.

77 Par la victoire du deceu fraudulente,
Deux classes une, la revolte Germaine,
Le chef meurtry et son fils dans la tente,
Florence, Imole pourchassez dans
Romaine.

78 Crier victoire du grand Selin
croissant,
Par les Romains sera l'Aigle clame,
Ticcin, Milan et Gennes y consent,
Puis par eux mesmes Basil grand
reclame.

79 Pres de Tesin les habitans de Loyre,
Garonne et Saone, Seine, Tain et
Gironde,
Outre les monts dresseront
promontoire,
Conflit donne, Pau granci, submerge
onde.

80 De Fez le regne parviendra a ceux
d'Europe.
Feu leur cite, et lame trenchera:

Le grand d'Asie terre et mer a grand
    troupe,
Que bleux, pers, croix, a mort
    de chassera.

81 Pleurs, cris et plaints, hurlemens,
    effrayeur,
Coeur inhumain, cruel, noir et transy:
Leman, les Isles, de Gennes le maieurs,
Sang espancher, frofaim, a nul mercy.

82 Par les deserts de lieu libre
    et farouche,
Viendra errer nepveu du grand Pontife:
Assome a sept avecques lourde souche,
Par ceux qu'apres occuperont
    le Cyphe.

83 Celuy qu' aura tant d'honneur et
    caresses
A son entree de la Gaule Belgique,
Un temps apres fera tant de rudesses,
Et sera contre a la fleur tant bellique.

84 Celuy qu'en Sparthe Claude ne
    peut regner,
Il fera tant par voye seductive:
Que du court, long, le fera araigner,
Que contre Roy fera sa perspective.

85 La grand'cite de Tharse par Gaulois
Sera destruite, captifs tous a Turban:
Secours par mer du grand Portugalois,
Premier d'este le iour du sacre Urban.

86 Le grand Prelat un iour apres son
    songe
Interprete au rebours de son sens,
De la Gascongne luy surviendra
    un monge
Qui fera eslire le grand Prelat de Sens.

87 L'Election faicte dans Franfort,
N'aura nul lieu, Milan s'opposera.
Le sien plus proche semblera si grand
    fort,
Qu'autre le Rhin es mareschs cassera.

88 Un regne grand demoura desole,
Aupres de l'Hebro se seront
    assemblees:
Monts Pyrenees le rendront console,
Lors que dans May seront terres
    tremblees.

89 Entre deux cymbes pieds et mains
    attachez,
De miel face oingt, et de laict substante:
Guespes et mouches fitine amour
    fachez,
Poccilateurs faucer, Cyphe tente.

90 L'honnissement puant abominable
Apres le faict sera felicite:
Grand excuse, pour n'estre favorable,
Qu'a paix Neptune ne sera incite.

91 Du conducteur de la guerre navale,
Rouge effrene, severe, horible grippe,
Captif eschappe de l'aisne dans la baste:
Quand il naistra du grand un fils
    Agrippe.

92 Prince de beaute tant venuste,
Au chef menee, le second faict trahy:
La cite au glaive de poudre face aduste,
Par trop grand meurtre le chef du
    Roy hay.

93 Prelat avare d'ambition trompe
Rien ne sera que trop viendra cuider:
Ses messagers, et luy bien attrape,
Tout au rebours voir qui le bois
    fendroit.

94 Un Roy ire sera aux sedifragues,
Quand interdicts seront harnois
    de guerre:
La poison taincte au succre par
    le fragues
Par eaux meurtris, morts disant serre
    serre.

95 Par detracteur calomnie a puis nay,
Quand seront faicts enormes
    et martiaux:
La moindre part dubieuse a l'aisnay,
Et tost au regne seront faicts partiaux.

96 Grande cite a soldats abandonnee,
Onc n'y eut mortel tumult si proche:
O quelle hideuse mortalite s'approche,
Fors une offense n'y sera pardonnee.

97 Cinq et quarante degrez ciel
    bruslera,
Feu approcher de la grand'cite neuve,
Instant grand flamme esparse sautera
Quand on voudra des Normans faire
    preuve.

98 Ruyne aux Volsques de peur si
    fort terribles,
Leur grand cite taincte, faict pestilent:

Piller Sol, Lune, et violer leurs temples:
Et les deux fleuves rougir de sang
    coulant.

99 L'ennemy docte se tournera confus,
Grand camp malade, et de faict par
    embusches.
Monts Pyrenees et Poenus luy seront
    faicts refus
Proche du fleuve decouvrant antiques
    oruches.

Legis cantio contra ineptos criticos.

Qui legent hosce versus, mature
    censunto,
Profanum vulgus et inscium ne
    attrectato:
Omnesque Astrologi, Blenni, Barbari
    procul sunto,
Qui aliter facit, is rite, sacer esto.

VII. Centurie

1 L'arc du tresor par Achilles deceu,
Aux procrez sceu la quadrangulaire:
Au faict Royal le comment sera sceu,
Corps veu pendu au veu du populaire.

2 Par Mars ouvert Arles le donra
    guerre
De nuict seront les soldats estonnez:
Noir, blanc a l'inde dissimulez en terre,
Sous la fainte ombre traistres verez
    et sonnez.

3 Apres la France la victoire navale,
Les Barchinons, Saillinons, les Phocens,
Lierre d'or, l'enclume serre dedans
    la balle,
Ceux de Ptolon au fraud seront consens

4 Le Duc de Langres assiege dedans
    Dolle,
Accompagne d'Autun et Lyonois:

Geneve, Ausbourg, ioinct ceux
    de Mirandole,
Passer les monts contre les
    Anconnois.

5 Vin sur la table en sera respandu,
Le tiers n'aura celle qu'il pretendoit:
Deux fois du noir de Parme descendu,
Perouse a Pize fera ce qu'il cuidoit.

6 Naples, Palerme et toute la Cecile,
Par main barbare sera inhabitee,
Corsicque, Salerne et des Sardeigne
    l'Isle,
Faim, peste, guerre, fin de maux
    intentee.

7 Sur le combat des grands chevaux
    legers,
On criera le grand croissant confond:

De nuict tuer monts, habits de
   bergers,
Abismes rouges dans le fosse profond.

8 Flora, fuis, fuis le plus proche
   Romain
Au Fesulan sera conflict donne:
Sang espandu, les plus grands prins
   a main,
Temple ne sexe ne sera pardonne.

9 Dame a l'absence de son grand
   capitaine,
Sera priee d'amour du Viceroy,
Fainte promesse et malheureuse
   estreine,
Entre les mains du grand Prince Barois.

10 Par le grand prince limitrophe du
   Mans,
Preux et vaillant chef du grand exercite:
Par mer et terre de Gallots et Normans,
Caspre passer Barcelonne pille Isle.

11 L'enfant Royal contemnera la mere,
OEil, pieds blessez,rude, inobeissant,
Nouvelle a dame estrange et bien
   amere,
Seront tuez des siens plus de cinq cens.

12 Le grand puisnay fera fin de la
   guerre.
Aux dieux assemble les excusez:
Cahors, Moissac iront loing de la serre,
Refus Lestore, les Angenois rasez.

13 De la cite marine et tributaire
La teste raze prendra la satrapie:
Chasser sordide qui puis sera contraire,
Par quatorze ans tiendra la tyrannie

14 Faux exposer viendra topographie,
Seront les cruches des monuments
   ouvertes:

Pulluler secte, saincte philosophie,
Pour blanches, noires et pour
   antiques vertes.

15 Devant cite de l'Insubre contree,
Sept sera le siege devant mis:
Le tresgrand Roy y fera son entree,
Cite plus libre hors de ses ennemis.

16 Entree profonde par la grande
   Royne faicte
Rendra le lieu puissant inaccessible:
L'armee des trois Lyons sera deffaite
Faisant dedans cas hideux et terrible.

17 Le Prince rare de pitie et clemence
Viendra changer par mort grand
   cognoissance
Par grand repos le regne travaille,
Lors que le grand tost sera estrille.

18 Les assiegez couloureront leurs
   paches,
Sept iours apres feront cruelle issue,
Dans repoulsez, feu sang. Sept mis
   a l'hache
Dame captive qu'avoit la paix tissue.

19 Le fort Nicene ne sera combatu,
Vaincu sera par rutilant metal,
Son faict sera un long temps debatu;
Aux citadins estrange espouvantal.

20 Ambassadeurs de la Toscane langue,
Avril et May Alpes et mer passee,
Celuy de veau exposera l'harangue,
Vie Gauloise ne venant effacer.

21 Par pestilente inimitie Volsicque,
Dissiumlee chassera le tyran,
Au pont le Sorgues se fera la traffique
De mettre a mort luy et son adherant.

22 Les citoyens de Mesopotamie
Irez encontre amis de Tarraconne,

Ieux, rits, banquets, toute gent
  endormie
Vicaire au Rosne, prins cite, ceux de
  d'Ausone.

23 Le Royal sceptre sera contrainct
     de prendre
Ce que ses predecesseurs avoyent
  engage,
Puis que l'anneau on fera mal entendre,
Lors qu'on viendra le palais saccager.

24 L'ensevely sortira du tombeau,
Fera de chaines lier le fort du pont,
Empoisonne avec oefs de Barbeau,
Grand de Lorraine par le Marquis
  du Pont.

25 Par guerre longue tout l'exercice
     expuiser,
Que pour soldats ne trouveront
  pecune,
Lieu d'or, d'argent, cuir on viendra
  cuser,
Gaulois aerain, signe croissant de Lune.

26 Fustes et galeres autour de sept
     navires,
Sera livree une mortelle guerre,
Chef de Madric recevra coup de vires,
Deux eschapees, et cinq menees a terre.

27 Au cainct de Vast la grande
     cavalerie,
Proche a Ferrage empeschee au bagage,
Prompt a Turin feront tel volerie,
Que dans le fort raviront leur hostage.

28 Le capitaine conduira grande proye
Sur la montaigne des ennemis plus
  proche.
Environne, par feu fera telle voye
Tous eschappez, or trente mis en
  broche.

29 Le grand Duc d'Albe se viendra
     rebeller,
A ses grands peres fera le tradiment:
Le grand de Guise le viendra debeller,
Captif mene et dresse monument.

30 Le sac s'approche, feu, grand sang
     espandu,
Po, grand fleuves, aux bouviers l'entre-
  prinse
Ded Gennes, Nice apres long attendu,
Foussan, Turin, a Sauillan la prinse.

31 De Languedoc, et Guienne plus
     de dix
Mille voudront les Alpes repasser:
Grands Allobroges marcher contre
  Brundis,
Aquin et Bresse les viendront
  recasser.

32 Du mont Royal naistra
     d'une casane,
Qui cave,et compte viendra tyranniser,
Dresser copie de la marche Millane,
Fauence, Florence d'or et gens espuiser.

33 Par fraude regne, forces expolier,
La classe obsesse, passages a l'espie,
Deux saincts amis se viendront r'allier,
Esveiller hayne de longtemps assoupie.

34 En grand regret sera la gent
     Gauloise,
Coeur vain, leger croira temerite:
Pain, sel ne vin, eau, venin ne
  cervoise,
Plus grand captif, faim, froid, necessite.

35 La grande pesche viendra
     plaindre, plorer,
D'avoir esleu, trompez seront en l'aage:
Guiere avec eux ne voudra demourer,
Deceu sera par ceux de son langage.

36 Dieu, le ciel, tout le divin verbe
a l'onde,
Porte par rouges sept razes a Bizance,
Contre les oingts trois cens de
Trebisconde
Deux loix mettront, et horreur, puis
credence.

37 Dix envoyez, chef de nef mettre a
mort,
D'un adverty, en classe guerre ouverte,
Confusion chef, l'un se picque
et mord,
Leryn,stecades nefs, cap dedans
la nerte.

38 L'aisne Royal sur coursier
voltigeant,
Picquer viendra, si rudement courir,
Gueulle, lipee, pied dans l'estrein
pleingnant,
Traine, tire, horriblement mourir.

39 Le conducteur de l'armee
Francoise,
Cuidant perdre le principal phalange,
Par sus pave de l'avaigne et d'ardoise,
Soy parfondra par Gennes gent
estrange

40 Dedans tonneaux hors oingts
d'huile et greffe
Seront vingt un devant le port fermez,
Au second guet par mort feront
prouesse,
Gaignez les portes, et du guet
assommez.

41 Les os des pieds et des mains
enserrez,
Par bruit maison long temps
inhabitee,
Seront par songes concavant deterrez,
Maison salubre et sans bruit habitee.

42 Deux de poison saisis nouveaux
venus,
Dans la cuisine du grand Prince verser,
Par le souillard tous deux au faict
cogneus,
Prins qui cuidoit de mort l'aisne vexer.

*BELLECOUR druckt im Faksimile noch
folgende sechs Vierzeiler ab.*

43 Lors qu'on verra les deux Licornes,
L'une baissant, l'autre abaissant,
Monde au milieu, pilier aux bornes
S'enfuira le neueu riant.

44 Alors qu'un bour fera fort bon,
Portant en soy les marques de iustices,
De son sang lors portant lon nom
Par fuite iniuste receuera son supplice.

45 Renfort des sieges manubis et
maniples
Changé le sacre et passe sur le prosne.
Prins et captifs n'arreste les prez triples,
Plus par fonds mis, esleué, mis au
trosne.

46 L'occident libres les isles
Btitanniques
Le recogneu passer le bas, puis haut
Ne content triste Rebel, corrss.
Escotiques.
Puis rebeler par plus et par nuict chaut.

47 La stratageme simulte sera rare,
La mort en voye rebelle par contree,
Par le retour du voyage Barbare
Exalteront la protestante entree.

48 Vent chant, conseil, pleurs, timidité,
De nuict au lit assailly sans les armes,
D'oppression grande calamité,
Léohitalme conuerty pleurs et larmes.

VIII. Centurie

Vor diese Centurie war die Epistel an
HEINRICH II. gestellt.

1 Pau, nay, Loron plus feu qu'a san
    sera,
Laude nager, fuir grand aux surrez:
Les agassas entree refusera,
Pampon, Durance les tiendra enserrez.

2 Condon et aux et autour de Mirande
Ie voy du ciel feu qui les environne:
Sol Mars conioint au Lyon, puis
    Marmande
Foudre, grand gresle, mur tombe
    dans Garonne.

3 Au fort chasteau de Vigilanne
    et Resviers
Sera serre le puisnay de Nancy:
Dedans Turin seront ards les premiers
Lors que de dueil Lyon sera transy.

4 Dedans Monech le coq sera receu,
Le Cardinal de France apparoistra
Par Legation Romain sera deceu
Foiblesse a l'Aigle, et force au Coq
    naistra.

5 Apparoistra temple luisant orne,
La lampe et cierge a Borne et Bretueil.
Pour la Lucerne le canton destorne,
Quand on verra le grand Coq au
    cercueil,

6 Clarte fulgure a Lyon apparante
Luysant, print Malte, subit sera
    estainte:
Sardon, Mauris traitera decevante,
Geneve a Londres a Coq trahison
    fainte.

7 Veceil, Milan donra intelligence
Dedans Tycin sera faite la playe.

Courir par Seine eau, sang, feu par
    Florence,
Unique choix d'hault en bas faisant
    maye.

8 Pres de Linterne, dans de tonnes
    fermez
Chiuaz fera pour l'Aigle la menee,
L'esleu casse luy ses gens enfermez.
Dedans Turin rapt espouse emmenee.

9 Pendant que l'Aigle et le Coq a
    Savone
Seront unis, Mer, Levant et Ongrie,
L'armee a Naples, Palerme, Marque
    d'Ancone
Rome, Venise, par Barbe horrible crie.

10 Puanteur grande sortira de
    Lausanne,
Qu'on ne scaura l'origine du fait:
Lon mettra hors toute la gent loingtaine
Feu veu au ciel, peuple estranger desfait

11 Peuple infiny paroistra a Vicence
Sans force, feu brusler la basilique:
Pres de Lunage desfait grand
    de Valence,
Lors que Venise par morte prendra
    pique.

12 Apparoistra aupres de Buffalore
L'haut et procere entre dedans Milan,
L'abbe de Foix avec ceux de sainct
    Morre
Feront la forbe habillez en vilan.

13 Le croise frere par amour effrenee
Fera par Praytus Bellorophon mourir,
Classe a mil ans la femme forcenee
Beu le breuvage, tous deux apres
    perir.

14 Le grand credit d'or et d'argent
   l'abondance
Fera aveugler par libide l'honneur
Sera cogneu d'adultere l'offence,
Qui parviendra a son grand
   deshonneur.

15 Vers Aquilon grands efforts par
   hommasse
Presque l'Europe et l'univers vexer,
Les deux eclyses mettra en telle chasse,
Et aux Pannons vie et mort renforcer.

16 Au lieu que HIERON feit sa nef
   fabriquer
Si grand deluge sera et si subite,
Qu'on n'aura lieu ne terres s'ataquer,
L'onde monter Fesulan Olympique.

17 Les bien aisez subit seront desmis,
Par les trois freres le monde mis
   en trouble:
Cite marine saisiront ennemis,
Faim, feu, sang, peste, et de tous
   maux le double.

18 De Flore issue de sa mort sera cause,
Un temps devant par ieunsne et
   vieille bueyre
Par les trois lys luy feront telle pause,
Par son fruit fauve comme chair crue
   mueyre.

19 A soustenir la grande cappe
   troublee,
Pour l'esclaircir les rouges marcheront,
De mort famille sera presque accablee,
Les rouges rouges le rouge
   assommeront.

20 Le faux message par election fainte
Courir par urben rompue pache arreste,
Voix acheptees, de sang chapelle tainte,
Et a un autre l'empire contraincte.

21 Au port de Agde trois fustes
   entreront
Portant l'infect, non foy, et pestilence,
Passant le pont mil milles embleront,
Et le pont rompre a tierce resistance.

22 Gorsan, Narbonne, par le sel
   advertir
Tucham, la grace Parpignan trahie,
La ville rouge n'y voudra consentir,
Par haute vol drap gris vie faillie.

23 Lettres trouvees de la Royne les
   coffres,
Point de subscrit sans aucun nom
   d'auteur:
Par la police seront cachez les offres,
Qu'on ne scaura qui sera l'amateur.

24 Le lieutenant a l'entree de l'huys
Assomera le grand de Parpignan,
En se cuidant sauver a Montpertuis,
Sera deceu bastard de Lusignan.

25 Coeur de l'amant ouvert d'amour
   fertive
Dans le ruisseau fera ravir la Dame:
Le demy mal contrefera lassive,
Le pere a deux privera corps de l'ame.

26 De Caton es trouvez en Barcelonne,
Mys descuvers lieu terrovers et ruyne,
Le grand qui tient ne tient voudra
   Pamplonne,
Par l'abbage de Monferrat bruyne.

27 La voye auxelle l'un sur l'autre
   fornix
Du muy deser hors mis brave et genest,
L'escript d'Empereur le Phenix
Uru a celuy ce qu'a nul autre n'est.

28 Les simulacres d'or et d'argent
   enflez,
Qu'apres le rapt au feu furent iettez,

Au descouvert estaincts tous et
  troublez,
Au marbre escripts, prescripts
  interiettez.

29 Au quart pillier l'on sacre a Saturne,
Par tremblant terre et deluge fendu
Soubs l'edifice Saturnin trouvee urne,
D'or Capion ravy et puis rendu.

30 Dedans Tholoze non loing de
  Beluzer,
Faisant un puys loing, palais
  d'espectacle
Thresor trouve, un chacun ira vexer,
Et en deux locz tout et pres de l'usacle.

31 Premier grand fruict le Prince de
  Persquiere,
Mais puis viendra bien et cruel malin,
Dedans Venise perdra sa gloire fiere,
Et mis a mal par plus ioyce Celin.

32 Garde ton Roy Gaulois de ton
  nepveu,
Qui fera tant que ton unique fils
Sera meurtry a Venus faisant voeu,
Accompagne de nuict que trois et six.

33 Le grand naistra de Veronne et
  Vincence
Qui portera un surnom bien indigne:
Qui a Venise voudra faire vengeance,
Luy mesme prins homme du guet
  et signe.

34 Apres victoire du Lyon au Lyon
Sus la montagne de IVRA Secatombe,
Delves et brodes septiesme million,
Lyon, Ulme a Mausol mort et tombe.

35 Dedans l'entree de Garonne
  et Bayse,
Et la forest non loing de damazan,

Du marsaves gelees, puis gresle et bize
Dordonnois gelle par erreur de Mezan.

36 Sera commis conte oindre aduche,
De Saulne et sainct Aulbin et Bel l'oevre
Paver de marbre de tours loing espluche
Non Bleteran resister et chef d'oeuvre.

37 La forteresse aupres de la Tamise
Cherra par lors, le Roy dedans serre,
Aupres du pont sera veu en chemise
Un devant mort, puis dans le fort barre.

38 Le Roy de Bloys dans Avignon
  regner,
Une autre fois le peuple emonopolle,
Dedans le Rosne par mer fera baigner
Iusques a cinq le dernier pres de Nolle.

39 Qu'aura este par Prince Bizantin,
Sera tollu par Prince de Tholouse:
La foy de Foix par le chef Tholentin
Luy faillira, ne refusant l'espouse.

40 Le sang du Iuste par Taurer
  le daurade,
Pour se venger contre les Saturnins
Au nouveau lac plongeront la maynade,
Puis marcheront contre les Albanins.

41 Esleu sera Renard ne sonnant mot,
Faisant le saint public vivant pain
  d'orge
Syrannisera pres tant a un coq,
Mettant a pied des plus grands sur
  la gorge.

42 Par avarice, par force et violence
Viendra vexer les siens chefs d'Orleans,
Pres sainct Memire assault et resistance,
Mort dans sa tente diront qu'il dort
  leans.

43 Par le decide de deux choses
  bastards,
Nepveu du sang occupera le regne,

Dedans lectoyre seront les coups
   de dards,
Nepveu par pleur pleira l'enseigne.

44 Le procree naturel dogmion,
De sept a neuf du chemin destorner
A roy de longue et amy aumy hom,
Doit a Navarre fort de PAU prosterner.

45 La Main escharpe et la iambe
   bandee,
Longs puis nay de Calis portera,
Au mot du guet la mort sera tardee,
Puis dans le temple a Pasques saignera.

46 Pol mensolee mourra trois lieues
   du rosne,
Fuis les deux prochains tarasc destrois:
Car Mars fera le plus horrible trosne,
De coq et d'aigle de France freres trois.

47 Lac Trasmenien portera
   tesmoignage,
Des coniurez sarez dedans Perouse,
Un despolle contrefera le sage,
Tuant Tedesq de sterne et minuse.

48 Saturne en Cancer, Iupiter avec
   Mars,
Dedans Fevrier Caldondon salvaterre:
Sault Caustallon assailly de trois pars,
Pres des Verbiesque conflit mortelle
   guerre.

49 Satur au beuf ioue en l'eau, Mars
   en fleiche,
Six de Fevrier mortalite donra,
Ceux de Tardaigne a Bruge si grand
   breche
Qu'a Ponteroso chef Barbarin mourra.

50 La pestilence l'entour de Capadille,
Une autre faim pres de Sagon
   s'apreste:

Le chevalier bastard de bon senille,
Au grand de Thunes fera trancher
   la teste.

51 Le Bizantin faisant oblation,
Apres avoir Cordube a soy reprinse:
Son chemin long repos pamplation,
Mer passant proy par la Golongna
   prinse.

52 Le Roy de Bloys dans Avignon
   regner,
D'Amboise et seme viendra le long
   de Lyndre
Ongle a Poytiers sainctes aisles ruiner
Devant Boni

53 Dedans Bologne voudra laver ses
   fautes,
Il ne pourra au temple du soleil,
Il volera faisant choses si haultes,
En hierarchie n'en fut oncq un pareil.

54 Soubs la couleur du traicte mariage,
Fait magnanime par grand Chyren selin,
Quintin, Arras recouvrez au voiage
D'espagnols fait second banc macelin.

55 Entre deux fleuves se verra enserre,
Tonneaux et caques unis a passer outre,
Huict ponts rompus chef a tant enserre,
Enfans parfaicts sont iugulez
   en coultre.

56 La bande foible le terre occupera
Ceux du hault lieu feront horribles cris,
Le gros troupeau d'estre coin troublera,
Tombe pres D.nebro descouvers
   les escris.

57 De soldat simple parviendra
   en empire,
De robe contre parviendra a la
   longue

Vaillant aux armes en eglise ou plus
   pyre,
Vexer les prestres comme l'eau fait
   l'esponge.

58 Regne en querelle aux freres divise,
Prendre les armes et le nom Britannique
Tistre Anglican sera tard advise,
Surprins de nuict mener a l'air Gallique.

59 Par deux fois hault, par deux fois
   mis a bas
L'orient aussi l'occident foiblira
O on adversaire apres plusieurs
   combats,
Par mer chasse au besoing faillira.

60 Premier en Gaule, premier en
   Romanie,
Par mer et terre aux Angloys et Paris
Merveilleux faits par celle grand mesnie
Violant terax perdra le NORLARIS.

61 Iamais par le decouvrement du iour
Ne parviendra au signe sceptrifere
Que tous ses sieges ne soient en seiour,
Portant au coq don du TAG armifere.

62 Lors qu'on verra expiler le saint
   temple,
Plus grand du rosne leurs sacrez
   prophaner
Par eux naistra pestilence si ample,
Roy fuit iniuste ne fera condamner.

63 Quand l'adultere blesse sans coup
   aura
Meurdry la femme et le fils par despit,
Femme assoumee l'enfant estranglera:
Huict captifs prins, s'estouffler sans
   respit.

64 Dedans les Isles les enfans
   transportez,
Les deux de sept seront en desespoir,

Ceux du terrouer en seront supportez,
Nom pelle prins des ligues fuy
   l'espoir.

65 Le vieux frustre du principal espoir,
Il parviendra au chef des son empire:
Vingt mois tiendra le regne a grand
   pouvoir,
Tiran, cruel en delaissant un pire.

66 Quand l'escriture D.M. trouvee,
Et cave antique a lampe descouverte,
Loy, Roy et Prince Ulpian esprouvee,
Pavillon Royne et Duc sous la couverte.

67 PAR.CAR.NERSAF, a ruine
   grand discorde,
Ne l'un ne l'autre n'aura election,
Nersaf du peuple aura amour et
   concorde,
Ferrare, Colonne grande protection.

68 Vieux Cardinal par le ieune deceu,
Hors de sa charge se verra desarme,
Arles ne monstres, double soit aperceu,
Et Liqueduct et le Prince embausme.

69 Aupres du ieune le vieux ange
   baisser,
Et le viendra surmonter a la fin:
Dix ans esgaux aux plus vieux rabaisser,
De trois deux l'un huictiesme seraphin.

70 Il entrera vilain, meschant infame
Tyrannisant la Mesopotamie
Tous amis fait d'adulterine dame,
Terre horrible noir de phisonomie.

71 Croistra le nombre si grand
   des astronomes,
Chassez,bannis et livres censurez,
L'an mil six cens et sept par sacre
   glomes
Que nul aux sacres ne seront asseurez.

72 Cham Perusin o l'enorme desfaite
Et le conflit tout aupres de Ravenne,
Passage sacre lors qu'on fera la feste,
Vainqueur vaincu cheval manger
l'avenne.

73 Soldat Barbare le grand Roy
frappera,
Iniustement non eslongne de mort
L'avare mere du fait cause sera
Coniurateur et regne en grand remort.

74 En terre neusve bien avant Roy
entre,
Pendant subjets lui viendront faire
acceuil,
Sa perfidie aura tel rencontre
Qu'aux citadins lieu de feste et recueil.

75 Le pere et fils seront meurdris
ensemble
Le persecteur dedans son pavillon
La mere a Tours du fils ventre aura
enfle,
Cache verdure de fueilles papillon.

76 Plus Macelin que roy en Angleterre
Lieu obscur nay par force aura
l'empire:
Lasche sans foy saignera terre,
Son temps s'aproche si pres que ie
souspire.

77 L'antechrist trois bien tost
annichilez.
Vingt et sept ans sang durera sa guerre,
Les heretiques morts, captifs exilez,
Sang corps humain eau rogie gresler
terre.

78 Un Braganas avec la langue torte
Viendra des dieux le sanctuaire,
Aux heretiques il ouvrira la porte
En suscitant l'eglise miliataire.

79 Qui par fer pere perdra nay de
Nonnaire,
De Gorgon sur la sera sang perfetant
En terre estrange fera si tout de taire,
Qui bruslera luy mesme et son enfant.

80 Des innocens le sang de vefve
et vierge,
Tant de maux faits par moyen se
grand Roge,
Saints simulachres trempez en ardant
cierge,
De frayeur crainte ne verra nul
que boge.

81 Le neuf empire en desolation,
Sera change du pole aquilonaire,
De la Sicile viendra l'esmotion
Troubler l'emprise a Philip, tributaire.

82 Ronge long, sec faisant du bon valet,
A la parfin n'aura que son congie,
Poignant poyson, et lettres au collet
Sera saisi eschappe en dangie.

83 Le plus grand voile hors du port
de Zara,
Pres de Bisance fera son entreprise,
D'ennemy perte et l'amy ne sera
Le tiers a deux fera grand pille et prinse.

84 Parterne orra de la Sicille crie,
Tous les aprests du goulphre de Trieste,
Qui s'entendra iusque a la Trinacrie,
De tant de voiles fuy, fuy l'horrible
peste.

85 Entre Bayonne et a sainct Iean
de Lux
Sera pose de Mars la promotoire
Aux Hanix d'Aquilon Nanar hostera
lux
Puis suffoque au lict sans adiutoire.

86 Par Arnani Tholoser Ville Franque,
Bande infinie par le mont Adrian,

Passe riviere, Hutin par pont la planque
Bayonne entrer tous Bichoro criant.

87 Mort conspiree viendra en plein
    effect,
Charge donnee et voyage de mort
Esleu, cree, receu par siens deffait.
Sang d'innocence devant foy par
    remort.

88 Dans la Sardaigne un noble Roy
    viendra,
Qui ne tiendra que trois ans
    le Royaume,
Plusieurs couleurs avec soy conioindra,
Luy mesme apres soin sommeil
    marrit scome.

89 Pour ne tomber entre mains de
    son oncle,
Qui ses enfans par regner trucidez,
Orant au peuple mettant pied sur
    Peloncle
Mort et traisne entre chevaux bardez.

90 Quand des croisez un trouve de
    sens trouble
En lieu du sacre verra un boeuf cornu
Par vierge porc son lieu lors sera
    comble,
Par Roy plus ordre ne sera soustenu.

91 Frymy les champs des Rodanes
    entrees
Ou les croysez seront presques unis,
Les deux braissieres en pisees
    rencontrees
Et un grand nombre par deluge punis.

92 Loing hors du regne mis en
    hazard voyage
Grand ost duyra pour soy l'occupera,
Le Roy tiendra les siens captif ostage
A son retour tout pays pillera.

93 Sept mois sans plus obtiendra
    prelature
Par son decez grand scisme fera naistre:
Sept mois tiendra un autre la preture,
Pres de Venise paix union renaistre.

94 Devant le lac ou plus cher fut gette
De sept mois, et son ost desconfit
Seront Hyspans par Albannois gastez
Par delay perte en donnant le conflict.

95 Le seducteur sera mis a la fosse,
Et estache iusques a quelque temps,
Le clerc uny le chef avec sa crosse
Pycante droite attraira les contens.

96 La Synagogue sterile sans nul fruit
Sera receue entre les infideles
De Babylon la fille du porsuit
Misera et triste lui trenchera les aisles.

97 Aux fins du VAR changer le Pom
    potans,
Pres du rivage les trois beaux enfans
    naistre,
Ruyne au peuple par aage competans
Regne au pay changer plus voir croistre.

98 Des gens d'Eglise sang sera
    espanche,
Comme de l'eau en si grande abondance
Et d'un long temps ne sera restanche
Ve ve au clerc ruyne et doleance.

99 Par la puissance des trois Rois
    temporels,
En autre lieu sera mis le sainct Siege:
Ou la substance de l'esprit corporel,
Sera remis et receu pour vray siege.

100 Pour l'abondance de l'arme
    respandue
Du hault en bas par le bas au plus hault
Trop grande foy par ieu vie perdue,
De soif mourir par habondant deffault.

IX. Centurie

1 Dans la maison du traducteur
    de Bourc
Seront les lettres trouvees sus la table,
Borgne, roux,blanc, chenu tiendra
    de cours,
Qui changera au nouveau Connestable.

2 Du hault du mont Aventin voix
    ouye,
Vuydez vuidez de tous le deux costez,
Du sang des rouges sera l'ire assomie,
D'Arimin Prato, Columna debotez.

3 La magna vaqua a Ravenne grand
    trouble,
Conduicts par quinze enserrez
    a Fornase:
A Rome naistra deux monstres a teste
    double,
Sang, feu, deluge, les plus grand
    a l'espace.

4 L'an ensuyvant descouverts par
    deluge,
Deux chefs esleuz, le premier ne
    tiendra
De fuyr ombre a l'un d'eux le refuge,
Saccagee case qui premier maintiendra.

5 Tiers doibt du pied au premier
    semblera
A un nouveau Monarque de bas haut,
Qui Pyse et Luques Tyran occupera
Du precedent corriger le deffaut.

6 Par la Guyenne infinite d'Anglois
Occuperont par nom d'Anglaquitaine,
Du Languedoc Ispalme Bourdeloys,
Qu'ils nommeront apres Barboxitaine.

7 Qui ouvrira le monument trouve,
Et ne viendra le serrer promptement,

Mal luy viendra, et ne pourra prouve
Si mieux doit estre Roy Breton
    ou Normand.

8 Puisnay Roy fait son pere mettra
    a mort,
Apres conflict de mort tres inhonneste:
Escrit trouve, soupcon donra remort,
Quand loup chasse pose sur la
    couchette.

9 Quand lampe ardente de feu inextin-
    guible
Sera trouve au temple des Vestales,
Enfant trouve feu, eau passant par
    crible:
Perir eau Nymes, Tholose cheoir
    les halles

10 Moyne moynesse d'enfant mort
    expose,
Mourir par ourse, et ravy par verrier,
Par Fois et Pamyes le camp sera pose
Contre Tholoze Carcas dresser fourier.

11 Le iuste a tort a mort l'on viendra
    mettre
Publiquement, et du milieu estaint:
Si grande peste en ce lieu viendra
    naistre,
Que les iugeans fuyr seront contraints.

12 Le tant d'argent de Diane et
    Mercure,
Les simulachres au lac seront
    trouvez:
Le figulier cherchant argille neuve
Luy et les siens d'or seront abbreuvez.

13 Les exilez autour de la Soulongne,
Conduicts de nuict pour marcher
    a Lauxois,

Deux de Modenne truculent
de Bologne,
Mis descouverts par feu de Burancois.

14 Mis en planure chauderon
d'infecteurs,
Vin,miel et huyle, et bastis sur
fourneaux,
Seront plongez,sans mal dit mal
facteurs
Sept.fum.extaint au canon des
borneaux.

15 Pres de Parpan les rouges detenus,
Ceux du milieu parfondres menez
loing:
Trois mis en pieces, et cinq mal
soustenus,
Pour le Seigneur et Prelat
de Bourgoing.

16 De castel Franco sortira
l'assemblee,
L'ambassadeur non plaisant sera
scisme:
Ceux de Ribiere seront en la meslee,
Et au grand goulfre desnieront l'entree.

17 Le tiers premier pis que ne fit
Neron,
Vuidez vaillant que sang humain
respandre:
R'edifier fera le forneron,
Siecle d'or mort, nouveau Roy grand
esclandre.

18 Le lys Dauffois portera dans Nansi
Iusques en Flandres electeur
de l'Empire,
Neufve obturee au grand
Montmorency,
Hors lieux prouvez delivre
a clere peine.

19 Dans le milieu de la forest Mayenne,
Sol au Lyon la foudre tombera,

Le grand bastard yssu du grand
du Maine
Ce iour Fougeres pointe en sang
entrera.

20 De nuict viendra par la forest
de Reines
Deux pars vaultore Herne la pierre
blanche,
Le moine noir en gris dedans Varennes
Esleu cap, cause tempeste, feu sang
tranche.

21 Au temple hault de Bloys sacre
Salonne,
Nuict pont de Loyre, Prelat, Roy
pernicant,
Cuiseur victoir aux marests de la Sone
D'ou prelature de blancs abormeant.

22 Roy et sa cour au lieu de langue
halbe,
Dedans le temple vis a vis du palais
Dans le iardin Duc de Mantor
et d'Albe,
Albe et Mantor poignard langue
et palais.

23 Puisnay iouant au fresch dessous
la tonne,
Le hault du toict du milieu sur la teste,
Le pere Roy au Temple saint Solonne,
Sacrifiant sacrera fum de feste.

24 Sur le palais au rochier de fenestres
Seront ravis les deux petits royaux,
Passer aurelle Luthece, Denis cloistres,
Nonnain, mallods avaller verts noyaux.

25 Passant les ponts, venir pres
des rosiers,
Tard arrive plustost qu'il cuydera,
Viendront les noues Espanols a Besiers,
Qu'a icelle chasse emprinse cassera.

26 Nice sortie sur nom des lettres
    aspres,
La grande cappe fera present non sien:
Proche de Vultry aux murs des vertes
    capres
Apres plombim le vent a bon essien.

27 De bois la garde, vent clos rond
    pont sera,
Hault le receu frappera le Dauphin,
Le vieux teccon bois unis passera,
Passant plus outre du Duc le droit
    confin.

28 Voille Symacle port Massiolique,
Dans Venise port marcher aux
    Pannons:
Partir du goulfre et Synus Illyrique,
Vast a Socille, Ligurs coups de canons.

29 Lors que celuy qu'a nul ne donne
    lieu,
Abandonner voudra lieu prins non
    prins:
Feu nef par saignes, bitument
    a Charlieu,
Feront Quintin Balez reprins.

30 Au port de PUOLA et de sainct
    Nicolas,
Peril Normande au goulfre Phanatique,
Cap.de Bisance rues crier helas,
Secors de Gaddes et du grand
    Philippique.

31 Le tremblement de terre a Mortarra,
Cassich sainct George a demy
    perfondrez:
Paix assoupie, la guerre esveillera,
Dans temple a Pasques abysmes
    enfondrez.

32 De fin phorphire profond collon
    trouvee,
Dessouz la laze escripts capitolin:

Os poil retors Romain force prouvee,
Classe agiter au port de Methelin.

33 Hercules Roy de Rome et
    d'Annemarc,
De Gaule trois Guions sernomme,
Trembler l'Itale et l'onde sainct Marc,
Premier sur tous monarque renomme.

34 Le part soluz mary sera mitte,
Retour conflict passera sur la thuille:
Par cinq cens un trahyr sera tiltre,
Narbon et Saulce par contaux avons
    d'huille.

35 La Ferdinand blonde sera descorte,
Quitter la fleur, suyure le Macedon:
Au grand besoin defaillira sa routte,
Et marchera contre le Myrmidon.

36 Un grand Roy prins entre les
    mains d'un Ioyne,
Non loing de Pasque confusion coup
    cultre:
Perpet captifs temps que foudre en
    la huine,
Lors que trois freres se blesseront
    et murtre.

37 Pont et moulins en Decembre
    versez
En si haut lieu montera la Garonne:
Murs, edifice, Tholose renversez,
Qu'on ne scaura son lieu autant
    matronne.

38 L'entree de Blaye par Rochelle et
    l'Anglois,
Passera outre le grand Aemathien,
Non loing d'Agen attendra le Gaulois,
Secours Narbonne deceu par entretien.

39 En Arbissel a Veront et Carcari,
De nuict conduicts par Savone attraper,

Le vif Gascon Turby et la Scerry
Derrier mur vieux et neuf palais griper,

40 Pres de Quintin dans la forest
   bourlis,
Dans l'Abbaye seront Flamans
   ranches:
Les deux puisnais de coups my
   estourdis,
Suitte oppresse et garde tous aches.

41 Le grand Chyren soy saisir
   d'Avignon,
De Rome lettes en miel plein
   d'amertume,
Lettre ambassade partir de
   Chanignon,
Carpentras pris par duc noir rouge
   plume.

42 De Barcelonne, de Gennes
   et Venise,
De la Secille peste Monet unis:
Contre Barbare classe prendront
   la vise,
Barbar poulse bien loing iusqu'a
   Thunis.

43 Proche a descendre l'armee
   Crucigere
Sera guettee par les Ismaelites,
De tous cotez batus par nef Ravier,
Prompt assaillis de dix galeres eslites.

44 Migres, migres des Genesue
   trestous,
Saturne d'or en fer se changera,
Le contre RAYPOZ, exterminera tous,
   Avant l'advent le ciel signes fera.

45 Ne sera soul iamais de demander,
Grand Mendosus obtiendra son empire
Loing de la cour fera contremander,
Pymond, Picard, Paris, Tyron le pire.

46 Vuyder, fuyer de Tholose
   les rouges,
Du sacrifice faire piation,
Le chef du mal dessous l'ombre des
   courges,
Mort estrangler carne omination.

47 Les soubz signez d'indigne
   delivrance,
Et de la multe auront contre advis:
Change monarque mis en perille
   pence,
Serrez en cage se verront vis a vis.

48 La grand'cite d'Occean maritime
Environnee de marets en christal:
Dans le solstice hyemal et la prime,
Sera tentee de vent espouvantal.

49 Gand et Bruceles marcheront
   contre Anvers
Senat de Londres mettront a mort
   leur Roy,
Le sel et vin luy seront a l'envers
Pour eux avoir le regne en desarroy.

50 Mandosus tost viendra a son haut
   regne,
Mettant arriere un peu les Norlaris:
Le rouge blesme, le masle a l'interregne,
Le ieune crainte et frayeur Barbaris.

51 Contre les rouges sectes se
   banderont,
Feu, eau, fer, corde par paix se minera,
Au point mourir ceux qui machineront,
Fors un que monde sur tout ruynera.

52 La paix s'approche d'un coste, et
   la guerre
Oncques ne fut la poursuitte si grande,
Plaindre homme, femme, sang
   innocent par terre,
Et ce sera de France a toute bande.

53 Ne Neron ieune dans les trois
   cheminees
Fera de paiges vifs pour azdoir ietter,
Heureux qui loing sera de tels menees,
Trois de son sang le feront mort guetter.

54 Arrivera au port de Corsibonne
Pres de Ravenne,qui pillera la dame,
En mer profonde legar de la Ulisbonne
Sous roc cachez raviront septante ames.

55 L'horrible guerre qu'en l'Occident
   s'appreste,
L'an ensuivant viendra la pestilence
Si fort horrible, que ieune, vieux ne
   beste,
Sang, feu, Mercure, Mars, Iupiter en
   France

56 Camp pres de Noudam passera
   Goussan ville,
Et a Malotes laissera son enseigne,
Convertira en instant plus de mille,
Cherchant les deux remettre en
   chaine et legne.

57 Au lieu de DRUX un Roy reposera,
Et cherchera loy changeant
   d'Anatheme,
Pendant le ciel si trefort tonnera,
Portee neusve Roy tuera soy-mesme.

58 Au coste gauche a l'endroit de Vitry
Seront guettez les trois rouges de
   France,
Tous assommez rouge, noir non
   meurdry,
Par les Bretons remis en asseurance.

59 A la Ferte prendra la Vidame
Nicol tenu rouge qu'avoit produit
   la vie,
La grand Loyle naistra que fera clame,
Donnant Bourgogne a Bretons
   par ennuie.

60 Conflict Barbar en la Cornete noire,
Sang espandu, trembler la Dalmatie
Grand Ismael mettra son promontoire,
Ranes trembler, secours Lusitaine.

61 La pille faite a la coste marine,
Incita nous et parens amenez,
Plusieurs de Malte par le fait de
   Messine,
Estroit setrez seront mal guerdonnez.

62 Au grand de Cheramon agora
Seront croisez par ranc tous attachez,
Le portinav Opi, et Mandragora,
Raugon d'Octobre le tiers feront
   laschez.

63 Plainctes et pleurs, cris et grands
   hurlemens
Pres de Narbon a Bayonne et en Foix,
O quels horribles calamitez
   changemens,
Avant que Mars revolu quelques fois.

64 L'Aemathion passer monts
   Pyrenees,
En Mas Narbon ne fera resistance,
Par mer et terre fera si grand menee,
Cap n'ayant terre seure pour
   demeurance.

65 Dedans le coing de Luna viendra
   rendre
Ou sera prins et mis en terre estrange,
Les fruicts immeurs seront a grand
   esclandre,
Grand vitupere, a l'un grande louange.

66 Paix, union sera et changement,
Estats, offices, bas haut, et hault bien
   bas,
Dresser voyage, le fruict premier
   tourment,
Guerre cesser, civil procez debats.

67 Du hault des monts a l'entour
   de Lizere
Port a la roche Valent cent assemblez
De Chasteauneuf Pierre late en
   donzere,
Contre le Crest Romans foy assemblez.

68 Du mont Aymar sera noble
   obscurcie,
Le mal viendra au ioinct de Saone et
   Rosne,
Dans bois cachez soldats iour de Lucie,
Qui ne fut onc un si horrible throsne.

69 Sur le mont de Bailly et la Bresle
Seront cachez de Grenoble les fiers,
Outre Lyon, Vien, eulx si grand gresle,
Langoult en terre ne restera un tiers.

70 Harnois trenchans dans les
   flambeaux cachez
Dedans Lyon le iour du Sacrement,
Ceux de Vienne seront trestous
   hachez
Par les cantons Latins, Mascon ne ment.

71 Aux lieux sacrez animaux veu a
   trixe,
Avec celuy qui n'osera le iour,
A Carcassonne pour disgrace propice
Sera pose pour plus ample seiour.

72 Encor seront les saincts temples
   pollus,
Et expillez par Senat Tholosain,
Saturne deux trois cicles revolus,
Dans Avril, May, gens de nouveau
   levain.

73 Dans Foix entrez Roy celulee
   Turban,
Et regnera moins evolu Saturne,
Roy Turban blanc Bizance coeur ban,
Sol, Mars, Mercure pres la hurne.

74 Dans la cite de Fertsod homicide,
Fait et fait multe beus arant ne macter,
Retour encores aux honneurs
   d'Artemide,
Et a Vulcan corps morts sepulturer.

75 De l'Ambraxie et du pays de Thrace
Peuple par mer, mal et secours Gaulois,
Perpetuelle en Provence la trace,
Avec vestiges de leur coustume et loix.

76 Avec le noir Rapax et sanguinaire,
Yssu du peaultre de l'inhumain Neron,
Emmy deux fleuves mani gauche
   militaire,
Sera meurtry par Ione chaulveron.

77 Le regne prins le Roy conviera
La dame prinse a mort iurez a sort,
La vie a Royne fils on desniera,
Et la pellix au fort de la confort.

78 La dame Grecque de beaute
   laydique,
Heureuse faicte de procs innumerable,
Hors translatee au regne Hispanique,
Captive prinse mourir mort miserable

79 Le chef de classe par fraude
   stratageme,
Fera timide sortir de leurs galleres,
Sortis meurtris chef renieux de cresme,
Puis par l'embusche lui rendront
   les salere.

80 Le Duc voudra les siens esterminer,
Envoyera les plus forts lieux estranges,
Par tyrannie Bize et Luc ruiner,
Puis les Barbares sans vin feront
   vendages.

81 Le Roy ruse entendra ses
   embusches
De trois quartiers ennemis assaillir

Un nombre estrange larmes de
coqueluches
Viendra Lemprin du traducteur saillir.

82 Par le deluge et pestilence forte,
La cite grande de long temps assiegee,
La sentinelle et garde de main morte,
Subite prins, mais de nul outragee.

83 Sol vingt de Taurus si fort terre
trembler,
Le grand theatre remply ruinera,
L'air ciel et terre obscurcir et troubler,
Lors l'infidelle Dieu et saincts voguera.

84 Roy expose parfaira l'hecatombe,
Apres avoir trouve son origine,
Torrent ouvrir de marbre et plomb
la tombe,
D'un grand Romain d'enseigne
Medusine.

85 Passer Guienne, Languedoc et la
Rosne,
D'Agen tenans de Marmande et la
Roole,
D'ouvrir par foy parroy, Phocen
tiendra son trosne,
Conflict aupres sainct Pol de Manseole.

86 Du bourg Lareyne parviendront
droit a Chartres
Et feront pres du pont Anthoni pause,
Sept pour la paix cauteleux comme
Martres
Feront entree d'armee a Paris clause.

87 Par la forest du Touphon essartee,
Par hermitage sera pose le temple,
Le Duc d'Estampes par sa ruse
inventee,
Du mont Lehori prelat donra exemple

88 Calais, Arras, secours a Theroanne,
Paix et semblant simulera l'escoute,

Soulde d'Alobrox descendra par Roane,
Destornay peuple qui defera la routte.

89 Sept ans sera Philip fortune
prospere,
Rabaissera des Arabes l'effort,
Puis son mydi perplex rebors affaire,
Ieune ognyon abysmera son fort.

90 Un capitaine de la grand Germanie
Se viendra rendre par simule secours
Au Roy des Roys ayde de Pannonie,
Que sa revolte fera de sang grand cours.

91 L'horrible peste Perynte
et Nicopolle,
Le Cherfonnez tiendra et Marceloyne,
La Thessalie vastera l'Amphipolle,
Mal incogneu, et le refus d'Anthoine.

92 Le Roy voudra en cite neufve
entrer,
Par ennemis expugner l'on viendra
Captif libere sauls dire et perpetrer,
Roy dehors estre, loin d'ennemis
tiendra.

93 Les ennemis du fort bien esloignez,
Par chariots conduict le bastion,
Par sur les murs de Bourges
esgrongunz,
Quand Hercules batira l'Haemathion.

94 Foibles galeres seront unies
ensemble,
Ennemis faux le plus fort en rempart:
Faible assaillies Vratislave tremble,
Lubecq et Mysne tiendront barbare
part.

95 Le nouveau faict conduira
l'exercice,
Proche apame iusqu'au'aupres
du rivage,

Tendant secours de Milannoille eslite,
Duc yeux prive a Milan fer de cage.

96 Dans cite entrer exercit desniee,
Duc entrera par persuasion,
Aux foibles portes clam armee amenee,
Metteront feu, mort, de sang effusion.

97 De mer copies en trois pars divisee,
A la seconde les vivres failleront,
Desesperez cherchant champs
     Helisees,
Premiers en breche entrez victoire
     auront.

98 Les affligez par faute d'un seul taint,
Contremenant a partie opposite,

Aux Lygonnois mandera que contraint
Seront de rendre le grand chef
     de Molite.

99 Vent Aquilon fera partir le siege,
Par murs getter cendres, chauls,
     et poussiere:
Par pluyes apres, qu'il leur fera bien
     piege,
Dernier secours encontre leur
     frontiere.

100 Navalle pugne nuit sera superee,
Le feu, aux naves a l'Occident ruine
Rubriche neusve, la grand nef
     coloree,
Ire a vaincu, et victoire en bruine.

X. Centurie

1 A l'ennemy, l'ennemy foy promise
Ne se tiendra, les captifs retenus:
Prins, preme mort, et le reste
     en chemise,
Damne le reste pour estre soustenus.

2 Voille gallere voil de nef cachera,
La grande classe viendra sortir la
     moindre,
Dix naves proches le tourneront
     pousser,
Grande vaincue unies a soy ioindre.

3 En apres cinq troupeau ne mettra
     hors,
Un fuytif pour Penelon laschera,
Faux murmurer, secours venir par
     lors,
Le chef le siege lors abandonnera.

4 Sus la minuict conducteur de l'armee
Se sauvera subit esvanouy,
Sept ans apres la fame non blasmee
A son retour ne dira onc ouy.

5 Albi et Castres feront nouvelle ligue,
Neuf Arriens Libon et Portugues,
Carcas, Tholose consumeront leur
     brigue,
Quand chef neuf monstre
     de Lauragues.

6 Sardon Nemans si hault desbor-
     deront
Qu'on cuidera Deucalion renaistre,
Dans le colosse la pluspart fuyront,
Vesta sepulchre feu estaint apparoistre.

7 Le grand conflit qu'on appreste a
     Nancy,
L'Aemathien dira tout ie soubmets,
L'isle Britanne par vin, sel en solcy,
Hem. mi. deux Phi.long temps ne
     tiendra Mets.

8 Index et poulse parfondera le front
De Senegalia le Comte a son fils propre,
La Myrnamee par plusieurs de prin
     front
Trois dans sept iours blesses mors.

9 De Castillon figuieres iour de brune,
De femme infame naistra souverain
prince
Surnom de chausses perhume luy
posthume
Onc Roy ne fut si pire en sa province.

10 Tasche de meurdre, enormes
adulteres,
Grand ennemy de tout le genre humain,
Que sera pire qu'ayeuls, oncles,
ne peres,
En fer, feu, eau, sanguin et inhumain.

11 Dessous Ionchere du dangereux
passage
Fera passer le postume sa bande,
Les monts Pyrens passer hors son
bagage,
De Parpignan courira Duc a Tende.

12 Esleu en Pape, d'esleu sera mocque,
Subit soudain esmeu prompt et timide,
Par trop bon doux a mourir provoque,
Crainte estainte la nuict de sa
mort guide.

13 Souz la pasture d'animaux ruminant
Par eux conduicts au ventre
helbipolique,
Soldats cachez, les armes bruit menant,
Non loing temptez de cite Antipolique.

14 Urnel Vaucile sans conseil de soy
mesmes
Hardit timide, par crainte prins, vaincu,
Accompagne de plusieurs putains
blesmes
A Barcellonnne aux chartreux
convaincu.

15 Pere duc vieux d'ans et de soif
charge,
Au iour extreme fils desniant l'esguiere

Dedans le puis vif mort viendra plonge,
Senat au fil la mort longue et legere.

16 Heureux au regne de France,
heureux de vie
Ignorant sang, mort, fureur et rapine,
Par non flateurs seras mis en envie,
Roy desrobe, trop de foye en cuisine.

17 La Royne Ergaste voyant sa fille
blesme,
Par un regret dans l'estomach enclos,
Crys lamentables seront lors
d'Angolesme,
Et au germain mariage forclos.

18 Le rang Lorrain fera place a
Vendosme,
Le haut mis bas, et le bas mis haut,
Le fils de Hamon sera esleu dans Rome,
Et les deux grands seront mis en defaut.

19 Iour que sera par Royne sauluee,
Le iour apres le salut, la priere:
Le compte fait raison et valbuee,
Par avant humble oncques ne fut si
fiere.

20 Tous les amys qu'auront tenu party,
Pour rude en lettres mis mort
et saccage,
Bien oubliez par fixe grand neanty.
Onc Romain peuple ne fut tant outrage.

21 Par le despit du Roy soustenant
moindre,
Sera meurdry luy presentant les bagues
Le pere au fils voulant noblesse poindre
Fait, comme a Perse iadis feirent
les Magues.

22 Pour ne vouloir consentir au
divorce,
Qui puis apres sera cognu indigne,

Le roy des Isles sera chasse par force,
Mis a son lieu qui de roy n'aura signe.

23 Au peuple ingrat faictes
   les remonstrances,
Par lors l'armee se saisira d'Antibe,
Dans l'arc Monech feront les doleances
Et a Freius l'un l'autre prendra ribe.

24 La captif prince aux Italles vaincu
Passera Gennes par mer iusqu'a
   Marseille,
Par grand effort des forens survaincu,
Sauf coup de feu barril liqueur d'abeille.

25 Par Nebro ouvrir de Brisanne
   passage,
Bien esloignez el rago fara muestra,
Dans Pelligouxe sera commis
   l'outrage
De la grand dame assise sur l'orchestra.

26 Le successeur vengera son beau
   frere,
Occuper regne souz umbre de
   vengeance,
Occis ostacle son sang mort vitupere,
Long temps Bretaigne tiendra avec la
   France.

27 Par le cinquiesme et un grand
   Hercules
Viendront le temple ouvrir de main
   bellique,
Un Clement, Iule et Ascans recules,
Lespee, clef, aigle, n'eurent onc si
   grand picque.

28 Second et tiers qui font prime
   musique
Sera par Roy en honneur sublimee,
Par grasse et maigre presque demy
   eticque
Raport de Venus faulx rendra deprimee.

29 De POL MANSOL dans caverne
   caprine
Cache et prins extrait hors par la barbe,
Captif mene comme beste mastine
Par Begourdans amenee pres de Tarbe.

30 Nepveu et sang du saint nouveau
   venu,
Par le surnom soustient arcs et couvert
Seront chassez et mis a mort chassez nu,
En rouge et noir convertiront leur vert.

31 Le sainct empire vienra en
   Germanie,
Ismaelites trouveront lieux ouverts,
Anes voudront aussi la Carmanie,
Les soustenans de terre tous couverts.

32 Le grand empire chacun an devoit
   estre,
Un sur les autres le viendra obtenir:
Mais peu de temps sera son regne
   et estre,
Deux ans aux naves se pourra soustenir.

33 La faction cruelle a robbe longue,
Viendra cacher souz les pointus
   poignards:
Saisir Florence le duc et lieu
   diphlongue,
Sa descouverte par immurs et
   flangnards.

34 Gaulois qu'empire par guerre
   occupera,
Par son beau frere mineur sera trahy,
Par cheval rude voltigeant trainera,
Du fait le frere long temps sera hay.

35 Puisnay royal flagrand d'ardant
   libide,
Pour se iouyr de cousine germanine:
Habit de femme au temple
   d'Arthemide:
Allant Meurdry par incognu du Maine.

36 Apres le Roy du soucq guerres
   parlant,
L'isle Harmotique le tiendra a mespris:
Quelques ans bons rongeant un et
   pillant,
Par tyrannie a l'Isle changeant pris.

37 L'assemblee grande pres du lac de
   Borget,
Se ralieront pres de Montmelian:
Marachans plus outre pensifs feront
   proget,
Chambry Moriane combat sainct
   Iulian.

38 Amour alegre non loing pose
   le siege,
Au sainct barbar seront les garnisons:
Ursins Hadrie pour Gaulois feront
   plaige,
Pour peur rendus de l'armee aux
   Grisons.

39 Premier fils vefeu malheureux
   mariage,
Sans nuls efans deux Isles en discord,
Avant dix huict incompetant eage,
De l'autre pres plus bas sera l'accord.

40 Le ieune nay au regne Britannique,
Qu'aura le pere mourant recommande,
Iceluy mort LONOLE donra topique,
Et a son fils le regne demande.

41 En la frontiere de Caussade
   et Charlus,
Non guieres loing du fond de la vallee,
De ville Franche musique a son de
   luths,
Environnez combouls et grand mittee.

42 Le regne humain d'Anglique
   geniture,
Fera son regne paix union tenir:

Captive guerre demy de sa closture,
Long temps la paix leur fera maintenir.

43 Le trop bon temps trop de bonte
   royalle,
Fait et deffais prompt subit negligence:
Legiers croira faux d'espouse loyalle,
Luy mis a mort par sa benevolence.

44 Par lors qu' un Roy sera contre
   les siens,
Natif de Bloye subiuguera Ligures,
Mammel, Cordube et les Dalmatiens,
Des sept puis l'ombre a Roy
   estrennes et les mures.

45 L'ombre du regne de Navarre non
   vray,
Fera la vie de desort illegitime:
La veu promis incertain de Cambray,
Roy Orleans donra mur legitime.

46 Vie sort mort de l'or vilaine indigne,
Sera de Saxe non nouveau electeur:
De Brunsvic mandra d'armour signe,
Faux le rendant au peuple seducteur.

47 De Bourze ville a la Dame
   Guyrlande,
L'on mettra sus par la trahison faicte
Le grand Prelat de Leon par Formande,
Faux pellerins et ravisseurs deffaicte.

48 Du plus profond de l'Espaigne
   enseigne,
Sortant du bout et des fins de l'Europe,
Troubles passant aupres du pont de
   Laigne,
Sera deffaicte par bande sa grand
   troupe.

49 Iardin du monde aupres de cite
   neufve,
Dans le chemin des montagnes cavees:

Sera saisi et plonge dans la cuve,
Beauvant par force eaux soulphre
    envenimees.

50 La Meuse au iour terre de
      Luxembourg,
Decouvrira Saturne et trois en lurne:
Montaigne et pleine, ville, cite et bourg,
Lorrain deluge, trahison par grand
      hurne.

51 Des lieux plus bas du pays de
      Lorraine,
Seront des basses Allemaignes unis:
Par ceux du siege Picards, Normans,
      du Maisne
Et aux cantons se seront reunis.

52 Au lieu ou LAYE et Scelde
      se marient,
Seront les nopces de long temps
      maniees:
Au lieu d'Anvers ou la crappe charient,
Ieune vieillesse consorte intaminee.

53 Les trois pelices de loing
      s'entrebatron,
La plus grand moindre demeurera a
      l'escoute:
Le grand Selin n'en sera plus patron,
Le nommera feu peltre blanche routte.

54 Nee en ce monde par concubine
      fertive,
A deux hault mise par les tristes
      nouvelles,
Entre ennemis sera prinse captive,
Amenee e Malings et Bruxelles.

55 Les malheureuses nopces
      celebreront
En grande ioye: mais la fin
      malheureuse,
Mary et mere nore desdaigneront,
Le Phibe mort, et nore plus piteuse.

56 Prelat royal son baissant trop tire,
Grand flux de sang sortira par
      sa bouche,
Le regne Anglicque par regne respire,
Long temps mort vifs en Tunis
      comme souche.

57 Le subleve ne cognoistra son
      sceptre,
Les enfans ieunes des plus grand
      honnira:
Oncques ne fut un plus ord cruel estre,
Pour leurs espouses a mort noir
      bannira.

58 Au temps du dueil que le felin
      monarque
Guerroyera le ieune Aemathien:
Gaule bransler, perecliter la barque,
Tenter Phossens au Ponant entretien.

59 Dedans Lyon vingt-cinq d'une
      halaine,
Cinq citoyens Germains, Bressans,
      Latins;
Par dessous noble conduiront longue
      traine
Et descouverts par abbois de mastins.

60 Ie pleure Nisse, Mannego, Pize,
      Gennes,
Savonne, Sienne, Capue, Modene,
      Malte;
Le dessus sang, et glaive par estrennes,
Feu, trembler terre, eau, malheureuse
      nolte.

61 Betta, Vienne, Emorre Sacarbance,
Voudront livrer aux Barbares Pannone:
De feu et sang en cite de Bisance
Les coniurez descouverts par matrone.

62 Pres de Sorbin pour assaillir Ongrie,
L'heraut de Brudes les viendra avertir:

Chef Bisantin, Sallon de Sclavonie,
A loy d'Arabes les viendra convertir.

63 Cydron, Raguse, la cite au sainct
    Hieron,
Reverdira le medicant secours:
Mort fils de Roy par mort de deux
    heron,
L'Arabe, Ongrie feront un mesme
    cours.

64 Pleure Milan, pleure Lucques,
    Florance,
Que ton grand Duc sur le char montera,
Changer le siege pres de Venise
    s'advance,
Lors que Colonne a Rome changera.

65 O vaste Rome ta ruyne s'approche,
Non de tes murs, de ton sang et
    substance:
L'aspre par lettres fera si horrible coche,
Fer poinctu mis a tous iusques au
    manche.

66 Le chef de Londres par regne
    l'Americh,
L'Isle d'Escosse t'empiera par gelee:
Roy Reb auront un si faux Antechrist,
Qui les mettra trestous dans la meslee.

67 Le tremblement si fort au mois de
    May,
Saturne, Caper, Iupiter, Mercure au
    boeuf:
Venus, aussi Cancer, Mars en Nonnay,
Tombera gresle lors plus grosse qu'un
    oeuf.

68 L'armee de mer devant cite tiendra,
Puis partira sans faire longue allee:
Citoyens grande proye en terre
    prendra,
Retourner classe reprendre grande
    emblee.

69 Le fer luysant de neuf vieux esleve,
Seront si grands par Midy Aquilon:
De sa seur propre grandes alles leve,
Fuyant meurdry au buisson
    d'Ambellon.

70 Loeil par obiect fera telle
    excroissance,
Tant et ardente que tombera la neige.
Champ arrouse viendra en
    decroissance,
Que le primat succombera a Rege.

71 La terre et l'air geleront si grand
    eau,
Lors qu'on viendra pour Ieudy venerer
Ce qui sera iamais ne fut si beau,
Des quatre parts le viendront honorer.

72 L'an mil neuf cens nonante neuf
    sept mois,
Du ciel viendra un grand Roy
    d'effrayeur:
Resusciter le grand Roy d'Angolmois,
Avant apres Mars regner par bon heur.

73 Le temps present avecques le passe,
Sera iuge par grand Iovialiste:
Le monde tard luy sera lasse,
Et desloyl par le clerge iuriste.

74 Au revolu du grand nombre
    septiesme,
Apparoistra au temps ieux
    d'Hecatombe,
Non esloigne du grand aage milliesme,
Que les entrez sortiront de leur tombe.

75 Tant attendu ne reviendra iamais.
Dedans l'Europe, en Asie apparoistra,
Un de la ligue yssu du grand Hermes,
Et sur tous Roys des Orients croistra.

76 Le grand Senat discernera la pompe,
A l'un qu'apres sera vaincu chassez,

Ses adherans seront a son de tromps
Biens publiez, ennemis dechassez.

77 Trente adherans de l'ordre des
   quirettes
Bannis, leurs biens donnez ses
   adversaires,
Tous leurs bienfaits seront pour
   demerites,
Classe espargie delivrez aux Corsaires.

78 Subite ioye en subite tristesse,
Sera a Rome aux graces embrassees,
Dueil, cris, pleurs, larm sang excellent
   liesse
Contraires bandes surprinses et
   troussees.

79 Les vieux chemins seront tous
   embellis,
Lon passera a Memphis somentrees,
Se grand Mercure d'Hercules fleur
   de lys
Faisant trembler terre, mer et contrees.

80 Au regne grand du grand regne
   regnant,
Par force d'armes les grands portes
   d'airain
Fera ouvrir, le Roy et Duc ioignant,
ort demoly, nef a fons, our serain.

81 Mis tresor temple citadins
   Hesperiques,
Dans iceluy retire en secret lieu:
Le temple ouvrir les liens fameliques,
Reprens, ravis, proye horible au milieu.

82 Cris, pleurs, larmes viendront
   avec couteaux,
Semblant fuir, donront dernier assault:
L'entour parques planter profonds
   plateaux,
Vifs repoussez et meurdris de prinsault.

83 De batailler ne sera donne signe,
Du parc seront contraints de sortir
   hors:
De Gand l'entour sera cogneu
   l'ensigne,
Qui fera mettre de tous les siens
   a morts.

84 Le naturelle a si hault non bas,
Le tard retour fera maris contens:
Le Recloing ne sera sans debats,
En employant et perdant tout son
   temps.

85 Le vieil tribun au point de la
   trehemide
Sera pressee, captif ne delivrer,
Le vueil non vueil, le mal parlant
   timide,
Par legitime a ses amis livrer.

86 Comme un gryphon viendra le
   Roy d'Europe,
Accompagne de ceux d'Aquilon,
De rouges et blancs conduira grand
   troupe,
Et iront contre le Roy de Babylon.

87 Grand Roy viendra prendre port
   pres de Nisse,
Le grand empire de la mort si en fera
Aux Antipolles posera son genisse,
Par mer la Pille tout esvanouyra.

88 Pieds et Cheval a la seconde veille
Feront entree vastient tout par
   la mer:
Dedans le poil entrera de Marseille,
Pleurs, crys et sang, onc nul temps
   si amer.

89 De brique en marbre seront les
   murs reduits,
Sept et cinquante annees pacifiques:

Ioye aux humains, renoue l'aqueduict,
Sante, grands fruicts, ioye et temps
   melifique.

90 Cent fois mourra le tyran inhumain,
Mis a son lieu scavant et debonnaire,
Tout le Senat sera dessous sa main,
Fasche sera par malin temeraire.

91 Clerge Romain l'an mil six cens et
   neuf,
Au chef de l'an fera election:
D'un gris et noir de la Compagne
   yssu,
Qui onc ne fut si maling.

92 Devant le pere l'enfant sera tue,
Le pere apres entre cordes de ionc,
Genevois peuple sera esvertue,
Gisant le chef au milieu comme
   un tronc.

93 La barque neufve recevra les
   voyages,
La et aupres transferont l'Empire:
Beaucaire, Arles retiendront
   les hostages,
Pres deux colonnes trouvees
   de Porphire.

94 De Nismes, d'Arles, et Vienne
   contemner,
N'obey tout a l'edict d'Hespericque:
Aux labouriez pour le grand
   condamner,
Six eschappez en habit seraphicque.

95 Dans les Espaignes viendra Roy
   tres puissant,
Par mer et terre subiuguant or Midy:
Ce mal fera, rabaissant le croissant,
Baisser les aisles a ceux du Vendredy.

96 Religon du nom de mers vaincra,
Contre la secte fils Adaluncatif,
Secte obstinee deploree craindra
Des deux blessez par Aleph et Aleph.

97 Triremes pleines tout aage captifs,
Temps bon a mal, le doux pour
   amertume:
Proye a Barbares trop trost seront
   hastifs,
Cupide de voir plaindre au vent
   la plume.

98 La splendeur claire a pucelle
   joyeuse,
Ne luyra plus, long temps sera sans sel
Avec marchans, ruffiens, loups odieuse,
Tous pesle mesle monstre universel.

99 La fin le loup, le lyon boeuf et
   l'asne,
Timide dama seront avec mastins:
Plus ne cherra a eux la douce manne,
Plus vigilance et custode aux mastins.

100 Le grand Empire sera par
   Angleterre,
Le Pempotam des ans plus de trois cens:
Grandes copies passer par mer et terre,
Les Lusitains n'en seront pas contens.

Anhang

Literaturhinweise

Originalausgaben von Nostradamus-Werken

LES PROPHETIES DE M. MICHEL NOSTRADAMUS (auch:
»*Ley Vrayes Centuries et Propheties de Maistre Michel Nostradamus*«):

Es gab und gibt verschiedene Ausgaben, die erste französische Originalausgabe (von 1555, erschienen bei Macé Bonhomme) ist in keinem Exemplar mehr auffindbar. Die erste Ausgabe enthielt nur das Vorwort und 353 Vierzeiler. Anders als RANDI zitiert, ist jedoch sehr wohl eine Druckerlaubnis für diese allererste Ausgabe erhalten – und damit die tatsächliche Existenz eines Erstdrucks erwiesen.

Eine allgemein als authentisch geltende vollständige Ausgabe ist jene von 1568, die bei BENOIST RIGAUD in Lyon erschien. Ebenfalls anerkannt ist die Druckfassung von 1605.

Weitere Verse, Sechszeiler, Fragmente gehören nach der übereinstimmenden Auffassung aller ernsthaften Nostradamus-Forscher nicht zum gesicherten Prophezeiungswerk.

PROGNOSTICATION NOUUELLE ET PREDICTION PORTENTEUSE POUR L'AN M.D.L.V. ... :

Die erste Ausgabe eines Almanachs, den Nostradamus ab 1555 jährlich neu bis zu seinem Lebensende verfaßte. Diese Almanache enthielten politische und gesellschaftliche Voraussagen, Wetterprognosen, Gesundheitstips etc.

TRAICTE DES FARDEMENS, VRAY ET PARFAICT EMBELLISSEMENT DE LA FACE und SINGULIERES RECEPTES POUR ENTRETENIR LA SANTE DU CORPS sind drei der »Gesundheitsbücher« aus der Feder des erfolgreichen Arztes und Alchimisten Nostradamus. Sie erschienen ab 1552.

Dazu gehört auch eine PARAPHRASE DE C. GALEN SUR L'EXHORTATION DE MENODOTE, AUX ESTUDES DES BONNES ARTZ, MESMEMENT MEDECINE. TRADUICT DE LATIN EN FRANCOYS PAR M. NOSTRADAMUS. Dieses Buch erschien 1557 in Lyon bei DU ROSNE.

Als literarisches Werk gilt ORUS APOLLO, FILS DE OSIRIS ... Dabei handelt es sich um ein Buch mit 182 Epigrammen über Ethik, das Nostradamus offenbar nicht selbst geschrieben, sondern aus dem Lateinischen übersetzt hat; frühere Fassungen waren auf griechisch, davor angeblich auf ägyptisch vorhanden.

Verwendete Sekundärliteratur

Mit einem * habe ich jene Bücher gekennzeichnet, die mir besonders empfehlenswert erscheinen. Grundsätzlich habe ich bewußt auch solche Bücher mit aufgeführt, die ich zum Vergleich herangezogen und zur Erweiterung meiner Wissensgrundlagen benutzt habe, die ich aber persönlich für allzu spekulativ oder sogar fragwürdig halte. Möge sich jeder Leser selbständig ein eigenes Urteil bilden.

Französisch

* ELISABETH BELLECOUR: *Nostradamus Trahi – suivi du texte original et complet des dix Centuries, édition de 1605.* Laffont, Paris 1981:

»Der verratene Nostradamus« ist ein engagiertes Buch einer wirklich gut informierten und gebildeten Bibliothekarin, die darin einerseits die Panikmache des Nostradamus-Autors JEAN CHARLES DE FONTBRUNE als unverantwortlich brandmarkt und als Nostradamus untergeschoben zurückweist, und die andererseits eine komplette Textversion der zehn Centurien ernsthaften Forschern als Quellenmaterial zur Verfügung stellt.

JEAN CHARLES DE FONTBRUNE: *Nostradamus – Historien et Prophète.* Editions du Rocher, Monaco 1982, Band II (nicht identisch mit dem bei Zsolnay erschienenen Buch!):

Mit seinem verstorbenen Vater ist der Autor einer der französischen Bestseller zu Nostradamus. Wegen seiner (falschen) Voraussagen der Zerstörung von Paris 1983 sehr angegriffen und umstritten.

* EDGAR LEROY: *Nostradamus – Ses origines, Sa vie, Son œuvre.* Trillaud, Bergerac 1972:
Ein besonders fundiertes Werk des seriösen Forschers und gebildeten Kenners Nostradamus', das dem Arzt, Astrologen und Humanisten als einem der großen Exponenten der Renaissance auf nüchterne und darum um so glaubwürdigere Weise gerecht wird.

Deutsch

ROBERT BOSSARD: Kapitel »Zukunftsvisionen und wissenschaftliche Prognosen« in: *Aspekte der Paranormologie*, Hrsg. Andreas Resch. Resch, Innsbruck 1992:
Bietet unter anderem eine aufschlußreiche Bewertung der »Trefferquoten« von Prognosen und Prophezeiungen sowie eine Einordnung von Visionen und Voraussagen.

N. ALEXANDER CENTURIO: *Nostradamus – Prophetische Weltgeschichte.* Turm, 9. Aufl. Bietigheim 1977:
Eine ernsthafte Nostradamus-Interpretation auf der Grundlage einer fundierten Bildung, geschrieben von einem angesehenen Historiker und Philosophen.

MANFRED DIMDE: *Nostradamus entschlüsselt – Neueste Prophezeiungen – die wahre Dokumentation der Zukunft.* Privatdruck 1987, beziehbar bei Nostradamus Textservice, Lüdinghauser Straße 9, D-59399 Olfen:
Dimdes erstes Buch, das auf nahezu 600 Seiten einen detaillierten Einstieg in seine verblüffenden Entschlüsselungsmethoden bietet.
Dieser Autor hat in der neueren Zeit meiner Ansicht nach mit seinem Verständnis für den Geist der Esoterik in der Renaissance, mit akribischen Recherchen und intuitiver Findigkeit und seinen computergestützten Entschlüsselungsmethoden den einzigen wirklichen Durchbruch für die Nostradamus-Forschung erzielt.

* MANFRED DIMDE: *Die Weissagungen des Nostradamus – neu entschlüsselt.* Goldmann, 5. Aufl. München 1993:
Eine konzise und komprimierte Version des vorher genannten Buchs, die manches Material nicht enthält, dafür aber um so leichter lesbar ist.

MANFRED DIMDE: *Nostradamus – Das apokalyptische Jahrzehnt.* Heyne, München 1993:
Ein Überblick über die Nostradamus-Verse für die Jahre von 1994 bis 2004, gedeutet nach Entschlüsselungsmethoden von Manfred Dimde; enthält eine Fülle interessanter Hinweise.

MANFRED DIMDE: *Das Nostradamus-Jahrbuch 1994.* Heyne, München 1994:
Der Autor bietet in Form eines Jahrbuchs oder »Almanachs« laufend neue Erkenntnisse aus der Nostradamus-Forschung.

MANFRED DIMDE: *Die Prophezeiungen des Nostradamus zur Jahrtausendwende – Enthüllungen eines neuen Zeitalters.* Goldmann, München 1993:
Bietet einen Vergleich zwischen den Nostradamus-Texten und der Johannes-Offenbarung sowie europäischen Weissagungen; enthält einen Überblick zur (angeblichen) Zukunft wichtiger Staaten der Erde und beschreibt die Zukunft der christlichen Kirche aus der Sicht der Nostradamus-Verse.

* KARL DRUDE: *Nostradamus – Schlüsselausgabe zu »Les Propheties« Lyon 1568.* Privatdruck in 300 Exemplaren, Chmielorz, Wiesbaden 1968:
Eine fast 600seitige kleine Schatztruhe.

EILENBERG/KRAUS: *Entschlüsselte Zukunft – Gedeutete Vergangenheit.* Roller, Langen 1981:
Ein kenntnisreicher Versuch, die Nostradamus-Texte zu erschließen, enthält viele Anregungen, aber auch die Ansicht, »daß die Centurien keinen Bezug zur Astrologie aufweisen«.

* WOLFRAM EILENBERGER/VIKTOR SCHUBERT: *Nostradamus – Bilder aus einer anderen Wirklichkeit.* Ariston Verlag, Genf/München 1993:
Versuch angehender Natur- und Geisteswissenschaftler, Parallelen zwischen wissenschaftlichen Weltbildern und den Prophezeiungstexten des Nostradamus zu finden; unternimmt auch

die Darstellung des dichterischen Hintergrunds des Nostradamus-Werks.

MAX DE FONTBRUNE: *Was Nostradamus wirklich sagte.* Molden, Wien 1981: Deutsche Übersetzung eines französischen »Klassikers«, der allerdings ebenso umstritten ist wie die Bücher seines Nachfolgers und Sohnes Jean Charles de Fontbrune.

JEAN CHARLES DE FONTBRUNE: *Nostradamus – Historiker und Prophet.* Zsolnay, Wien/Hamburg 1982:
Ein umfangreiches Studium vieler Nostradamus-Verse mit verschiedenen Deutungsversuchen, die recht zweifelhaft bleiben.

* LIZ GREENE: *Ich Nostradamus – Magier und Prophet.* Heyne, München 1980:
Ein besonders spannend zu lesender Roman über Nostradamus' Leben und sein Wirken, angereichert mit manchen spekulativen okkulten Elementen – geschrieben von der inzwischen weithin bekannten esoterisch-psychologischen englischen Astrologin; hoffentlich wird dieses Büchlein bald wieder aufgelegt.

KONRAD KLEE: *Nostradamus – Prophet der Zeiten und Momente.* Hugendubel, München 1982:
Im Mittelpunkt stehen etwa 20 Nostradamus-Verse mit vermutetem Bezug zum dritten Weltkrieg und eine Gegenüberstellung von ähnlichen Aussagen deutscher Seher/innen. Klee gilt heute als überholt.

C. LOOG: *Die Weissagungen des Nostradamus.* Pfullingen o. J.

BRUNO NOAH: *Nostradamus – Prophetische Weltgeschichte von 1547 bis gegen 3000.* Leuchtfeuer Verlag, Berlin 1928:
Ein interessantes kleines Büchlein mit manchen Deutungsanregungen.

* CARLO PATRIAN: *Nostradamus – Die Prophezeiungen.* Touraco, Fribourg 1982:
Eine gute Übersicht über Leben und Werk des Nostradamus, eine brillante Gegenüberstellung etlicher Entschlüsselungsmethoden und Deutungsversuche, eine umfassende Sammlung von Quellen; ein italienisches Werk, dessen deutsche Übertragung leider vergriffen ist.

RUDOLF PUTZIEN: *Nostradamus – Weissagungen über den Atomkrieg.* Drei Eichen, 3. Aufl. München 1981:

Ähnlich wie das Buch von Centurio gilt auch dieses als ein
»Klassiker« aus deutscher Feder; Deutschland findet darin
besondere Berücksichtigung.

EDUARD RÖSCH: *Das Schicksalsbuch der Weltgeschichte.* Baum,
Pfullingen 1922:
Enthält im wesentlichen eine deutsche Übertragung aller Verse
der zehn Centurien in einer gereimten Nachdichtung.

BRUNO WINKLER: *Nostradamus und seine Prophezeiungen für
das zwanzigste Jahrhundert.* Regulus, Görlitz 1939:
Ein schmales Büchlein mit einigen interessanten Überlegungen
zum Thema.

CHRISTIAN WÖLLNER: *Das Mysterium des Nostradamus.* Astra,
Leipzig 1926:
Ein Standardwerk seiner Zeit mit bemerkenswerten Chrono-
logien und Querverweisen zur Astrologie.

Englisch

J. H. BRENNAN: *Nostradamus – Visions of the Future.* Aquarian
Press, London 1992:
Annäherung an Nostradamus mit manchen zusätzlichen
Erkenntnissen.

ERIKA CHEETHAM: *The Prophecies of Nostradamus.* Berkley,
18. Aufl. New York 1987:
Interessante Aufstellung von Tafeln zu Themen der Centurien
sowie Texte und Kommentare Vers für Vers.

* DAVID PITT FRANCIS: *Nostradamus – Prophecies of Present
Times.* Aquarian Press, 2. Aufl. Wellingborough 1986:
Ein seriöser, systematischer Versuch, die Nostradamus-Verse
einzuordnen und glaubwürdig zu interpretieren. Der Autor
weist auf die biblischen Bezüge und viele andere Quellen hin,
aus denen Nostradamus geschöpft hat; er legt glaubwürdige
Übersichten vor zu erfüllten und nicht erfüllten Voraussagen;
er bringt hochinteressante Statistiken zur Bewertung der Vierzeiler.

MANLY P. HALL: *Sages & Seers – Nostradamus, Seer of France.*
Philosophical Research Society, 2. Aufl. Los Angeles 1979:
Studie über Leben, Werk und geistige Bedeutung von Nostrada-

mus von einem der führenden spirituellen Philosophen unserer Zeit (der inzwischen verstorben ist).

* EDGAR LEONI: *Nostradamus and His Prophecies.* Bell, New York 1982: Das ist das derzeit beste kritisch kommentierte Quellenwerk zu den Nostradamus-Texten. Ich halte dieses Buch für eine wirklich unentbehrliche Hilfe, wenn man den Bedeutungsschichten der Prophezeiungsverse näherkommen will.

LEE McCANN: *Nostradamus – The Man Who Saw Through Time.* Mc Graw-Hill, 8. Aufl. Toronto 1986: Konzentriert sich auf die anschauliche und weit ausholende Beschreibung der Lebensumstände des Nostradamus.

* JAMES RANDI: *The Mask of Nostradamus.* Prometheus, Buffalo 1993: Eine scharfsinnige und kenntnisreiche Abrechnung mit Phantasterei, Panikmache und Manipulationen rund um Nostradamus; ein Buch, das schonungslos Schwächen und Ungereimtheiten in Zustandekommen und Interpretation der Prophezeiungsverse aufdeckt; ein Buch, das den Seher zwar als Arzt anerkennt, ihn aber in der prinzipiellen Ablehnung übernatürlicher Kräfte als Scharlatan enthüllen will. Nicht nur Skeptiker, sondern auch »Nostradamus-Fans« sollten sich die kritisch-klaren Argumente des Autors zu Gemüte führen. Der Grundthese von Randi – worin die Existenz prophetischer Gaben bestritten wird – stimme ich zwar nicht zu, aber vielen seiner intellektuell redlichen Detailkritiken schließe ich mich an.

STEWART ROBB: *Prophecies on World Events by Nostradamus.* Liveright Publishing, New York 1961: Der Autor gibt der Interpretation durch Verzicht auf allzu spekulative Deutungen den Vorzug und wendet sich an skeptische Leser.

CHARLES A. WARD: *Oracles of Nostradamus.* Sun, Santa Fe 1981, Nachdruck eines 1891 erschienenen Buches: Interpretationsversuch eines englischen Autors, der in seiner Zeit viel gelesen wurde.

Bücher zu verwandten Themen

C. ADLMEIER: *Blick in die Zukunft.* Traunstein 1961

WOLFGANG JOHANNES BEKH: *Bayerische Hellseher.* Ludwig, Pfaffenhofen 1977

HARMON H. BRO: *Edgar Cayce – Seher, Heiler, Mystiker an der Schwelle des Neuen Zeitalters.* Ariston Verlag, Genf/München 1992.

PAGE BRYANT: *Earth Changes Now!* Sun, Santa Fe 1989

LUCILLA BURN: *Greek Myths.* British Museum Press, 3. Aufl. London 1992

HENRIETTA MCCALL: *Mesopotamian Myths.* British Museum Press, 2. Aufl. London 1992

MARY ELLEN CARTER: *Das Neue Zeitalter – Authentische Visionen des Edgar Cayce.* Ariston Verlag, 4. Auflage Genf/München 1990

ROBERT CHARROUX: *Die Meister der Welt.* Knaur, 3. Aufl. München 1975

WILFRIED HANSMANN: *Die Apokalypse von Angers.* Dumont, Köln 1981

GEORGE HART: *Egyptian Myths.* British Museum Press, 3. Aufl. London 1992

HELLMUTH HOFFMANN: *Die Wahrheit über die Botschaft von Fatima.* Rohm, Bietigheim 1983

M. KAHIR: *Nahe an 2000 Jahre – Gegenwart und Zukunft in prophetischer Schau.* Turm, Bietigheim 1992

VERENA KAST: *Die Dynamik der Symbole.* Walter, Olten 3. Aufl. 1992

PAUL KENNEDY: *In Vorbereitung auf das 21. Jahrhundert.* Fischer, Frankfurt/Main 1993

A. T. MANN: *Millenium Prophecies – Predictions for the Year 2000.* Element, Shaftesbury 1992

R. I. PAGE: *Norse Myths.* British Museum Press, 2. Aufl. London 1992

SCOTT PETERSON: *Native American Prophecies.* Paragon, New York 1990

FAITH POPCORN: *Der Popcorn Report – Trends für die Zukunft.* Heyne, 2. Aufl. München 1992

WULFING VON ROHR: *Meditation – Kraft aus der Mitte.* Goldmann, 2. Aufl. München 1993

WULFING VON ROHR: *Magisch Reisen – Indien.* Goldmann, München 2. Aufl. 1993

R. J. STEWART: *The Elements of Prophecy.* Element, Shaftesbury 1990

R. J. STEWART: *Creation Myth.* Element, Shaftesbury 1989

PHILIPP VANDENBERG: *Das Geheimnis der Orakel.* Goldmann, München 1982

A. VOLDBEN: *Nostradamus und die großen Weissagungen.* Ullstein, Frankfurt/Berlin 1991

JOHN WHITE: *Pole Shift.* A.R.E. Press, Virginia Beach 8. Aufl. 1991

WULFING VON ROHR & DIANE VON WELTZIEN (Hrsg.): *Das Große Lesebuch der Mystiker.* Goldmann, 2. Aufl. München 1993

DARSHAN SINGH: *Love at Every Step.* Sawan Kirpal Publications, Bowling Green 1989

KIRPAL SINGH: *Naam Or Word.* Sawan Kirpal Publications, Bowling Green 5. Aufl. 1981

JESS STEARN: *Der schlafende Prophet. Prophezeiungen in Trance 1911 bis 1998.* Ariston Verlag, Genf/München, 22. Aufl. 1990

Hinweise auf astrologische Literatur

BERND A. MERTZ: *Das Grundwissen der Astrologie.* Ariston Verlag, Genf/München 1990

ERNST-GÜNTER PARIS: *Der Schlüssel zum Horoskop.* Urania, CH-Neuhausen 1992

VIVIAN ROBSON: *Fixsterne.* Hugendubel, München 1990

WULFING VON ROHR: *Heyne Planetenbücher.* Heyne, München 1993, 1994

WULFING VON ROHR/MONICA KISSLING: *Die Astrodata-Horoskopkarten.* Astrodata, Zürich 1993

JOHANNES VEHLOW: *Lehrbücher zur Astrologie.* Vergriffen.

Computertext- und Entschlüsselungsprogramm und Nostradamus-Computertexte

Erstmals gibt es jetzt für Ihre eigenen Deutungsversuche eine Computerdiskette mit den Originaltexten des NOSTRADAMUS und mit einem Entcodierungsprogramm für die verschlüsselten Texte.

Der Nostradamus-Experte MANFRED DIMDE hat sie in Zusammenarbeit mit Historikern, Computerspezialisten und Journalisten entwickelt. Dazu gibt es ein Anleitungsheft für Nostradamus-Forscher, Hobbydeuter und allgemein Interessierte.

Die Diskette bietet folgende Texte und Möglichkeiten:
○ Vollständiger mittelfranzösischer Text aller zehn Centurien.
○ Vollständiger mittelfranzösischer beziehungsweise lateinischer Text der Vorrede an CÉSAR.
○ Vollständiger mittelfranzösischer beziehungsweise lateinischer Text der Huldigung an König HEINRNICH II.
○ Text der deutschen Standardübersetzung nach MANFRED DIMDE für die Jahre 1900 bis 2600.
○ Selbstlernendes (und damit individuell erweiterbares) Übersetzungslexikon zur systematischen Erforschung von Buchstabenketten unter Berücksichtigung des mittelfranzösischen Sprachgebrauchs.
○ Diverse Formatierungsprogramme, um Texte nach verschiedenen Darstellungsformen systematisch zu überprüfen (»große Texttafel«, »strahlender Becher«, automatischer Buchstabentausch, »Fünfer-Quadrate«; weitere Informationen zu diesen Spezialthemen siehe Literaturhinweise: Bücher von MANFRED DIMDE).

Wolfgang Eilenberger
Viktor Schubert

Nostradamus

Zukunftsbilder einer anderen Wirklichkeit

240 Seiten, gebunden mit Schutzumschlag,
ISBN 3-7205-1771-3

»Wenn ich als sterblicher Mensch meine Eingebungen offenbare, bin ich im Geiste dem Himmel nicht weniger nah, als es meine Füße der Erde sind.« So beschrieb NOSTRADAMUS den Zustand seherischer Verzückung, in dem er das Schicksal der Menschheit bis weit ins dritte Jahrtausend unserer Zeitrechnung prophetisch erfaßte.
Schon seit Jahrhunderten sind die in Reime gefaßten Vierzeiler des Arztes, Astronomen und Schriftgelehrten MICHEL DE NOTREDAME (1503–1566) Gegenstand intensiver Forschung. Die teils dunklen, teils erschreckend konkreten Prophezeiungen des Sehers aus Salon ziehen uns auch heute noch in ihren Bann.
In mystische Andacht versunken, erblickte Nostradamus »Zukunftsbilder einer anderen Wirklichkeit«. Sein Bewußtsein drang in Ebenen der Wahrnehmung vor, in denen Begriffe wie Raum und Zeit ihre Bedeutung verlieren. Lassen sich aber derartige Phänomene mit dem Weltbild der modernen Naturwissenschaften vereinbaren?
Unter Verwendung von Quantenphysik, Relativitätstheorie und Erkenntnissen moderner Evolutions- und Bewußtseinsforschung wird in diesem Buch die These, daß prophetische Phänomene dem von den Naturwissenschaften projizierten Bild unserer Realität keineswegs widersprechen, argumentativ einer Prüfung unterzogen und bestärkt. Der Gegensatz von Wissenschaft und Prophetie wird aufgelöst. Ein ganzheitliches Bild unserer Realität, in dem auch paranormale Phänomene Platz finden und zugleich neu bewertet werden können, wird sichtbar.
Die Interpretation der zumeist in mittelfranzösischer Sprache gehaltenen *Quatrains* des Nostradamus, von dessen Selbstverständnis ein neues Gesamtbild im Sinne antiker Mantik entsteht, wird hohen philologischen Ansprüchen gerecht.
Die Entdeckung des symmetrischen Zuordnungsschemas der *Centurien* erlaubt den Interpreten, eine große Anzahl von nachweislich eingetroffenen Weissagungen (von Großbritanniens Aufstieg zur Weltmacht 1580 bis zum Zerfall der Sowjetunion im Jahre 1991) wie auch den Entwurf eines historisch zusammenhängenden Gesamtszenarios der prophetischen Ereignisse bis ins Jahr 2030 (arabische und chinesische Bedrohung, Einschlag eines Meteors 1999, apokalyptische Wirren – endzeitlicher Friede) detailliert darzulegen.

ARISTON VERLAG · GENF/MÜNCHEN

CH-1211 GENF 6 · POSTFACH 6030 · TEL. 022/786 18 10 · FAX 022/786 18 95
D-81379 MÜNCHEN · BOSCHETSRIEDER STRASSE 12 · TEL. 089/724 10 34

Christoph Rueger

Wie im Himmel so auf Erden
Die Kunst des Lebens im Geist der Musik –
das Beispiel Johann Sebastian Bach

304 Seiten, 60 Abbildungen, Leinen, Lesebändchen,
ISBN 3-7205-1773-X

Mit seinem Erfolgsbuch *»Die musikalische Hausapotheke«* hat Prof. Dr. Christoph Rueger bereits vielen Menschen neuen Zugang zur Welt der Musik verschafft. Die Welt der Klassik aber erschließt sich vor allem in der Begegnung mit einem, der als Genie musikalischer Schöpfungen neben einen Shakespeare in der Dichtkunst oder einen Leonardo in der bildenden Kunst gestellt werden kann: JOHANN SEBASTIAN BACH. Dieser Weltbürger der Musik kann als Paradebeispiel für ein *Leben aus dem Geist der Musik* angesehen werden und zugleich für ein Künstlerleben, in dem sich Daseinsfreude und Pflichterfüllung die Waage halten, in dem sich sehr irdische Menschlichkeit und die himmlische Seelenheimat nicht gegenseitig ausschließen: *»Wie im Himmel so auf Erden«*. Und dieses Leben kennt Erfolg und Mißerfolg, Glück und Schicksalsschläge gleichermaßen – wie auch die Musik Konsonanzen und Dissonanzen bereithält. Wenn Sie Bach nicht nur kennenlernen, sondern den Menschen und seine Musik erleben, neu erleben wollen, finden Sie in dem vorliegenden Buch, was Sie suchen: keine trockene Künstlerbiographie, sondern eine geradezu spannende Vermenschlichung des Bach-Bildes. Es nützt keinem Menschen, der Hilfe zum eigenen Leben und zur Harmonisierung sucht, wenn man ihn mit Analysen von Partituren oder mit Werk- und Literaturverzeichnissen strapaziert.
In diesem Buch erweckt der Vollblutmusiker Prof. Dr. Christoph Rueger den Vollblutmusiker Bach, für den Musik Leben hieß und Leben Musik, zu neuem Leben. Er zeigt den großen Komponisten in seinem sinnenfreudigen, überschäumenden irdischen Leben wie auch als Schöpfer unvergänglicher »himmlischer« Musik. Der »musikalische Wundermann« (Wagner über Bach) erscheint in Ruegers Biographie in völlig neuem Licht. Dieses Buch läßt uns die Kunst des Lebens im Geist der Musik neu begreifen und als Energie- und Heilquelle für uns nutzen. Es ist ein ideales Geschenkbuch.
Zu dem liebevoll ausgestatteten Buch hat Prof. Rueger wichtige und schönste Werke Bachs auf zwei CDs zusammengestellt, dargeboten in der Serie *Philips Classics* von erstrangigen Dirigenten, Solisten und Orchestern, die Sie in jeder guten Buchhandlung kaufen können:

»Wie im Himmel so auf Erden«, Doppel-CD, 2½ Stunden,
ISBN 3-7205-1775-6.

Die musikalische Hausapotheke
Das erfolgreiche Sachbuch jetzt auch als Hörerlebnis – rezeptfrei!

Mit dem Sachbuch »Die musikalische Hausapotheke« hat der Berliner Musikwissenschaftler und Vollblutmusiker Prof. Dr. Christoph Rueger ein neuartiges Vademekum als Arznei für Leib und Seele geschaffen. Aufgrund des großen Erfolges seines Buches – es liegt zwei Jahre nach Erscheinen in der 8. Auflage vor – wurde in der Reihe *Philips Classics* eine Compact-Disc-Ausgabe seiner Musikempfehlungen hergestellt. Sie können anhand von CDs die vom Autor empfohlenen musikalischen Kostbarkeiten genießen. Es sind Aufnahmen erstrangiger Orchester mit bekannten Dirigenten und herausragenden Solisten. Die interessantesten Themen des Buches kreist Rueger mit den besten Aufnahmen am Markt musikalisch ein. Diese Hausapotheke zeitigt in allen schwierigen Lebenslagen eine wunderbare Heilwirkung ohne schädliche Nebenwirkungen und beschert Ihnen Freude, Heiterkeit, Ausgeglichenheit.

CD-5er-Pack »Die musikalische Hausapotheke«, Vol. 1–5 im Schuber, Spieldauer 6½ Stunden, ISBN 3-7205-1721-7.

Vol. 1 Aufstehen – Tagesbeginn	Vol. 2 Einsamkeit
Vivaldi: Der Frühling	Brahms: Tragische Ouvertüre
Schubert: Ständchen Horch, horch . . .	Franck: Symphonie d-moll, Allegretto
Grieg: Morgenstimmung	Schubert: Wanderer-Fantasie, Adagio
Mussorgsky: Morgendämmerung an der Moskwa, Vorspiel	Tschaikowsky: Nur wer die Sehnsucht kennt
Ravel: Lever du jour	Strawinsky: Der Kuß der Fee
R. Strauss: Auf der Campagna u. a.	R. Strauss: Also sprach Zarathustra u. a.

Vol. 3 Entspannung – Besinnung – Meditation	Vol. 4 Erinnerung – Nostalgie
Bach: Konz. für Cembalo und Streicher, Adagio	Brahms: Symphonie Nr. 4, Andante
	Debussy, Préludes, Nr. 1 und 10
Mozart: Klarinettenquintett, Larghetto	Ravel: Pavane pour une infante défunte
Beethoven: Klavierkonz. Nr. 4, Andante	Mussorgsky: Bilder einer Ausstellung, Das alte Schloß
Chopin: Nocturne Nr. 17	
Grieg: Holberg-Suite, 4. Air	Strawinsky: Der Feuervogel, Berceuse
Rachmaninoff: Vocalise	Chopin: Abschiedswalzer
Barber: Adagio für Streicher u. a.	Grieg: Solveigs Wiegenlied u. a.

Vol. 5 Hoffnung – Glaube
Bach: Weihnachts-Oratorium, Kantate Nr. VI
Beethoven: Missa solemnis, Agnus Dei
Wagner: Parsifal, Karfreitagszauber
Bruckner: Te Deum, In te, Domine, speravi
R. Strauss: Morgen! op. 27
Schumann: Frühlings-Symphonie, Allegro u. a.

Die Fortsetzung eines Bucherfolges

Die Serie der Compakt-Discs zum umfassenden Hörerlebnis erweitert!

Der große Erfolg des Sachbuches »Die musikalische Hausapotheke« hat auch auf die in der Reihe *Philips Classics* veröffentlichten CDs übergeschlagen. Binnen einem Jahr sind um 30.000 CDs verkauft worden. Daher hat Prof. Dr. Christoph Rueger die Serie seiner musikalischen Kostbarkeiten um weitere fünf Kapitel des Buches bereichert. Auch hier handelt es sich um beste Musikaufnahmen, die am Markt zu haben sind. Vol. 1 bis 5 sowie Vol. 6 bis 10 der »Musikalischen Hausapotheke« sind in jeder guten Buchhandlung zu kaufen.

CD-5er-Pack »Die musikalische Hausapotheke«, Vol. 6–10 im Schuber, Spieldauer 6½ Stunden, ISBN 3-7205-1723-3.

Vol. 6 Liebeskummer und Ent-Täuschung

Mahler: Sinfonie Nr. 5, Adagietto
Schubert: Aus der Winterreise D. 911, Gute Nacht
Wagner: Tristan und Isolde, Isoldes Liebestod
Liszt: Années de pèlerinage, Sonetto 104
Fauré: Pelléas et Mélisande, Prélude
Mascagni: Cavalleria rusticana, Intermezzo sinf. u. a.

Vol. 7 Absturz – Sammlung – Aufschwung

Beethoven: Sonate Nr. 32 c-moll op. 111, Maestoso
Respighi: Antike Tänze und Arien, Siciliana
Chopin: Etude op. 25,11, »Sturm-Etüde«
Rachmaninow: Klavierkonzert Nr. 2, Moderato
Schumann: Fantasiestücke op. 12, Aufschwung
Gershwin: Klavierkonzert F-dur, Allegro ag. u. a.

Vol. 8 Verliebtsein – Verliebtbleiben

Beethoven: Violinromanze Nr. 2, F-dur
Berlioz: Symphonie fantastique op. 14, Un bal
Wagner: Fünf Gedichte M. Weśendoncks,
Der Engel
Strauss: Drei Orchesterlieder
Prokofjew: Romeo und Julia, Liebestanz
Ravel: Daphnis et Chloé, Pantomime u. a.

Vol. 9 Einschlafhilfen – gute Träume

Bach: Orchestersuite Nr. 3, D-dur, 3. Air
Schubert: Impromptu Ges-dur op. 90, Nr. 3
Ravel: Rhapsodie espagnole, Prélude à la nuit
Debussy: Suite bergamasque, Claire de lune
Schumann: Mondnacht: Es war, als hätt' der
Himmel . . .
Chopin: Nocturne Des-dur op. 27,2 u. a.

Vol. 10 Reifen durch Krankheit

Tschaikowski: Sinfonie Nr. 5, Andante cantabile
Smetana: Streichqartett e-moll, Vivace
Mozart, Klavierkonzert G-dur, Andante
Gounod: O divine Redeemer (Repentir)
Wolf: Gebet (Mörike)
Fauré: Requiem, In paradisum u. a.

ARISTON VERLAG · GENF/MÜNCHEN
CH-1211 GENF 6 · POSTFACH 6030 · TEL. 022/786 18 10 · FAX 022/786 18 95
D-81379 MÜNCHEN · BOSCHETSRIEDER STRASSE 12 · TEL. 089/724 10 34

DR. JOSEPH MURPHYS HAUPTWERKE ANGEWANDTER PSYCHOLOGIE

Alle Bücher in Großoktav, gebunden mit Goldprägung und farbigem Schutzumschlag

DIE MACHT IHRES UNTERBEWUSSTSEINS
DAS GROSSE BUCH INNERER UND ÄUSSERER ENTFALTUNG

Unser Unterbewußtsein lenkt und leitet uns, ob wir das wollen oder nicht. Dieses Buch zeigt, wie wir die unermeßlichen Kräfte des Unterbewußtseins in uns wecken und für unsere Ziele schöpferisch einsetzen können. 246 Seiten, ISBN 3-7205-1027-1.

DIE UNENDLICHE QUELLE IHRER KRAFT
EIN SCHLÜSSELBUCH POSITIVEN DENKENS

Dieses Buch zeigt, wie kraft positiven Denkens und bewußter Einstimmung Ihrer inneren Welt auf die universellen Realitäten des Geistes scheinbar Unmögliches möglich wird und Sie alle Ihre angestrebten Ziele erreichen können. 228 Seiten, ISBN 3-7205-1211-8.

DIE GESETZE DES DENKENS UND GLAUBENS
SIE WERDEN, WAS SIE DENKEN UND GLAUBEN

Sie erfahren hier, wie Sie gesetzmäßig die Macht des Denkens und Glaubens entwikkeln und zur Geltung bringen, wie Sie das Gesetz des Heilens nutzen und der Segnungen der Liebe teilhaftig werden können. 234 Seiten, ISBN 3-7205-1061-1.

DER WEG ZU INNEREM UND ÄUSSEREM REICHTUM
IHR DENKEN GESTALTET IHR LEBEN

Es gehört zum Geburtsrecht jedes Menschen, gesund und geistig wie auch materiell reich zu sein. Wie Sie ideellen Reichtum des Geistes erwerben und in ein Leben auch materieller Fülle umsetzen können, das gelingt Ihnen mit Hilfe der hier angebotenen einfachen Methoden. 214 Seiten, ISBN 3-7205-1253-3.

WAHRHEITEN, DIE IHR LEBEN VERÄNDERN
DR. JOSEPH MURPHYS VERMÄCHTNIS

In diesem Vermächtnis-Buch faßt der Weltbürger des Geistes die Quintessenz seiner Lehren zusammen: Der Inhalt unseres Denkens und Glaubens gestaltet unsere Persönlichkeit, unser Leben, unsere Zukunft. Wer das Leben bejaht, zieht das Gute an und bringt in sein Dasein Freude. 200 Seiten, ISBN 3-7205-1330-0.

ARISTON VERLAG · GENF/MÜNCHEN

CH-1211 GENF 6 · POSTFACH 6030 · TEL. 022/786 18 10 · FAX 022/786 18 95
D-81379 MÜNCHEN · BOSCHETSRIEDER STRASSE 12 · TEL. 089/724 10 34

SACHBÜCHER AKTUELLER ESOTERIK

EDGAR CAYCE – SEHER, HEILER, MYSTIKER
AN DER SCHWELLE DES NEUEN ZEITALTERS
Von Dr. Harmon H. Bro

Das Leben und Wirken des bedeutendsten Sensitiven unserer Zeit, des »schlafenden Propheten« Edgar Cayce, liest sich in dieser umfassenden und fundierten Biographie des Cayce-Vertrauten und Fachgelehrten Dr. Harmon H. Bro wie eine der fesselndsten und herausforderndsten Abenteuergeschichten der Gegenwart. Seine Erfahrung, sein Forschen, seine Arbeit waren ein Abenteuer medizinischer Hilfeleistung ebenso wie ein Abenteuer genialer Voraussagen weit über seine Zeit hinaus. Die Konfrontation seiner Prognosen mit Tatsachen der jüngsten Geschichte zeigt, daß die von ihm angekündigten Umwälzungen, soweit sie nicht bereits eingetroffen sind, jederzeit stattfinden können. 416 Seiten, geb., ISBN 3-7205-1719-5.

DAS NEUE ZEITALTER
AUTHENTISCHE VISIONEN DES EDGAR CAYCE
Von Mary Ellen Carter

Seinerzeit unglaublich anmutende Umwälzungen hat ein Mann prognostiziert, der 1945 starb: Edgar Cayce. Dieses Buch stützt sich auf Aussagen, die er in Trance machte. Er spürte uralte Kulturen auf und hatte die Zukunft vor Augen. Schon Wirklichkeit geworden sind seine Vorhersagen der Rassenunruhen in den USA, der Welternährungskrise und der Aussöhnung der USA mit Sowjetrußland. Der große Seher und »Vater des Neuen Zeitalters« (des Wassermanns) hat dieses – im Unterschied zu den Rufern apokalyptischen Untergangs – als ein Friedenszeitalter sozialen Ausgleichs, wirtschaftlichen Aufschwungs und einer neuen Brüderlichkeit unter Menschen und Völkern prognostiziert. 212 Seiten, geb., ISBN 3-7205-1066-2.

ZUKUNFTSVISIONEN DER MENSCHHEIT
APOKALYPSE ODER SPIRITUELLES ERWACHEN – WIR HABEN DIE WAHL
Von Dr. Chet B. Snow

Dr. Helen Wambach, Dr. R. Leo Sprinkle und Dr. Chet B. Snow haben 2500 Versuchspersonen in hypnotisch induzierter Trance in die Zukunft versetzt. Als Ergebnis dieser Progressionen zeichnen sich zwei archetypische Modelle ab: das eine als ökologische und sozioökonomische Katastrophe, das andere als ein Zeitalter des Friedens und weltweiter Zusammenarbeit. Wie Kernphysik und Quantenmechanik nahelegen, hängt alles materielle Geschehen vom menschlichen Bewußtsein ab. So macht diese Forschungsarbeit klar: Wir entscheiden jetzt die Zukunft kommender Generationen. 320 Seiten, geb., ISBN 3-7205-1671-7.

DIESE FASZINIERENDEN BÜCHER ERHALTEN SIE IM BUCHHANDEL
Ein umfangreiches, farbiges Bücher-Magazin mit sämtlichen Titeln unseres auf Medizin, angewandte Psychologie und Esoterik spezialisierten Verlagsprogramms können Sie gratis anfordern bei

ARISTON VERLAG · GENF/MÜNCHEN

CH-1211 GENF 6 · POSTFACH 6030 · TEL. 022/786 18 10 · FAX 022/786 18 95
D-81379 MÜNCHEN · BOSCHETSRIEDER STRASSE 12 · TEL. 089/724 10 34